墨　人　著

本全集保留作者手批手稿

墨人博士作品全集【全60冊】

第二十二冊　同是天涯淪落人

文史哲出版社印行

國家圖書館出版品預行編目資料

墨人博士作品全集 / 墨人著 -- 初版 -- 臺北
市:文史哲, 民 100.12
頁： 公分
ISBN 978-957-549-987-7 (全套 60 冊：平裝)

1.現代文學 2. 中國文學 3.別集

848.6 100022602

墨人博士作品全集【全60冊】

第二十二冊 同是天涯淪落人

著　者：墨　人
出版者：文史哲出版社
http://www.lapen.com.tw
登記證字號：行政院新聞局版臺業字五三三七號
發行人：彭　正　雄
發行所：文史哲出版社
印刷者：文史哲出版社
臺北市羅斯福路一段七十二巷四號
郵政劃撥帳號：一六一八〇一七五
電話886-2-23511028・傳真886-2-23965656
【全60冊】定價新臺幣 36,800 元
中華民國一百年（2011）十二月初版

ISBN 978-957-549-987-7 08992

墨人博士著作品全集　總目

一、散文類

二、長篇小說

三、中短篇小說散文合集

四、詩詞及論評

附：外篇

墨人的一部文學千秋史

張萬熙先生，筆名墨人，江西九江人，民國九年生。爲一位享譽國內外名小說家、詩人、學者。歷任軍、公、教職。六十五歲始自從國民大會簡任一級加年功俸的資料組長兼圖書館長公職崗位退休，但已是中國文壇上一位閃亮的巨星。出版有：《全唐詩尋幽探微》、《紅樓夢的寫作技巧》、二百九十多萬字的大長篇小說《紅塵》、《白雪青山》、《春梅小史》；詩集：《哀祖國》；散文集：《小園昨夜又東風》……。民國五十年、五十一年連續以短篇小說，兩次入選維也納納富出版公司出版的《世界最佳小說選集》。七十歲時自東吳大學中文系教席二度退休，仍著述不輟，爲國寶級文學家。墨人博士在臺勤於創作六十多年（在大陸時期已創作十年），並以其精通儒、釋、道之學養，綜理戎機、參贊政務、作育英才，更以其對傳統文學的精湛造詣，與對新文藝的創作，在國際上贏得無數榮譽，如：美國世界大學榮譽文學博士、美國馬奎士國際大學榮譽文學博士、美國艾因斯坦國際學院榮譽人文學博士（包括哲學、文學、藝術、語言四類）、英國劍橋國際傳記中心副總裁（代表亞洲）、英國莎士比亞詩、小說與人文學獎得主，現在出版《全集》中。

壹、家世・堂號

張萬熙先生，江西省德化人（今九江），先祖玉公，明末時以提督將軍身份鎮守雁門關，蒙古騎兵入侵，戰死於東昌，後封爲「河間王」。其子輔公，進士出身，歷任文官。後亦奉召領兵「三定交趾」，因戰功而封爲「定興王」。其子貞公亦有兵權，因受奸人陷害，自蘇州嘉定（即今上海市一區），謫居潯陽（今江西九江）。祖宗牌位對聯爲：嘉定源流遠，潯陽歲月長；右書「清河郡」、左寫「百忍堂」。

貳、來臺灣的過程

民國三十八年，時局甚亂，張萬熙先生攜家帶眷，在兵荒馬亂人心惶惶時，張先生從湖南長沙火車站，先將一千多度的近視眼弱妻，與四個七歲以下子女，從車窗口塞進車廂，自己則擠在廁所內動彈不得，千辛萬苦的從湖南長沙搭火車南下廣州，從廣州登商輪來臺。七月三日抵基隆，由同學顧天一先生，接到臺北縣永和鎮鄉下暫住。

參、在臺灣一甲子奮鬥的過程

一、初到臺灣的生活

家小安頓妥後，張萬熙先生先到臺北萬華，一家新創刊的《經濟快報》擔任主編，但因財務不濟，四個月不到便草草結束。幸而另謀新職，舉家遷往左營擔任海軍總司令辦公室秘書，負責紀錄整理所有軍務會報紀錄。

民國四十六年，張先生自左營來臺北任職國防部史政局編纂《北伐戰史》（歷時五年多浩大工程，編成綠布面精裝本、封面燙金字《北伐戰史》叢書），完成後在「八二三」炮戰前夕又調任國防部總政治部，主管陸、海、空、聯勤文宣業務，四十七歲自軍中正式退役後轉任文官，在臺北市中山堂的國民大會主編研究世界各國憲法政治的十六開大本的《憲政思潮》，作者、譯者都是台灣大學、政治大學的教授、系主任，首開政治學術化先例。

張先生從左營遷到臺北大直海軍眷舍，只是由克難的甘蔗板隔間眷舍改爲磚牆眷舍，大小一般，但邊間有一片不小的空地，子女也大了，不能再擠在一間房屋內，因此，張先生加蓋了三間竹屋安頓他們。但眷舍右上方山上是一大片白色天主教公墓，在心理上有一種「與鬼爲鄰」的感覺。張夫人有一千多度的近視眼，她看不清楚，子女看見嘴裡不講，心裡都不舒服。張先生自軍中假退役後，只拿八成俸。

張先生因爲有稿費、版稅，還有些積蓄，除在左營被姓譚的同學騙走二百銀元外，剩下的積蓄還可以做點別的事。因爲住左營時在銀行裡存了不少舊臺幣，那時左營中學附近的土地只要三塊多錢一坪，張先生可以買一萬多坪。但那時政府的口號是「一年準備，兩年反攻，三年掃蕩，五年成功。」張先生信以爲真，三十歲左右的人還是「少不更事」，平時又忙著上班、寫作，實在不懂政治、經濟大事，以爲政府和「最高領袖」不會騙人，五年以內真的可以回大陸，張先生又有「戰士授田證」。沒想到一改用新臺幣，張先生就損失一半存款，呼天不應。但天理不容，姓譚的同學不但無后，也死了三十多年，更沒沒無聞。張先生作人、看人的準則是：無論幹什麼都是「誠信」第一，因果比法律更公平、更準。欺人不可欺心，否則自食其果。

二、退休後的寫作生活

張先生四十七歲自軍職退休後，轉任台北市中山堂國大會主編十六開大本研究各國憲法政治的《憲政思潮》十八年，時任簡任一級資料組長兼圖書館長。並在東吳大學兼任副教授二十年、香港廣大學院指導教授、講座教授、指導論文寫作、不必上課。六十四歲時即請求自公職提前退休，以業務重要不准，但取得國民大會秘書長（北京朝陽大學法律系畢業）何宜武先生的首肯，六十五歲依法退休。當時國民大會、立法院、監察院簡任一級主管多延至七十歲退休，因所主管業務富有政治性，與單純的行政工作不同，六十五歲時張先生雖達法定退休年齡，還是延長了四個月才正式退休，何秘書長宜武大惑不解地問張先生：「別人請求延長退休而不可得，你爲什麼反而要求退休？」張先生答以「專心寫作」，何秘書長才坦然不疑。退休後日夜寫作，因胸有成竹，很快完成了一百九十多萬字的大長篇小說《紅塵》，在鼎盛時期的《臺灣新生報》連載四年多，開中國新聞史中報紙連載最大長篇小說先河。但報社還不敢出版，經讀者熱烈反映，才出版前三大冊。當年十二月即獲行政院新聞局「著作金鼎獎」與嘉新文化基金會「優良著作獎」，亦無前例。《台灣新生報》又出九十三章至一百二十二章，只好名爲《續集》。墨人在書前題五言律詩一首：

浩劫未埋身，揮淚寫紅塵，非名非利客，孰晉孰秦人？
毀譽何清問？吉凶自有因。天心應可測，憂道不憂貧。

二〇〇四年初，巴黎 youfeng 書局出版豪華典雅的法文本《紅塵》，亦開「五四」以來中文作家大長篇小說進入西方文學世界重鎮先河。時爲巴黎舉辦「中國文化年」期間，兩岸作家多由政府資助出席，張先生未獲任何資助，亦未出席，但法文本《紅塵》卻在會場展出，實爲一大諷刺。張先生一生「只問耕耘，不問收穫」的寫作態度，七十多年來始終如一，不受任何外在因素影響。

肆、特殊事蹟與貢獻

一、《紅塵》出版與中法文學交流

《紅塵》寫作時間跨度長達一世紀，由清朝末年的北京龍氏家族的翰林第開始，寫到八國聯軍、滿清覆亡、民國初建、八年抗日、國共分治下的大陸與臺灣，續談臺灣的建設發展、開放大陸探親等政策。空間廣度更遍及大陸、臺灣、日本、緬甸、印度，是一部中外罕見的當代文學鉅著。墨人五十七歲時應邀出席在西方文藝復興聖地佛羅倫斯所舉辦的首屆國際文藝交流大會，會後環遊地球一周。七十歲時應邀訪問中國大陸四十天，次年即出版《大陸文學之旅》。《紅塵》一書最早於臺灣新生報連載四年多，並由該報連出三版，臺灣新生報易主後，將版權交由昭明出版社出版定本六卷。由於本書以百年來外患內亂的血淚史爲背景，寫出中國人在歷史劇變下所顯露的生命態度、文化認知、人性的進取與沉淪，引起中外許多讀者極大共鳴與回響。

旅法學者王家煜博士是法國研究中國思想的權威，曾參與中國古典文學的法文百科全書翻譯工作，他認爲深入的文化交流仍必須透過文學，而其關鍵就在於翻譯工作。從五四運動以來，中西文化交流一直是西書中譯的單向發展。直到九十年代文建會提出「中書外譯」計畫，臺灣作家才逐漸被介紹到西方，如此文學鉅著的翻譯，算是一個開始。

王家煜在巴黎大學任教中國上古思想史，他指出《紅塵》一書中所引用的詩詞以及蘊含中國思想的博大精深，是翻譯過程中最費工夫的部分。爲此，他遍尋參考資料，並與學者、詩人討論，歷時十年終於完成《紅塵》的翻譯工作，本書得以出版，感到無比的欣慰。他笑著說，這可說是「十年寒窗」。

《紅塵》法文譯本分上下兩大冊，已由法國最重要的中法文書局「友豐書店」出版。友豐負責人潘立輝謙沖寡言，三十年多來，因對中法文化交流有重大貢獻而獲得法國授予文化「騎士勳章」的榮譽。他於五年前開始成立出版部，成爲歐洲一家以出版中國圖書法文譯著爲主業的華人出版社。

潘立輝表示，王家煜先生的法文譯筆典雅、優美而流暢，使他收到「紅塵」譯稿時，愛得不忍釋手，他以一星期的時間一口氣看完，經常讀到凌晨四點。他表示出版此書不惜成本，不太可能賺錢，卻感到十分驕傲，因爲本書能讓不懂中文的旅法華人子弟，更瞭解自己文化根源的可貴之處，同時，本書的寫作技巧必對法國文壇有極大影響。

二、不擅作生意

張先生在六十五歲退休之前，完全是公餘寫作，在軍人、公務員生活中，張先生遭遇的挫折不少。軍職方面，張先生只升到中校就不做了，因爲過去稱張先生爲前輩、老長官的人都成爲張先生的上司，張先生怎麼能做？因爲張先生的現職是軍聞社資料室主任（他在南京時即任國防部新創立的「軍事新聞總社」實際編輯主任，因言守元先生是軍校六期老大哥，未學新聞，不在編輯之列）。但張先生以不求官，只求假退役，不擋人官路，這才退了下來。那時養來亨雞風氣盛行，在南京軍聞總社任外勤記者的姚秉凡先生頭腦靈活，他即時養來亭雞，張先生也「東施效顰」，結果將過去稿費積蓄全都賠光。

三、家庭生活與運動養生

張先生大兒子考取中國廣播公司編譯，結婚生子，廿七年後才退休，長孫修明取得美國南加州大學電機碩士學位，之後即在美國任電機工程師。五個子女均各婚嫁，小兒子選良以獎學金取得美國華盛頓大學化學工程博士，媳蔡傳惠爲伊利諾理工學院材料科學碩士，兩孫亦已大學畢業就業，落地生根。

張先生兩老活到九十一、九十二歲還能照顧自己。（近年以一印尼女「外勞」代做家事）張先生一伏案寫作四、五小時都不休息，與臺大外文系畢業的長子選翰兩人都信佛，六十五歲退休後即吃全素。低血壓十多年來都在五十五至五十九之間，高血壓則在一百一十左右，走路「行如風」，年輕人很多都跟不上張先生，比起初來臺灣時毫不遜色，這和張先生運動有關。因爲張先生住大直後山海軍眷舍八年，眷舍右上方有一大片白色天主教公墓，諸事不順，公家宿舍小，又當西曬，張先生靠稿費維持七口之家和五個子女的教育費。三伏天右手墊塡著毛巾，背後電扇長吹，三年下來，得了風濕病，手都舉不起來，花了不少錢都未治好。後來章斗航教授告訴張先生，圓山飯店前五百完人塚廣場上，有一位山西省主席閻錫山的保鏢王延年先生在教太極拳，勸張先生天一亮就趕到那裡學拳，一定可以治好。張先生一向從善如流，第二天清早就向王延年先生報名請教，王先生有教無類，收張先生這個年已四十的學生，王先生先不教拳，只教基本軟身功攀腿，卻受益非淺。

四、耿直的公務員性格

張先生任職時向來是「不在其位，不謀其政」。後來升簡任一級組長，有一位「地下律師」的專員，平時鑽研六法全書，混吃混喝，與西門町混混都有來往，他的前任爲大畫家齊白石女婿，平日公私不分，是非不明，借錢不還，沒有口德，人緣太差，又常約那位「地下律師」專員到家中打牌。那專員平日不簽到，甚至將簽到簿撕毀他都不哼一聲，因爲爲他多報年齡，屆齡退休時想更改年齡，但是得罪人太多，金錢方面更不清楚，所以不准再改年齡，組長由張先生繼任。

張先生第一次主持組務會報時，那位地下律師就在會報中攻擊圖書科長，張先生立即申斥，並宣佈記過。簽報上去處長都不敢得罪那地下律師，又說這是小事，想馬虎過去，張先生以秘書處名譽紀律爲重，非記過不可，讓他去法院告張先生好了。何宜武祕書長是學法的，他看了張先生簽呈同意記過，那位地下律師「專員」不但不敢告，只暗中找一位不明事理的國大「代表」來找張先生的麻煩。因事先有人告訴他，張先生完全不理那位代表，他站在張先生辦公室門口不敢進來，幾分鐘後悄然而退。人不怕鬼，鬼就怕人。諺云：「一正壓三邪」，這是經驗之談。直到張先生退休，那位專員都不敢惹事生非，西門町流氓也沒有找張先生的麻煩，當年的代表十之八九已上「西天」，張先生活到九十二歲還走路「行如風」，一坐到書桌，能連續寫作四、五小時而不倦，不然張先生怎麼能在兩岸出版約三千萬字的作品？

原載新文豐《紮根台灣六十年》，墨人民國一百年十一月十三日校正）

墨人博士作品全集

文學是千秋藝業
秦皇漢武今何在
李白杜甫仍風流

全集共分四大類
一、散文類 二、小說類
三、文學理論類
四、新詩古典詩詞類

我出生於一個「萬般皆下品，惟有讀書高」的傳統文化家庭，且深受佛家思想影響，因祖母信佛，兩個姑母先後出家，大姑母是帶著賠嫁的錢購買依山傍水風景很好，上名山廬山的必經之地的「天后宮」出家的，小姑母的廟則在鬧中取靜的市區。我是父母求神拜佛後出生的男子，並寄名佛下，乳名聖保，上有二姊下有一妹都夭折了，在那個重男輕女的時代！我自然水漲船高了。我記得四、五歲時一位面目清秀，三十來歲文質彬彬的李瞎子替我算命，母親問李瞎子，我的命根穩不穩？能不能養大成人？李瞎子說我十歲行運，幼年難免多病，可以養大成人，但是會遠走高飛。母親聽了憂喜交集，在那個時代不但妻以夫貴。也以子貴，有兒子在身邊就多了一層保障。母親的心理壓力很大，李瞎子的「遠走高飛」那句話可不是一句好話。

到現在八十多年了，我還記得十分清楚。母親暗自憂心。何況科舉已經廢了，不必「進京趕考」，更不會「當兵吃糧」，安安穩穩作個太平紳士或是教書先生不是很好嗎？我們張家又是大族，人多勢眾，不會受人欺侮，何況二伯父的話此法律更有權威，人人敬仰，去外地「打流」又有什麼好處？因此我剛滿六歲就正式拜孔夫子入學啓蒙，從《三字經》、《百家姓》、《千字文》、《千家詩》、《論語》、《大學》、《中庸》……《孟子》、《詩經》、《左傳》讀完了都要整本背，在十幾位學生中，也只有我一人能背，我背書如唱歌，窗外還有人偷聽，他們實在缺少娛樂。除了我父親下雨天會吹吹笛子、簫，消遣之外，沒有別的娛樂，我自幼歡喜絲竹之音，但是很少聽到。讀書的人也只有我們三房、二房兩兄弟，二伯父在城裡當紳士，偶爾下鄉排難解紛，他是一族之長，更受人尊敬，因爲他大公無私，又有一百八十公分左右的身高，眉眼自有威嚴，能言善道，他的話比法律更有效力，加之民性純樸，真是「夜不閉戶，道不失遺」。只有「夏都」廬山才有這麼好的治安。我十二歲前就讀完了四書、詩經、左傳、千家詩。我最喜歡的是《千家詩》和《詩經》。

關關睢鳩，在河之洲，
窈窕淑女，君子好逑。

我覺得這種詩和講話差不多，可是更有韻味。我就喜歡這個調調。《千家詩》我也喜歡，我背得更熟。開頭那首七言絕句詩就很好懂：

雲淡風清近午天，傍花隨柳過前川。
時人不識余心樂，將謂偷閒學少年。

老師不會作詩，也不講解，只教學生背，我覺得這種詩和講話差不多，但是更有韻味。我也了解大意，我以讀書爲樂，不以爲苦。這時老師方教我四聲平仄，他所知也止於此。

我也喜歡《詩經》，這是中國最古老的詩歌文學，是集中國北方詩歌的大成。可惜三千多首被孔子刪得只剩三百首。孔子的目的是：「詩三百，一言以蔽之，曰思無邪。」孔老夫子將《詩經》當作教條。詩是人的思想情感的自然流露，是最可以表現人性的。先民質樸，孔子既然知道「食色性也」，對先民的集體創作的詩歌就不必要求太嚴，以免喪失許多文學遺產和地域特性。楚辭和詩經不同，就是地域特性和風俗民情的不同。文學藝術不是求其同，而是求其異。這樣才會多彩多姿。文學不應成爲政治工具，但可以移風易俗，亦可淨化人心。我十二歲以前所受的基礎教育，獲益良多，但也出現了一大危機，沒有老師能再教下玄。幸而有一位年近二十歲的姓王的學生在廬山一未立案的國學院求學，他問我想不想去？我自然想去，但廬山夏涼，冬天太冷，父親知道我的心意，並不反對，他對新式的人手是刀尺的教育沒有興趣，我便在飄雪的寒冬同姓王的爬上廬山，我生在平原，這是第一次爬上高山。

在廬山我有幸遇到一位湖南岳陽籍的閻毅字任之的好老師，他只有三十二歲，飽讀詩書，與民國初期的江西大詩人散原老人唱和，他的王字也寫的好。有一天他要六七十位年齡大小不一的學生各寫一首絕句給他看，我寫了一首五絕交上去，廬山松樹不少，我生在平原是看不到松樹的，我是即景生情，信手寫來，想不到閻老師特別將我從大教室調到他的書房去，在他右邊靠牆壁另加一桌一椅，教我讀書寫字，並且將我的名字「熹」改爲「熙」，視我如子。原來是他很欣賞我那首五絕中的「疏松月影亂」這一句。我只有十二歲，不懂人情世故，也不了解他的深意。時任漢口市長張群的侄子張繼文還小我一歲，卻是個天不怕、地不怕的小太保，江西省主席熊式輝的兩個小舅子大我幾歲，閻老師的侄子卻高齡二十八歲。學歷也很懸殊，有上過大學的、高中的，多是對國學有興趣，支持學校的袞袞諸公也都是有心人士，新式學校教育日漸西化，國粹將難傳承，所以創辦了這樣一個尚未立案的國學院，也未大張旗鼓正式掛牌招生，但聞風而至的要人子弟不少，校方也本著「有教無類」的原則施教，閻老師也是義務施教，他與隱居廬山的要人嚴立三先生也有交往。（抗日戰爭一開始嚴立三即出山任湖北省主席，諸閻老師任省政府秘書，此是後話。）同學中權貴子弟亦多，我雖不是當代權貴子弟，但九江先組玉公以提督將軍身分抵抗蒙古騎兵入侵雁門關戰死東昌(雁門關內北京以西縣名,一九九〇年我應邀訪問大陸四十天時去過。)而封河間王;其子輔公。以進士身分出仕,後亦應昭領兵三定交趾而封定興王;其子貞公亦有兵權,因受政客讒害而自嘉定謫居潯陽。大詩人白居易亦曾謫爲江州司馬,我另一筆名即用江州司馬。我是黃帝第五子揮的後裔,他因善造弓箭而賜姓張。遠祖張良是推薦韓信爲劉邦擊敗楚霸王項羽的漢初三傑之首。他有知人之明,深知劉邦可以共患難,不能共安樂,所以悄然引退,作逍遙遊,不像韓信爲劉邦拼命打天下,立下汗馬功勞,雖封三齊王卻死於未央宮呂后之手。這就是不知進退的後果。我很敬佩張良這位遠祖,抗日戰爭初期(一九三八)我爲不作「亡國奴」,即輾轉赴臨時首都武昌以優異成績考取軍校,一位落榜的姓熊的同學帶我們過江去漢口。中共未公開招生的「抗日大學」(當時國共合作抗日,中共在漢口以「抗大」名義吸收人才。)辦事處參觀,接待我們的是一位讀完大學二年級才貌雙全,口才奇佳的女生獨對我說負責保送我免試進「抗大」一期,因未提其他同學,我不去。一年後我又在軍校提前一個月畢業,因我又考取陪都重慶中央政府培養高級軍政幹部的中央訓練團,而特設的新聞「新聞研究班」第一期,與我同期的有爲新詩奉獻心力的覃子豪兄(可惜五十二歲早逝)和中央社東京分社主任兼國際記者協會主席的李嘉兄。他在我訪問東京時曾與我合影留念,並親贈我精裝《日本專欄》三本。他七十歲時過世,這兩張照片我都編入「全集」一百九十多萬字的空前大長篇小說(紅塵)照片類中。而今在台同學只有兩位了。

民國二十八年(一九三九)九月我以軍官、記者雙重身分,奉派到第三戰區最前線的第三十二集團軍上官雲相總部所在地，唐宋八大家之一，又是大政治家王安石，尊稱王荊公的家鄉臨川，（屬撫州市）作軍事記者，時年十九歲，因第一篇戰地特寫《臨川新貌》經第三戰區長官都主辦的行銷甚廣的《前線日報》發表，隨即由淪陷區上海市美國人經營的《大美晚報》轉載，而轉爲文學創作，因我已意識到新聞性的作品易成「明日黃花」，文學創作則可大可久，我爲了寫大長篇《紅塵》、六十四歲時就請求提前退休，學法出身的秘書長何宜武先生大惑不解，他對我說：

「別人想幹你這個工作我都不給他，你爲什麼要退？」我幹了十幾年他只知道我是個奉公守法的張萬熙，不知道我是「作家」墨人，有一次國立師範大學校長劉真先生告訴他張萬熙就是墨人，劉校長看了我在當時的「中國時報」發表的幾篇有關中國文化的理論文章，他希望我繼續寫，劉校長真是有心人。沒想到他在何宜武秘書長面前過獎，使我不能提前退休，要我幹到六十五歲多四個月才退了下來。現在事隔二十多年我才提這件事。鼎盛時期的（台灣新生報）連載四年多的拙作《紅塵》出版前三冊時就同時獲得新聞局著作金鼎獎和嘉新文化基金會「優良著作獎」，劉真校長也是嘉新文化基金會的評審委員之一，他一定也是投贊成票的。「世有伯樂而後有千里馬」。我九十二歲了，現在經濟雖不景氣，但我還是重讀重校了拙作「全集」我一向只問耕耘，不問收穫，我歷任軍、公、教三種性質不同的職務，經過重重考核關卡，寫作七十三年，經過編者的考核更多，我自己從來不辦出版社。我重視分工合作。我頭腦清醒，是非分明，歷史人物中我更敬佩遠祖張良，不是劉邦。張良的進退自如我更歎服。在政治角力場中要保持頭腦清醒，人性尊嚴並非易事。我們張姓歷代名人甚多，我對遠祖張良的進退自如尤爲歎服，因此我將民國四十年在台灣出生的幼子依譜序取名選良。他早年留美取得化學工程博士學位，雖有獎學金，但生活仍然艱苦，美國地方大，出入非有汽車不可，這就不是獎學金所能應付的，我不能不額外支持，他取得化學工程博士學位與取得材料科學碩士學位的媳婦蔡傳惠雙雙回台北探親，且各有所成，幼子曾研究生產了飛機太空船用的抗高溫的纖維，媳婦則是一家公司的經理，下屬多是白人，兩孫亦各有專長，在台北出生的長孫是美國南加州大學的電機碩士，在經濟不景氣中亦獲任工程師，我不要第三代走這條文學小徑，是現實客觀環境的教訓，我何必讓第三代跟我一樣忍受生活的煎熬，這會使有文學良心的人精神崩潰的。我因經常運動，又吃全素二十多年，九十二歲還能連寫四、五小時而不倦。我寫作了七十多年，也苦中有樂，但心臟強，又無高血壓，一是得天獨厚，二是生活自我節制，我到現在血壓還是60－**110**之間，沒有變動，寫作也少戴老花眼鏡，走路仍然「行如風」，十分輕快，我在國民大會主編《憲政思潮》十八年，看到不少在大陸選出來的老代表，走路兩腳在地上蹉跎，這就來日不多了。個人的健康與否看他走路就可以判斷，作家寫作如在八十歲以後還不戴老花眼鏡，沒有高血壓，長命百歲絕無問題。如再能看輕名利，不在意得失，自然是仙翁了。健康長壽對任何人都很重要，對詩人作家更重要。

一九九〇年我七十歲應邀訪問大陸四十天作「文學之旅」時，首站北京，我先看望已九十高齡的老前輩散文作家，大家閨秀型的風範，平易近人，不慍不火的冰心，她也「勞改」過，但仍心平氣和。本來我也想看看老舍，但老舍已投湖而死，他的公子舒乙是中國現代文學館的副館長，他也出面接待我，還送了我一本他編寫的《老舍之死》，隨後又出席了北京詩人作家與我的座談會，參加七十賤辰的慶生宴，彈指之間卻已二十多年了。我訪問大陸四十天，次年即由台北「文史哲出版社」出版照片文字俱備的四二五頁的《大陸文學之旅》。不虛此行。大陸文友看了這本書的無不驚異，他們想不到我七十一高齡還有這樣的快筆，而又公正詳實。他們不知我行前的準備工作花了多少時間，也不知道我一開筆就很快。

我拜會的第二位是跌斷了右臂的詩人艾青，他住協和醫院，我們一見如故，他是浙江金華人，卻體格高大，性情直爽如燕趙之士，完全不像南方金華人。我們一見面他就緊握著我的手不放，侃侃而談，我不知道他編《詩刊》時選過我的新詩。在此之前我交往過的詩人作家不少，沒有像他如此豪放真誠，我告別時他突然放聲大哭，陪我去看他的北京新華社社長族侄張選國先生，陪我四十天作《大陸文學之旅》的廣州電視台深圳站站長高麗華女士，文字攝影記者譚海屏先生等多人，不但我爲艾青感傷，陪同我去看艾青的人也心有戚戚焉，所幸他去世後安葬在八寶山中共要人公墓，他是大陸唯一的詩人作家有此殊榮。台灣單身詩人同上校軍文黃仲琮先生，死後屍臭才有人知道，他小我二歲，如我不生前買好八坪墓地，連子女也只好將我兩老草草火化，這是與我共患難一生的老伴死也不甘心的，抗日戰爭時她父親就是我單獨送上江西南城北門外義山土葬的。這是中國人「入土爲安」的共識。也許有讀者會問這和文學創作有什麼關係？但文學創作不是單純的文字工作，而是作者整個文化觀、文學觀，人生觀的具體表現，不可分離。詩人作家不能「瞎子摸象」，還要有「舉一反三」的能力。我做人很低調。寫作也不唱高調，但也會作不平之鳴、仗義直言。我不鄉愿，我重視一步一個腳印，「打高空」可以譁眾邀寵於一時，但「旁觀者清」，讀者中藏龍臥虎，那些不輕易表態的多是高人。高人一旦直言不隱，會使洋洋自得者現出原形。作品一旦公諸於世，一切後果都要由作者自己負責，這也是天經地義的事。

我寫作七十多年無功無祿，我因熬夜寫作頭暈住馬偕醫院一個星期也沒有人知道，更不像大陸的當代作家、詩人是有給制，有同教授的待遇，而稿費、版稅都歸作者所有。依據民國九十八年一月十日「中國時報」A十四版「二〇〇八年中國作家富豪榜單」二十五名收入人民幣的數字統計，第一高的郭敬明一年是一千三百萬人民幣，第二名鄭淵潔是一千一百萬人民幣，第三名楊紅櫻是九百八十萬人民幣。最少的第二十五名的李西閩也有一百萬人民幣，以人民幣與台幣最近的匯率近一比四・五而言，現在大陸作家一年的收入就如此之多，是我一九九〇年應邀訪問大陸四十天作文學之旅時所未想像到的，而現在的台灣作家與我年紀相近的二十年前即已停筆，原因之一是發表出版兩難，二是年齡太大了。民國九十八年（二〇〇九）以前就有張漱菡（本名欣禾）、尹雪曼、劉枋、王書川、艾雯、嚴友梅六位去世，嚴友梅還小我四、五歲，小我兩歲的小說家楊念慈則行動不便，鬍鬚相當長，可以賣老了。我托天佑，又自我節制，二十多年來吃全素，又未停止運動，也未停筆，最近在台北榮民總醫院驗血檢查，健康正常。我也有我的養生之道，每天吃枸杞子明目，吃南瓜子抑制攝護腺肥大，多走路、少坐車，伏案寫作四、五小時而不疲倦，此非一日之功。

民國九十八（二〇〇九）己丑，是我來台六十周年，這六十年來只搬過兩次家，第一次從左營搬到台北大直海軍眷舍，在那一大片天主教白色公墓之下，我原先不重視風水，也無錢自購住宅，想不到鄰居的子女有得神經病的，有在金門車禍死亡的，大人有坐牢的，有槍斃的，也有得神經病的，我退役養雞也賠光了過去稿費的積蓄，讀台大外文系的大兒子也生病，我則諸事不順，直到搬到大屯山下坐北朝南的兩層樓的獨門獨院自宅後，自然諸事順遂，我退休後更能安心寫作，遠離台北市區，真是「市遠無兼味，地僻客來稀。」同里鄰的多是市井小民，但治安很好，誰也不知道我是爬格子的，連警察先生也不光顧舍下，除了近十年常有人打電話來騙我，幸未上大當外，我安心過自己的生活。當年「移民潮」去不了美國的也會去加拿大，我是「美國人」的祖父，我不移民美國，更別說去加拿大了。娑婆世界無常，早年即移民美國的琦君（本名潘希真）、彭歌，最後還是回到台灣來了，這不能說台灣是「天堂」，以我的體驗而言是台北市氣候宜人，夏天三十四度以上的日子少，冬天十度以下的日子也很少，老年人更不能適應零度以下的氣溫，我只有冬天上大屯山、七星山頂才能見雪。有高血壓、心臟病的老人更不能適應。我不想做美國公民，做台灣平民六十多年，也沒有自卑感。

娑婆世界是一個無常的世界，天有不測風雲，人有旦夕禍福，老子早說過：「福兮禍所倚，禍兮福所伏。」禍福無門，唯人自招。我一生不起歪念，更不損人利己，與人爲善。雖常吃暗虧，只當作上了一課。這個花花世界是我學不完的大教室，萬丈紅塵其中也有黑洞，我心存善念，更不造文字孽，不投機取巧，不違背良知，蒼天自有公斷，我本著文學良心寫作，盡其在我而已，讀者是最好的裁判。

民國一〇〇年（二〇一一）辛卯七月二十九日下午六時二十三分於紅塵寄廬

1951 年墨人 31 歲與夫人曾麗春女士（30 歲）結婚十周年紀念合影於左營

墨人博士七十壽辰與夫人曾麗春女士合影。此照為大翻譯家、文學理論家黃文範先生所攝，並在照片背後題「南山北海惟仁者壽」。

民國二十九年（1940）作者墨人在江西南城戎裝照。

1939 年墨人即自戰時陪都四川重慶奉派至江西臨川王安石家鄉，第三戰區前線任軍事記者創辦軍報，提供抗日官兵精神食糧。時年 19 歲。

2010 年「五四」作者墨人 91 歲在花蓮和南寺家人合影

2003 年 8 月 26 日作者墨人（中）在含鄱口觀山景點與作者長女韻華、長子選翰、三女韻湘、二女韻真合影。

2005 年 2 月作者次子選良（右一）回台北與父（右二）及作者夫人（中）三女韻湘（左二）二女韻真（左一）合影。

作者墨人在書房留影，時年八十五歲。

《墨人博士大長篇小說〈紅塵〉法文譯本封面照片》

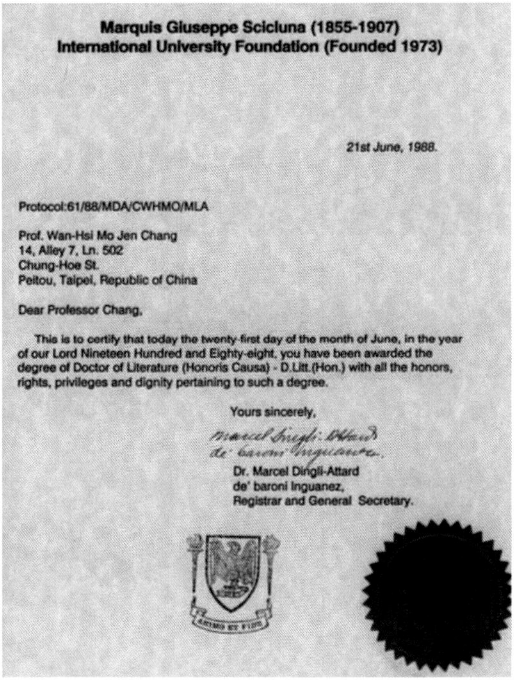

Marquis Giuseppe Scicluna (1855-1907)
International University Foundation (Founded 1973)

21st June, 1988.

Protocol:61/88/MDA/CWHMO/MLA

Prof. Wan-Hsi Mo Jen Chang
14, Alley 7, Ln. 502
Chung-Hoe St.
Peitou, Taipei, Republic of China

Dear Professor Chang,

This is to certify that today the twenty-first day of the month of June, in the year of our Lord Nineteen Hundred and Eighty-eight, you have been awarded the degree of Doctor of Literature (Honoris Causa) - D.Litt.(Hon.) with all the honors, rights, privileges and dignity pertaining to such a degree.

Yours sincerely,

Dr. Marcel Dingli-Attard
de' baroni Inguanez,
Registrar and General Secretary.

1988 年美國馬奎士國際大學基金會，授予張萬熙墨人教授榮譽文學博士學位證書。

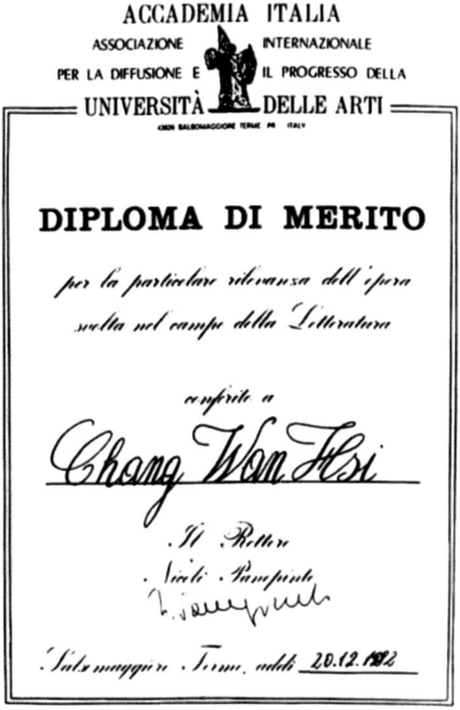

ACCADEMIA ITALIA
ASSOCIAZIONE INTERNAZIONALE
PER LA DIFFUSIONE E IL PROGRESSO DELLA
UNIVERSITÀ DELLE ARTI

DIPLOMA DI MERITO

per la particolare rilevanza dell'opera
scelta nel campo della Letteratura

conferito a

Chang Wan Hsi

Il Rettore

Salsomaggiore Terme, addì 20.12.1982

義大利出版英、法、德、義四種文字的「國際文學史」的 ACCADEMIA ITALIA, 1982 年授予墨人的文學功績證書。

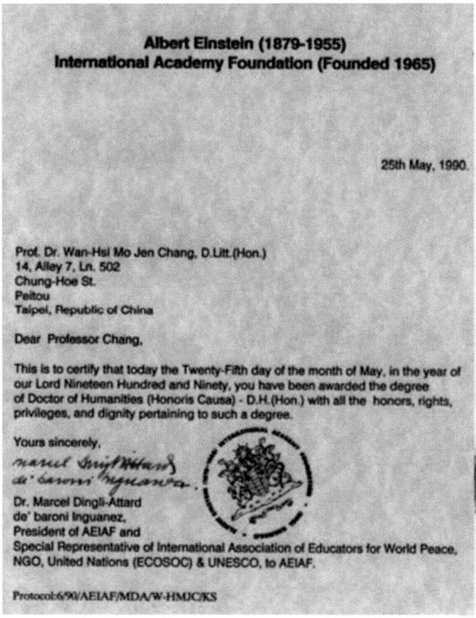

Albert Einstein (1879-1955)
International Academy Foundation (Founded 1965)

25th May, 1990.

Prof. Dr. Wan-Hsi Mo Jen Chang, D.Litt.(Hon.)
14, Alley 7, Ln. 502
Chung-Hoe St.
Peitou
Taipei, Republic of China

Dear Professor Chang,

This is to certify that today the Twenty-Fifth day of the month of May, in the year of our Lord Nineteen Hundred and Ninety, you have been awarded the degree of Doctor of Humanities (Honoris Causa) - D.H.(Hon.) with all the honors, rights, privileges, and dignity pertaining to such a degree.

Yours sincerely,

Dr. Marcel Dingli-Attard
de' baroni Inguanez,
President of AEIAF and
Special Representative of International Association of Educators for World Peace, NGO, United Nations (ECOSOC) & UNESCO, to AEIAF.

Protocol:6/90/AEIAF/MDA/W-HMJC/KS

1990 年美國愛因斯坦國際學院基金會授予張萬熙墨人教授榮譽人文學（含哲學文學藝術語言四種）博士學位

WORLD UNIVERSITY ROUNDTABLE
In Corporate Affiliation with the World University
Greetings
In recognition of Distinguished Achievement within the principles and purposes of the World University development, the Trustees of the Corporation, upon the nomination of the Secretariat, confer doctoral membership and this honorary award upon
Chang Wan-Hsi (Mo Jen)
The Cultural Doctorate in Literature
with all rights and privileges there to pertaining.

Witness our hand and seal at the International Secretariat
Regional Campus, Benson, Arizona
April 17, 1989

President of the Board of Trustees

Secretary of the Board of Trustees

1989 年美國世界大學授予張萬熙墨人榮譽文學博士學位，文化大學創辦人張其昀（曉峰）先生亦獲此榮譽。

THIS PICTORIAL TESTIMONIAL OF ACHIEVEMENT AND DISTINCTION
proclaims throughout the world that
DR. CHANG WAN-HSI (MO JEN)
is the recipient of the above-mentioned Honour, granted by the Board of Editors of the
2000 OUTSTANDING SCHOLARS OF THE 20TH CENTURY
meeting in Cambridge, England, on the date set out below,
AND that the Board also resolves that a portrait photograph of
DR. CHANG WAN-HSI (MO JEN)
be attached to this Testimonial as verification of the Honour bestowed.
2000 OUTSTANDING SCHOLARS OF THE 20TH CENTURY
First Edition
Signed and sealed on the 14th December 1999
Authorized Officer

1999 年 10 月張萬熙墨人博士榮登英國劍橋國際傳記中心《二十世二千位傑出學者》第一版證書。

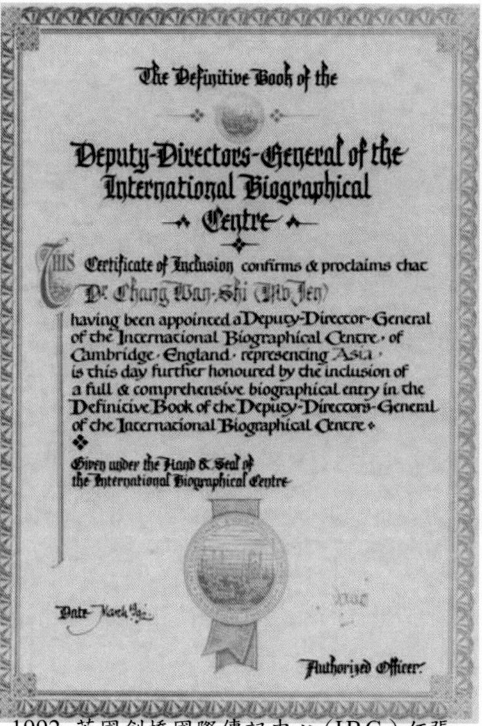
The Definitive Book of the
Deputy-Directors-General of the International Biographical Centre
THIS Certificate of Inclusion confirms & proclaims that
Dr. Chang Wan-shi (Mo Jen)
having been appointed a Deputy-Director-General of the International Biographical Centre, of Cambridge, England, representing Asia, is this day further honoured by the inclusion of a full & comprehensive biographical entry in the Definitive Book of the Deputy-Directors-General of the International Biographical Centre.
Given under the Hand & Seal of the International Biographical Centre
Date
Authorized Officer

1992 英國劍橋國際傳記中心（I.B.C.）任張萬熙墨人博士為代表亞洲的副總裁。

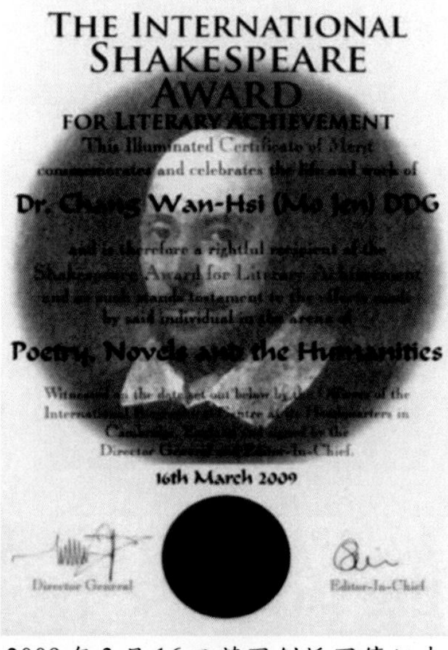
THE INTERNATIONAL SHAKESPEARE AWARD
FOR LITERARY ACHIEVEMENT
This Illuminated Certificate of Merit commemorates and celebrates the life and work of
Dr. Chang Wan-Hsi (Mo Jen) DDG
and is therefore a rightful recipient of the Shakespeare Award for Literary Achievement
by said individual in the arena of
Poetry, Novels and the Humanities
16th March 2009
Director General
Editor-In-Chief

2009 年 3 月 16 日英國劍橋國傳記中心總裁與總編輯聯合授予張萬熙墨人博士國際莎士比亞文學成就獎。

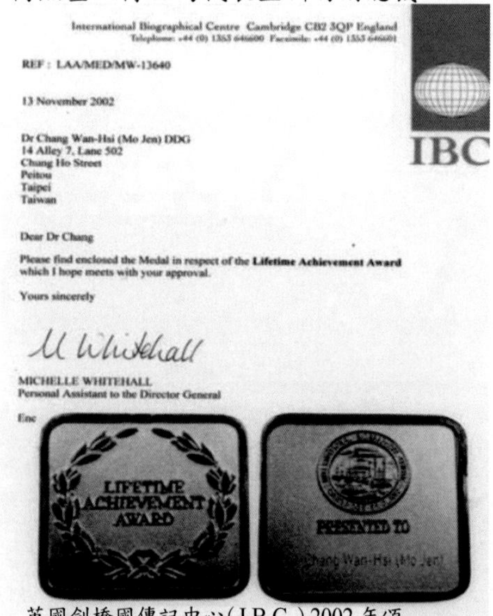
International Biographical Centre Cambridge CB2 3QP England
IBC
REF : LAA/MED/MW-13640
13 November 2002
Dr Chang Wan-Hsi (Mo Jen) DDG
14 Alley 7, Lane 502
Chang Ho Street
Peitou
Taipei
Taiwan
Dear Dr Chang
Please find enclosed the Medal in respect of the **Lifetime Achievement Award** which I hope meets with your approval.
Yours sincerely
MICHELLE WHITEHALL
Personal Assistant to the Director General
Enc
LIFETIME ACHIEVEMENT AWARD
PRESENTED TO
Chang Wan-Hsi (Mo Jen)

英國劍橋國傳記中心（I.B.C.）2002 年頒發詩人作家張萬熙（墨人）博士終身成就獎，英文信及金牌正反面照片墨人早年即被 I.B.C.推選為副總裁。

墨人博士作品全集

同是天涯淪落人

目次

附錄

第一章 美人逃命扮村婦 花子迎賓乃奇人

李毓靈和他的二表哥唐卓人正在看姚春蘭的壓軸戲「玉堂春」。戲是好戲，姚春蘭也是個「色藝雙全」的紅角兒。這齣戲經她一唱，更令人迴腸盪氣，如醉如癡。她的「玉堂春好比花中蕊……」的「蕊」字還沒有落音，唐卓人的「好」字快要出口時，突然江邊轟隆一聲，他在椅子上震得一跳。李毓靈也跳了起來。觀衆紛紛站起。連坐在第一排的城防司令王公霸也站了起來，他大約三十來歲，個兒高大，像一座鐵塔矗立在臺口，全身戎裝，更顯得八面威風。臺上停鑼息鼓，姚春蘭花容失色，呆若木雞地站在臺上。觀衆不知所措。接着是啪啪啪的響聲，彷彿年三十夜放鞭炮，但比鞭炮駭人，自然使人想到槍聲。最近城裏很不安靖，南軍的探子活躍得很。王司令天天殺人，據說殺的都是南軍的探子，不知道是假是眞？那些掛在城門口的頭顱，看來都很年輕，昨天殺的一個據說只有十六歲，因此老百姓都暗暗惋惜。唐卓人更痛恨王公霸，因爲他們兩人都愛上了姚春蘭。一位是操生殺予奪大權的小軍閥，一位是狀元的孫子翩翩公子。不過王公霸還不知道有唐卓人這樣一位情敵，不然他老早便把唐卓人當南軍的探子砍了頭，他是殺人不眨眼的霸王。

觀衆如大禍臨頭，紛紛奪門而逃。王公霸跳到戲臺上一聲大吼：

「不准亂竄！誰亂竄咱斃了誰！」

觀衆像一根根大冰棒，立刻凍在那裡不敢移動一步。

然後他向觀衆訓話：

「天塌下來有咱王公霸頂，壓不死你們！你們不必怕。這一定又是南軍的探子搗的鬼，明天咱再殺幾個給你們瞧瞧！看那班兔囝子有多少腦袋瓜子？」

他停了一會，大家眞的鎭定下來。他又說：

「現在你們一個一個地滾出去，誰要是亂擠亂竄，門口的衛兵就給他一盒子砲！」

每個出口都有衛兵把守，觀衆眞的一個挨着一個走，誰也不敢爭先恐後。

王公霸轉身對僵在臺上的姚春蘭說了幾句話，就帶着兩個揹着盒子砲的同他一般高大的馬弁從邊門出去。臺上的文武場連忙抱着胡琴鑼鼓紛紛退到後臺。姚春蘭向臺下探望了一眼，正好和李毓靈四目相遇，她向他使了一個眼色，叫他去後台。他扯了一下唐卓人的衣袖，悄悄地說：「不忙出去，等我一下。」便悄悄溜到後臺。他人小，不會引起王公霸耳目的懷疑，要是唐卓人公然去後臺，定會惹禍上身。

他一走進後臺，她便像平時一樣遞包糖果給他。悄悄地對他說：

「叫你二表哥在府上藥舖裏等我，我下了粧就來。」

他連忙跑到前面，拖着唐卓人出來。走到街上後纔告訴唐卓人。唐卓人一怔，自言自語：

「一定是有什麼緊急的事情，不然她不會要我在藥舖等。」

李毓靈家藥舖離戲院不過幾百步路，姚春蘭時常到李家藥舖買人參當歸之類的補藥，她和藥舖帳房王先生也很熟，所以她纔想到這個地方約會唐卓人，不敢要唐卓人到她旅館去。

一到藥舖，唐卓人就對帳房王先生說：

「王先生，偏勞你叫徒弟泡兩盌冰糖桂圓水來。」

隨後又轉身對李毓靈說：

「毓靈，你在門口等等春蘭，代我接接駕。」

然後他還自走到後進一間精緻的會客室去。

唐卓人的話李毓靈怎能不聽？唐卓人不但是他唯一的表哥，也是他的老師。要不是表哥表弟至親，唐卓人不會不顧師生身份，也不會帶李毓靈去看戲，自然他也不會認識姚春蘭了。他們兩人的戀情他也不會知道得這麼清楚。自從他知道唐卓人熱戀姚春蘭之後，他手心裡就為唐卓人捏了一把汗，生怕唐卓人露出馬腳，被王公霸發現，準會逮去砍頭，掛在城牆門口。唐卓人要李毓靈跟着他，也是怕失手被王公霸抓住，好替他通通風報個信兒。

李毓靈站在藥舖門口張望。只要姚春蘭的漂亮的黃包車一出現，就逃不出他的眼睛。她的車子銅把手閃閃發亮，把手前面的喇叭還披了一塊紅綢。車輪的鋼絲雪亮，車篷漆黑嶄新。

可是李毓靈左等不見這輛黃包車，右等也不見這輛黃包車，他十分奇怪！難道她爽約了？或是出了什麼岔子？

忽然一輛破舊的黃包車在他面前猛然停住，車裡伸出一隻十指纖纖的手，把車帘一掀，她低着頭鑽了出來，輕輕對車伕說：

「等一會兒，我配副藥就來。」

隨即抓住李毓靈的手，碎步跑進店來。李毓靈帶她走進會客室。

唐卓人看見她亦驚亦喜，連忙問：

「什麼事兒這麼神秘？」

「王司令剛纔在台上對我說，過兩天要把我娶過去，叫我不必驚慌。」

「眞有這回事？」唐卓人跳了起來。

「他是一言堂，說一不二。」姚春蘭說。

「妳打算怎樣？」

「我上天無路，入地無門，城門，水陸碼頭，他都設了關卡，不會放我出境。」

「我想請妳到舍下避避風頭，再作計較，妳看怎樣？」

「府上藏得住我？」

「只要妳不走漏風聲就行。」

「恐怕紙包不住火？」

「妳到舍下之後，縱然走漏了風聲，諒也無妨？」

「難道府上是銅牆鐵壁？」

「雖非銅牆鐵壁，外人想闖進鳳凰谷，打進狀元府，可也不太容易。」

「王司令手下有兩三千人馬，個個如狼似虎，你有什麼辦法擋住？」

「他王公霸縱然是狼，我有打狼的漢子；縱然是虎，我有擒虎的英雄。」他套用了審頭刺湯裡陸炳的戲詞。

姚春蘭嗤的一笑：

「唷，我和你說正經話兒，你怎麼又發了戲癮？」

「我也說的是正經話兒，」唐卓人笑着回答：「鳳凰谷形勢險，又都住的是我們唐家子孫，家家有槍。此外，我家裡還有一位奇人。」

「什麼奇人？」她笑着問。

「花子老杜？」唐卓人回答。

「花子有什麼用？我又不要人討飯。」

「其實他不是花子，是個浪蕩江湖的武林高手。三年前他看上了我們鳳凰谷，被我大嫂收留下來。和妳同臺的武生黃月樓，十個八個也不是他的對手。」

「吓，眞有這等事兒？」

「不信妳問毓靈好了。」唐卓人指指李毓靈說。

李毓靈點點頭，她高興地說：

「這樣就好，不然我眞怕連累你。」

「只要妳肯嫁給我，肝腦塗地我也願意。」唐卓人握着她的手笑說。

「如果王公覇不是北軍，我就作他的七姨太，圖個眼前富貴。」她也風趣地回答。

「他縱然是孫傳芳、鄧如琢手下的紅人，我看他富貴不久。」

「他已經在貴地刮飽了，夠他享受一輩子。」

「妳怎麼知道他刮飽了，夠他享受一輩子？」

「他曾經許我娘兩萬雪花銀的聘金。」

「出手倒不算小。妳娘動心了沒有？」

「娘雖然動了心，可是我沒有鬆口。」

「瘦死的駱駝比馬大，這點銀子我也出得起。」唐卓人笑着說，在她臉上親了一下：「不過妳是我的紅粉知己，我不願說這種俗話。」

「二少爺，我是重你的人，可不是貪你的錢呀！」她笑着把他推開。

「多謝垂青。我看我們還是言歸正傳吧！」唐卓人說。「事不宜遲，明天妳就到舍下去如何？」

「怎麼去法？」

「我看妳不能這樣花枝招展地去，這樣妳準出不了城。」

「你說怎樣我便怎樣，一切聽你二少爺的吩咐。」

「我看妳得化化粧？」他打量她說，

「使得。」她點點頭。

「除了我們三人之外，不能給任何人知道。」

「使得。」

「明天妳戲碼照貼。」

「使得。」

「明天我先走一步，不能和妳同行。」

「為什麼？」她眼珠兒轉了兩下。

「免得露出馬腳，被王公霸手下抓到。」

「你想得週到。」她又點點頭。

「妳早飯後和毓靈一道出城，裝成姊弟模樣。他人熟路熟，我會叫老杜中途來接你們，那就萬無一失。」

「一切遵命。」她笑着轉過頭來對李毓靈說：「毓少爺，麻煩你替我準備兩件鄉下大姑娘的衣褲和鞋襪，我在此地換好和你一道出城。」

隨後她又風車似的轉過來問唐卓人：

「哦，二少爺，你看我要不要帶幾件隨身衣物？」

「妳帶了衣服出來老太太不會懷疑？城門口的衛兵也會檢查，那不壞了事兒？」唐卓人說。

「那我穿什麼？」

「我大嫂的衣服多的是，單是娘家陪嫁的就有二十四箱，妳穿不完。」

「少奶奶的衣服未必合我的身？」

唐卓人像梅龍鎮裡的正德皇帝打量李鳳姐一樣，前後左右打量了姚春蘭一番說：

「我看妳們兩人高矮差不多。我大嫂也是中等個兒，多一分則太肥，少一分則太瘦。不過她的腰好像沒有妳這麼細？妳到底是練過武的。」

「這又不是戲臺上，」她嗤的一笑：「誰要你這麼品頭論足？」

「妳怕大嫂的衣服不合身，所以我要打量一下。」他笑着回答。

「二表哥，這不簡單，」李毓靈插嘴：「不合身叫個裁縫師傅到家裡去做就是。」

「對，你一句話兒提醒了我，待會兒我買幾件衣料下鄉，找個好裁縫先做幾件應個卯兒。」唐卓人說。

「我到府上去是避難，又不是趕廟會，能將就一下就行，何必破費？」姚春蘭說。「我看我們就這樣一言爲定，明天早飯後我準時來。」

「好！」唐卓人點點頭：「不過我要先走一步，不能候駕。」

「我一定等妳。」李毓靈說。

「好，明兒見。」她向他們兩人揚揚手。

唐卓人不便露面，李毓靈送她到大門口，黃包車還停在街邊，她頭一低閃了進去，像唱武家坡時進窰門的身段兒一樣輕盈一樣美。

姚春蘭走後，一個伙計從外面進來，帶來最新的馬路新聞，他炫耀地說：

「孫傳芳的軍火船爆炸了，現在還在燃燒，江面照得通紅。」

「是怎麼爆炸的？」唐卓人問。

「據說是南軍的探子做了手脚。」伙計說。

「探子呢？」

「坐小划子逃走了。」伙計說。「王公霸的手下抓到了三個碼頭脚伕，把他們當南軍的探子在碼頭上砍了頭，掛在城門口。」

「說不定又是三個冤魂？」帳房王先生說。

「街上戒嚴沒有？」唐卓人問。

「江邊已經戒嚴，禁止通行。現在還在繼續搜捕。二少爺，你千萬不能出去，他們不分青紅皂白，所以我趕快跑回來。」

唐卓人本來住在李毓靈家裡。怕在半路上遇到戒嚴，進不能進，退不能退，只好和李毓靈在藥舖將就一夜。李毓靈家裡開了好幾個舖子，藥店之外還有米店、南貨店、銀樓，都是請人照料，由他母親監督。住家是在原來的進士第裡。

李毓靈的父母早就要他和唐卓人一道去鳳凰谷避避風險，但唐卓人捨不得離開姚春蘭，他也想看戲，所以都沒有下鄉去。王公霸為了安定人心，增加稅收，不許戲院停演，而且不准戲班子出境，也不准商店關門，違者殺無赦。

唐卓人心裡有事，睡不着覺，便和李毓靈聊天。李毓靈雖然只有十四歲，懂的事兒可不少。他就心唐卓人冒冒失失地把姚春蘭弄回家會挨罵，唐卓人却說沒有關係。

「怎麼沒有關係？首先二表嫂就不見得會同意？」李毓靈說。

「她和我結婚三年，屁都沒有放一個。我一子雙祧，老祖宗又急着抱曾孫子。我娶春蘭是兩頭大，不妨碍你二表嫂什麼，她憑什麼反對？何況爹也娶過小。」唐卓人理直氣壯地說。

唐卓人的哥哥死了幾年，他嫂嫂林鳳儀只生了一個女兒。他二叔唐步青又只有一個獨生女兒唐錦心。他一人雙祧，根據老習慣，他有權娶兩房。何況他的太太徐淑媛沒有生育，他的立場站得穩。

「可是姚姑娘是唱戲的，外婆舅舅未必同意？」

「老祖宗是個戲迷，她看過春蘭的戲，對春蘭的印象不壞。我又是她的心頭肉，只要我幾句好話一說，她還不眉開眼笑？至於爹，他抽他的大煙，玩他的古董字畫，養養魚，看看花，向來不大管我的事，他不會反對的。」

「大舅母呢？」

「娘一心唸阿彌陀佛，也不會反對。我所以要先走一步，就是好在他們面前疏通一下，免得平地一聲雷，弄得他們呆頭呆腦。其實他們早已知道我愛上了春蘭，不會大驚小怪。」

「姚老太太那邊你還沒有打通。」

「我並不急着馬上娶春蘭。現在說了也無用，姚老太太怎敢得罪王公霸？等這陣大亂一過，王公霸滾蛋，我再正式提親，她自然會答應的。」

「你以為王公霸眞會滾蛋？」

「人心都向南軍，大勢所趨，王公霸他們還有回天之力？」

「因為王公霸是你的情敵，所以你纔希望他早點兒垮。」

「即使他不是我的情敵，我也希望南軍早點兒把他們趕走，好過太平日子。」

這倒是眞的。王公霸強橫霸道，苛捐雜稅，老百姓受不了。加之北軍都是北方侉老，吃葱吃蒜，滿嘴都是臭味。罵起人來一開口就是「×你姐！」而且眞的穿門入戶，糟踏人家的閨女。老百姓都敢怒不敢言，恨不得他們早點滾蛋。

他們兩人談到天亮。唐卓人連忙梳洗完畢，匆匆出城。

早飯後姚春蘭準時到來。李毓靈把她帶進帳房先生臥房，把準備好的衣物交給她。她關上房門，一個人在裡面更衣。

她出來時李毓靈簡直不認識。藍大布包着頭，瓜子臉上塗了灰黑色的油彩，一身鄉下大姑娘的裝東，看起來顯得土裡土氣。這和平時細皮白肉，如花似玉的姚春蘭完全不像。只是兩隻明如秋水的眼睛還是一樣。

「毓少爺，你看我這樣打扮，混不混得過昭關？」她笑着問他。

「我都認不出來，王公霸的部下自然更認不出來，我看昭關是過定了。」李毓靈說。

「但願如此。」姚春蘭雙手合十。「王公霸的部下都看過我的戲，我真怕逃不過他們的眼睛」

「妳的戲唱得好，扮什麽像什麽，今兒個該亮亮箱底。」

「毓少爺，今兒個要托你的洪福，不能弄巧成拙。要是被王公霸的手下識破，那我就作定了他的七姨太。」姚春蘭誠惶誠恐地說。

「妳別疑心生暗鬼，沒有那麽巧的事兒。」李毓靈寬慰她。

「有道是無巧不成書，人倒楣喝涼水也會塞牙的。」

「妳先別嚇唬自己。我們只當是兩姊弟，我在城裡唸書，妳來接我回家的。」

「毓少爺，多謝你教了我一個開門計。」她笑着拍拍他的肩膀。

「那我們走吧？」

她點點頭，兩人一道出來。姚春蘭特別囑咐帳房王先生說：

「王先生，千萬別走漏了消息。」

「放心，我會守口如瓶。」王先生回答。

他們決定不坐黃包車，一路走出城去。

走到十字街口，就發現有人貼海報。姚春蘭今天的戲碼是「紅鬃烈馬」，王寶釧一人到底。他們兩人看了會心的一笑。

「王寶釧逃出了寒窰，武家坡、大登殿誰唱？」李毓靈笑問。

「自然會走馬換將。」她輕輕回答：「二路旦角可以頂。」

「只怕有人會砸臺子？」他知道二路旦角白玉霜比姚春蘭差得很遠，恐怕壓不住臺。

「事到如今，我也管不了那許多了。」她無可奈何地說。

城門口站了四個衛兵，進出的人都要檢查，挑擔的還要「抽稅」。他們兩人是空手，沒有抽稅，那個檢查的衛兵却在姚春蘭的胸前摸了一把，姚春蘭心驚肉跳，低着頭紅着臉走了出來。

「殺千刀的！」她暗自咒駡。

出了城，她彷彿出了籠的鳥兒一般高興，她知道王公霸早有密令不准她出城。因此她喜不自禁地說：

「幸好那個炮子兒穿心的沒有認出我來。」

「姚姑娘，那狗東西雖然沒有抽我們的稅，却揩了妳的油。」李毓靈說。

「毓少爺，這種丟臉的事兒千萬別對你二表哥講。」姚春蘭說。

「幸好我不是二表哥，不然他會和衛兵打起來。」

「那不是送肉上砧！」

「人爭一口氣，佛爭一爐香。碰上了這種事兒，那有什麼法子？」

「幸好他先走了，不然會惹禍上身。」

他們兩人不約而同地回頭看看，她突然哎喲一聲，雙手撫着胸口，輕輕叫了一聲「媽呀！」原來城門樓上用竹棍掛出三顆血淋淋的人頭，人頭上面落了不少紅頭蒼蠅。李毓靈也駭了一跳。

「快走，快走！」她拉拉李毓靈的衣袖輕輕地說：「看了人頭我就作嘔！」

「妳唱審頭刺湯時怎麽還敢捧着人頭哭呢？」他記得那次她唱審頭刺湯，捧着一個紅布包裹的人頭，左右端詳，又哭又唱，得了一個滿堂彩。

「毓少爺，那是唱戲，不是眞的，怎麽能比？」她向他一笑：「如果是眞的，我早就駭暈了，還能唱下去？」

突然前面傳來得得的馬啼聲，他們抬頭一看，十幾匹大洋馬迎面衝來，爲首的不是別人，正是王公霸。他騎在高大的棗紅馬上，威風凜凜，眞像個霸王。她駭出一身冷汗，暗叫一聲：

「糟！冤家路窄！」

隨卽機靈地轉身站在一棵大楊樹旁邊，作出讓路的樣子，背向而立。

雜遝的馬蹄敲在石子路上扣人心弦，越近她心裡越怕。王公霸忽然揚起馬鞭，指着城門樓上掛着的三顆人頭，回頭對後面的隨從說：

「這三個兔囝子一定還有同黨，老子要把他們一網打盡，斬草除根！」

「下次抓到了應該剝皮！」一位營長模樣的人說。

王公霸他們從姚春蘭身邊急馳而過，四個衞兵大聲地向他們喊「敬禮！」一轉眼間他們就進了城。姚春蘭一手撫着胸口輕輕吁口氣說：

「好險！」

「這班人眞是吃了豹子胆、老虎心！」李毓靈說。

「惡有惡報，這班人不會有好結果的！」姚春蘭說：「毓少爺，我們快走吧！早離虎口爲妙。」

他們加緊步伐趕路。起初他以爲她進出都是黃包車，很少走路，趕不上他。想不到她比他走得還快。他有點兒奇怪，禁不住問：

「妳平常不走路，怎麽走起來比我還快？」

「你別看我不走路，我那一天不練功？」她說。

他看過她演虹霓關的東方氏，木柯寨的穆桂英，和水漫金山寺、盜仙草的白蛇精。身手矯捷，宛如游龍。她不但嗓子好，武功也好。難怪她走得快。

走了一個多小時，她忽然問他：

「毓少爺，你外婆家還有多遠？」

「還有二十三里路」他說：

「你外婆今年多少春秋？」

「今年八十整壽，我娘和舅舅準備大大熱鬧一番。」

「嘖嘖，老太太眞好福氣。」

「她一生榮華富貴，過的橋比我走的路還多。」

「聽說你外婆家現在發財不發人，你二表哥一子雙祧是不是？」她偏着頭問。

「本來我還有個大表哥，不幸三年前去世了，所以現在二表哥節節高。」

「聽說你大表嫂不但是個美人胎子，還會詩、詞、歌、賦是不是？」

「我大表嫂是林翰林的孫女兒，自幼就會作詩塡詞。我每次去外婆家，她總要考考我呢。」

「她該不會考我吧？」她笑着說：「我可一竅不通呢？」

「妳唱幾句西皮二簧她聽，她就樂了。」

「她也喜歡戲？」

「我外婆是個戲迷。路跟着山轉，她也自然喜歡。」李毓霖眉飛色舞起來：「我外婆家還有一座戲台呢！還有看台包廂，比江州戲院精緻多了！每逢我外婆生日，或是什麼大喜慶事兒，一定要請戲班子去演一台戲，熱鬧熱鬧。」

「好大的氣派！」姚春蘭笑着讚了一句。

「我外婆是見過大場面的人，氣魄手面大得很，決不小兒科。」

「你二表嫂又是怎樣的人呢？」

「我二表嫂是個老好人，和妳同庚，今年二十二歲。可就是不生孩子！」

「這次我冒冒失失到你外婆家，不知道她會不會吃醋？」

「不會，我二表嫂不是那種醋罈子？」

「你不懂，沒有一個女人不吃醋的。」她笑着說。

「吃醋也沒有關係。」他搖搖頭。

「怎麼會沒有關係呢？」她望着他好笑：「一枝椿上繫着兩隻叫驢子，那日子可不得安寧啦！」

「姚姑娘，妳要是肯嫁給我表哥，那是兩頭大，不礙她什麼。」

「毓少爺，恐怕我姚春蘭沒有那麼好的福命？」她惘然一笑。「我們吃開口飯跑江湖的女人，多半沒有什麼好下場的。所以王公霸纔打我的歪主意，想我做他的七姨太！」

「放心，妳一進了鳳凰谷，他王公霸就別做夢娶媳婦了。」

「難道鳳凰谷眞是天險？」

「不但是天險，還是個大安樂窩呢？」

「那個花子老杜，果眞是個奇人？」

「一點不假！」他用力點頭。「我外婆到過的地方，他都到過，他到過的地方，我外婆却沒有到過；我外婆談起八國聯軍攻打北京的事兒，他比我外婆還淸楚；我外婆提起那些王府的保鏢，他也認識。可就不知道他打的什麼字號？」

「難道他連個眞名實姓兒也無有嗎？」她用戲台上的道白說。

「他只要我們叫他花子老杜，說不定連這個姓兒也是杜撰的？誰知道他在江湖上叫的是什麼？」

前面來了兩匹馬，一前一後。前面的馬上有人，但他們看不淸楚是老總還是老百姓？他們希望是來接他們的花子老杜。

果然不錯，漸漸地，李毓靈看出騎在馬上的那人穿的是一件破棉襖。他驚喜地說：

「老杜！花子老杜！」

「你怎麼知道是他？」她笑着問李毓靈。因爲這時還看不淸那人的面目。

「他不論春、夏、秋、冬，都穿那件破棉襖。」李毓靈解釋：「這種六月天，除了他，還有誰受得了？」

「眞是的，我穿單衣還冒汗呢！」她笑着抬起袖子擦擦額角。

老杜越走越近，他馬後還牽着一匹馬。李毓靈向他招手，他點點頭，還是不快不慢地小跑。李毓靈和姚春蘭在一棵大苦楝樹下等他。

老杜一到苦楝樹下便飄身下馬，彷彿飄落一片樹葉，落地無聲。他打量了姚春蘭一眼說：

「這位想必是姚老板了？」

「好說，老前輩抬舉了。」姚春蘭謙虛地回答。同時細細打量他。

他頭髮蓬亂如草，黃鬍鬚有一寸多長，眉毛也長出一寸多的長毫，向兩邊翹起。兩眼炯炯有神，說話的聲音十分響亮。上身穿着一件藏青色的破棉襖，腰間繫了一根黑布腰帶，額上却不冒汗。下身穿着舊藍大布單褲。脚上穿着破爛的薄底黑布鞋。這身打扮，眞像個花子。年紀大約五十左右。

「毓少爺，我老花子走了半天，望不見你們，以爲你們被王公霸擄回去了？」老杜打趣地說。

「老前輩，要不是我化了粧，眞的羊入虎口了。」姚春蘭說。

「有毓少爺保鏢，不會。」老杜故意尋李毓靈開心。

「老杜，我泥巴菩薩過江，自身難保。」李毓靈說：「如果姚姑娘眞的羊入虎口，那就要你從老虎嘴裡拖出來。」

「毓少爺，人家的盒子炮厲害，我老花子血肉之軀，怎敢捋虎鬚？」老杜笑着說。

「老杜，你水仙花兒不開裝什麼蒜？」李毓靈問他：「姚姑娘不知道你，我還不知道你？」

「毓少爺，江湖跑老了，膽子跑小了，玩命的事兒你可別找我？」

「老前輩笑話了，」姚春蘭笑着插嘴：「這次幸好沒有出岔子，以後還請您多多照顧啦！」

「姚老板，他嘴上無毛，你別信他胡說八道。」老杜指着李毓靈笑說。

「老前輩，人的名兒，樹的影兒，不會虛傳的。」姚春蘭笑着說。

老杜打了一個哈哈，指着姚春蘭說：

「姚老板，妳眞不愧是個名角兒。」

「老前輩，取笑了。」姚春蘭謙虛地說。

「姚老板，言歸正傳。我看妳風不吹，雨不打，站在太陽底下說話不相宜，請上馬，早點兒到鳳凰谷去休息休息吧。」老杜向她欠欠身子把右手向馬一伸說。

姚春蘭看看這匹黑得放亮的高頭大馬，不禁讚了一聲：

「好俊的馬！」

「牠算不了什麼，好馬還多着呢！」老杜接嘴：「姚老板，要不要我扶妳上馬？」

「豈敢！」姚春蘭笑着回答：「讓我自已黃羊上樹吧！」

她脚踏鞍鐙，輕輕一躍，翻上馬背。老杜讚了一句：

「好靈活的身手！」

「老前輩見笑了。」姚春蘭拱拱手，接過韁繩。

「毓少爺，你也上馬吧？」老杜轉向李毓靈說。

「你呢？」李毓靈問他。「你怎麼不多帶一匹馬來？」

「騎一匹，帶兩匹，多累贅？」老杜回答：「你上馬吧，我情願步下趕。」

「大熱天，我們騎馬你趕路，你又穿了這件寶貝棉襖，你不怕發痧？」

「我老花子生來命賤，不忌寒暑。不像你金枝玉葉兒的，風不能吹，雨不能打。」

「好，那我上馬，你發了痧可不能怪我？」

「毓少爺，我老花子吃薑吃蒜，怪過誰來？」

李毓靈騎上五花馬。老杜在馬屁股上一拍說：

「毓少爺，你上前領路吧！」

李毓靈回頭對姚春蘭說：

「姚姑娘，對不起，我失禮了。」

「毓少爺，你請吧，不必拘禮。」姚春蘭說。

唐卓人家養的馬都是快馬。他二叔唐步青和姑父李煥章每年都要去上海跑馬廳賽馬一次。這兩匹馬雖然不是最快的马，但比起普通馬不知要快多少？就是王公霸的那種大洋馬也不是牠們的對手。起先李毓靈怕姚春蘭是初次騎馬，有點害怕，所以只是小跑。後來他看她一點不怕，騎在馬上十分瀟洒，便加快步伐，她緊緊跟上。他回頭看看花子老杜，老杜跟在姚春蘭的馬後面亦步亦趨。馬慢他也慢，馬快他也快，總是保持四五尺的距離。李毓靈忽然起了個壞主意，想整老杜一下，出他的洋相。忽然在馬屁股上猛抽一鞭，馬便撒開四蹄，奔跑如飛。姚春蘭的馬也跟了上來，尾追不捨。跑了大約兩三里路，李毓靈纔勒緊韁繩，馬就慢了下來。他回頭看看花子老杜，老杜還是那麼不即不離地跟在姚春蘭的馬後，他不知道老杜是怎麼跟上的？

姚春蘭看他回頭看老杜，她也回頭看看老杜。老杜滿頭滿臉都是灰塵，她抱歉地說：

「老前輩，恕我冒失。」

「姚老板，妳不過是依葫蘆畫樣，這怎麼能怪妳？」老杜神定氣閒地說：「我知道有人想出我的洋相，送我的老命。」

李毓靈的心思被他一語道破，忍不住笑了起來。姚春蘭忍住笑說：

「毓少爺眞淘氣，我上了他的當還不知道呢！」

「姚老板，他人小鬼大，多喝了幾滴墨水兒就戲弄我老花子。」

「老杜，你好足的腿勁，改天傳我幾腿行不行？」李毓靈回頭笑着對他說。

「毓少爺，你別開我老花子的玩笑。」老杜說：「你貴人貴命，騎馬坐轎，你那兩條腿都是多餘的，還練什麼腿勁？」

姚春蘭聽了好笑，回過頭來對老杜說：

「老前輩，我是吃開口飯跑江湖的，您可願收我這個徒弟？」

「姚老板，妳別折殺我老花子了。」老杜抱拳拱手回答。

「老前輩，您也別再叫我姚老板了，我實在不敢當。」

「那我怎樣稱呼妳纔好？」

「叫我姚姑娘好了。」

「好吧，妳說怎樣叫我就怎樣叫，」他笑瞇瞇地說：「我也情願人家叫我老花子。」

走着，說着，不知不覺來到鳳凰谷口。姚春蘭勒住馬頭，四週打量一番，兩邊都是高山，如鳳凰孵蛋，青翠欲滴，景色如畫。入口處却只有丈把寬，兩邊又有碉堡，眞是一夫當關，萬夫莫敵。不禁讚嘆地說：

「我也算是老江湖了，還沒有見過這樣險這樣美的地方！」

「姚姑娘，眞想不到妳和我老花子也有同感！」老杜笑着說：「鳳凰谷留住了我這隻花脚猫兒，我看妳也會留下來。」

第二章 鳳凰谷山青水秀 神仙府男少女多

唐卓人親自到谷口來迎接姚春蘭，姚春蘭看了他很高興，連忙翻身下馬。

「一路辛苦？」唐卓人握着她的手說。又仔細打量她：「妳這身打扮眞妙，我都差點兒認不出來。」

「你看我這樣子怎麼能見人？」她撒嬌地說。

「自家人有什麼關係？」唐卓人笑着回答：「大嫂已經替妳準備好了衣服鞋襪，妳換了再去亮相，保你又能得個滿堂彩。」

「我纔不敢希望滿堂彩，只怕府上的人會把我轟出來？」她望着唐卓人說。

「他們會把妳當作香袋兒。老祖宗又發了戲癮，妳來得正是時候。」

她聽了展顏一笑，把韁繩交給老杜，客氣地說：

「老前輩，得罪了。」

老杜接過韁繩，又對李毓靈說：

「你也交給我好了。」

他們邊談邊走進谷裡，唐卓人指指點點，向姚春蘭解釋。一進入谷裡，眼界突然開朗，不像谷口那麼偪仄。谷裡有草原，有溪流，有田地，有三百多戶人家。唐卓人的房屋氣象雄偉，與衆不同。他房屋周圍圍了一道八尺高的圍牆，圍牆正面的中間是個大牌樓，蓋着綠色琉璃瓦，雕梁畫棟，上面嵌了「魁星樓」三個大金字。牌樓下面是三道拱門，中間的最大，平時不開。左右兩邊拱門各安了一個白色大理石獅子，獅子邊上豎着兩根大旗桿。前面是個八角形的大花園，兩邊種了一排青葱的大柏樹。圍牆後面是山麓，山麓上是高大的松樹林。圍牆左邊是馬房狗屋，開了一個便門；右邊是長工馬伕宿舍，也開了一道便門。在馬房狗屋長工馬伕宿舍與圍牆之間各種了一排大楓樹。此時婆娑如傘，綠蔭掩映，一到秋冬，滿樹紅葉，更美。房屋蓋在圍牆裡面，一連四進，每進距離五十尺，隨着地勢上去，一進比一進高三尺。戲臺、亭閣、花園、魚池、假山，交錯其間。姚春蘭一看見這種氣派，笑着對唐卓人說：

「府上的氣派眞勝過王爺府，我眞不敢進去。」

「我保鑣。」唐卓人笑着回答。

唐卓人的寡嫂林鳳儀，是這個大家的總管。唐卓人的父親考上舉人以後科舉就廢了，他就息影林下享淸福，不問世事，不問家事。唐卓人的二叔沒有趕上科舉，也不想出外謀個一官半職。他也很會享受，養鷹、蓄犬、養馬、打獵，在家裡膩了就去上海賽馬，或是在城裡妹夫家住十天半月，也不愛管家務。唐卓人的母親雖然知書識禮，出身世家，但長子去世後，更虔誠信佛，成天在靜室裡不出來。他二嬸讀書不多，是個樂天派，養尊處優，不愛管雞毛蒜皮的事。唐卓人自己在城裡教書，又加風流瀟灑，自然不願管那些俗事。他太太忠厚有餘，威嚴不足，不能壓衆，也不能管。他大嫂飽讀詩書，人又能幹，新寡之後，老太太怕她愁懷難遣，便把管家的責任一手交給她。她帶着女兒幼憐，陪嫁丫鬟蘭花兒，住在第一進裡面。

唐卓人把姚春蘭帶到寡嫂林鳳儀這邊來。林鳳儀的丫鬟蘭花兒正帶着幼憐在廳堂裡玩耍。她一看見唐卓人他們進來，先是一笑，迅速地打量姚春蘭一眼，便碎步跑到林鳳儀的房門口，側着身子輕輕呼喚：

「少奶奶，客人來了。」

「知道了，我馬上出來。」

過了一會，她從從容容地走了出來，她穿着高領，長及腳踝的滾着綠邊的杏黃旗袍，胸襟繡了一朵白菊花，腳上穿着軟底白緞繡花鞋。臉上不施脂粉，自然雪白。長方臉，新月眉；丹鳳眼；懸胆鼻；不大不小，不厚不薄，自然紅潤的嘴唇。她先向唐卓人、李毓靈點頭打了一個招呼，然後笑着對姚春蘭說：

「稀客，稀客！我早就對二叔講過，請他接姚姑娘到我們鳳凰谷來玩玩。想不到今天好風相送，姚姑娘果然來了，恕我失迎。」

「少奶奶說那裡話來？我來得唐突，連一樣見面禮兒也沒有帶，少奶奶海量，請多包涵。」姚春蘭恭敬地回答。

「自己人，別見外。今天委屈妳了，快些和我進去換換衣服。」林鳳儀邊說邊牽着姚春蘭的手，向自己房裡走去。走到房門口又回過頭來對丫鬟說：

「蘭花兒，進來侍候。」

蘭花兒應了一聲「是」，碎步跑過來，三人進了門，林鳳儀隨手把門一關，朝着唐卓人李毓靈說了一聲：

「二叔、表弟，你們坐一會兒，恕我怠慢。」

唐卓人抱起侄女兒，在她臉上親親，又教她叫李毓靈表叔。李毓靈輕輕地說：

「如果大表哥不過世，大表嫂不會給她取名幼憐。」

「嫂嫂什麼都好，就是這點美中不足。」唐卓人說。

「不知道她會把姚姑娘打扮成什麼樣子？」

「佛上粧金，準不會錯。」

「外婆的意思怎樣？」李毓靈輕輕問。

「老祖宗高興得很，」唐卓人壓低聲音回答。「她悶得發慌，正想熱鬧熱鬧。」

「只要外婆高興，沒有人敢不高興。」李毓靈說。「二表哥，你在這兒等姚姑娘，我先去向外婆請個安。」

李毓靈走後不久，林鳳儀的房門打開，她和姚春蘭雙雙走了出來。人未到先有一陣香氣飄來。姚春蘭臉上的油彩洗得乾乾淨淨。她薄施脂粉，顯得更白。瓜子臉兒，十分嫵媚。她穿着林鳳儀結婚時做的緞子旗袍，非常合身。彷彿古畫兒上走出來的美人，林鳳儀看看她，又笑問唐卓人：

「二叔，姚姑娘這樣打扮，脫不脫俗？」

「嫂嫂，我感激妳都來不及，妳叫我怎麼說好？」唐卓人笑着回答。

「你既然點了頭，我們就陪姚姑娘到後面走走，或許老祖宗正盼着呢？」林鳳儀笑着說，又遊目四顧，不見李毓靈，反問唐卓人：「表弟呢？」

「向老祖宗請安去了。」

「他倒是個鬼精靈，先去報信兒了。」林鳳儀笑說，一手牽着姚春蘭，輕輕問她：「我們走吧？」

「全憑少奶奶吩咐。」姚春蘭謙恭地說。

「姚姑娘，妳別再少奶奶長少奶奶短了。」林鳳儀說：「自家人，不要見外，我比妳癡長幾歲，以後姐妹相稱如何？」

「那我怎麼承當得起？」姚春蘭受寵若驚。

「姚姑娘，妳別太謙，以後的日子長得很呢！」林鳳儀打趣地說。

姚春蘭臉上飛起兩朵紅雲，瞟了唐卓人一眼，低頭不語。

她們兩人雙雙步下石級，唐卓人抱着侄女兒跟在後面。林鳳儀回頭呼喚丫鬟：

「蘭花兒，妳來抱幼憐，免得二爺閃了腰。」

「嫂嫂，我又不是豆腐做的，幼憐能有多重？怎麼就會閃了腰？」唐卓人笑着說。

「二叔，你平時肩不挑，手不提，比不得丫頭小子。」林鳳儀回答。

蘭花兒從他手裡把幼憐接過去。唐卓人打量她一眼說：

「三兩個月不見，蘭花兒出落得越發標緻了。」

「二爺，你一回家就取笑我！」蘭花兒扭着腰嘟着嘴說。

「二爺說的是眞心話，不信妳問大奶奶好了。」唐卓人說。

「她風不吹，雨不打，太陽不晒，比小戶人家的大姐兒還舒服，自然長得像豆芽菜了。」林鳳儀說。

「這位蘭姑娘眞的長得不賴，比我的命還好。」姚春蘭湊着趣兒說。

「姚姑娘，妳可別把她捧了上天，她怎能比妳？」林鳳儀笑着接嘴。

「少奶奶，自古道強將手下無弱兵，她經你長久培養薰陶，不但人長得像朵花兒樣，也懂事得很，只怕我還比不上呢？」姚春蘭說。

「姚姑娘，妳別折殺了她。」林鳳儀馬上接嘴，又回頭對蘭花兒說：「蠢丫頭，不識抬舉，妳還不謝謝姚姑娘？」

「謝姚二奶奶。」蘭花兒欠欠身子說。

「喲，妳眞折殺我了！」姚春蘭紅着臉說。「八月十五日望花燈，還早着呢！」

「姚姑娘，二叔打着燈籠火把纔找到妳，只要妳點頭，遲早總有那一天。」

「嫂嫂，妳知道我笨嘴笨舌，我看這件事兒全仗着妳了。」唐卓人順水推舟。

「唷，二叔，你這一釘耙可栽住我了？」林鳳儀噗的一笑。

姚春蘭也抿着嘴兒笑。蘭花兒却笑着說：

「少奶奶，誰不知道二爺最會在您和老太太面前裝蒜？」

「蘭花兒，二爺只有這兩個靠山，妳可別挖二爺的牆脚？」唐卓人笑着說。

林鳳儀和姚春蘭都笑了起來，蘭花兒也好笑。

第一進到第二進房屋中間是五尺寬的青石板路（每進之間都是一樣），左邊是個大花園，種的全是牡丹，現在花已開過，綠葉還是好看。花圃過去有個八角亭子，是爲了賞牡丹而建的，所以取名牡丹亭。右邊是一座假山，種了幾株梅花和觀音竹，還有一些盆景，一道噴泉，假山外邊是和牡丹亭同樣形式大小的南山亭。林鳳儀邊走邊向姚春蘭指點。

第二進是唐卓人的二叔唐步青夫婦和獨生女兒唐錦心住的。他們還沒有踏上石級，唐卓人的二嬸娘家姓梁，[illegible]笑着走了出來，她四十上下，身體已經開始發福，面團團，眉開眼笑。一見就知道是個快活人。

「稀客，稀客！聞名不如見面，老祖宗和我是最希望姚姑娘到我們家來的。老祖宗還說要派八人轎子纔能接到呢。想不到一陣風兒就吹來了！」梁夫人一疊連聲地說。

「梁夫人，晚輩來得魯莽，請勿見笑。」姚春蘭低頭彎腰回答。

「姚姑娘，說那裡話來？我高興還來不及呢！」梁夫人伸手把姚春蘭牽了上來。「錦心和她爹打獵去了，失迎。不然她見了妳比我還高興哩。」

「梁夫人，您們一片盛情，我眞不知道怎樣說好？」姚春蘭驚喜地說。

「今後我們是自家人，不必客氣。」梁夫人說。

梁夫人的丫鬟銀杏捧上茶來。林鳳儀說：

「二嬸，我看您不必客氣了，我們去後面見見爹娘，再到老祖宗那邊喝茶聊天吧？」

「這樣也好，」梁夫人點點頭說：「姚姑娘，恕我怠慢。老祖宗的西湖龍井比我的香片香得多呢！我們大夥兒去叨擾她老人家吧？」

「多謝，」姚春蘭頭一點說：「那我益發不敢當了。」

「不必拘禮，老祖宗好客，她的茶就怕沒有人去喝呢！」梁夫人說。

「二嬸的話不對，老祖宗的茶怎麼不讓我喝呢？」唐卓人笑着接嘴。

「你們男人的嘴臭，她自然不讓你喝。」梁太太笑着說。

林鳳儀嗤的一笑。姚春蘭抿着嘴兒笑。蘭花兒不敢笑。唐卓人哈哈大笑。

「二嬸，您這又說的不對了。」林鳳儀笑着說：「我們一屋裡大大小小，老祖宗疼的就是二爺，龍內鳳肝也會讓給他吃，何況西湖龍井？」

「鳳儀，妳別長他的志氣，他已經夠得意的了。」梁夫人笑着說。

林鳳儀也好笑。他們說說笑笑走到後面來，發現唐卓人的父親唐曼青穿着紡綢長衫，背着手站在鴛鴦亭裡欣賞嬌豔欲滴的荷花。亭邊是一個大水池，裡面種了荷花，養了魚，還放了幾對鴛鴦。右邊的花圃裡玫瑰也開得很好，這都是他的傑作，他對園藝很內行。

梁夫人他們一看見他自然收斂了笑容。林鳳儀和唐卓人連忙上去請安。林鳳儀指着姚春蘭向他說：

「這位就是姚姑娘，特來向爹請安的。」

姚春蘭連忙趨前向他鞠躬：

「大老爺福安。弱女春蘭落難，借您大樹遮蔭。」

他打量春蘭一眼，摸摸八字鬍髭一笑，揮揮手說：

「我知道了，去見見老太太吧。」隨後又對兒子媳婦說：「你們不要怠慢了姚姑娘。」

兒子媳婦應了一聲「是」，姚春蘭說了一聲「多謝大老爺。」鞠躬而退。

「大老爺大概過足了癮？看來頂高興似的。」梁夫人輕輕地說。

「姚姑娘這樣的客人誰不歡喜？」林鳳儀說。

「多謝您們抬舉。」姚春蘭說。又回頭望望唐曼青：「大老爺好像很會享福？」

「爹是個雅人，他作的都是雅事。」林鳳儀回答。

「就只一件不雅——」梁夫人笑着說。

「這真是前人種樹，後人乘蔭。爹的命好，該他享福。」林鳳儀說。

「妳眞是個孝順的媳婦。」梁夫人說：「他們兩兄弟的命都不錯，性格却不相同。妳二叔偏偏在家裡坐不住，要滿山亂跑。」

「二嬸，那也是一樂。」林鳳儀說。

「都是雅人雅事。」姚春蘭說。

「我看我們那位一點不雅，總是一身臭汗。」梁夫人說。

大家都好笑。唐卓人打趣說：

「二嬸，您可不能貶二叔？」

「我說的是眞話，何曾貶？」梁夫人望着侄兒說：「連你妹妹都被他帶野了。」

「二嬸，現在是民國，不是林黛玉的時代，您何必要錦心弱不禁風呢？」唐卓人說。

「我不是要她弱不禁風，大家小姐總不宜太野。」

「其實錦心不是野，她是好動。」

「你又包庇她？」梁夫人白了侄兒一眼。

「好，好，好！」唐卓人笑着雙手直搖。「我不講話。」

「輕一點，」林鳳儀提醒他：「不知道娘是在唸經還是打坐，不要驚了她。」

大家輕手輕脚走進第三進客廳。第三進住着唐卓人的父親母親，王姨娘，和丫鬟金鳳。他們進來時金鳳正在玩梅花數，看見他們進來連忙起立相迎。梁夫人對她說：

「妳去通報一聲，就說姚姑娘來了。」

金鳳去了一會，攙着梅夫人出來。梅夫人穿着黑旗袍，頸上掛着一串很長的唸珠。頭髮花白，臉孔清癯，但很慈祥。林鳳儀唐卓人看她出來，都趕過去攙她。姚春蘭也趨前深深一鞠躬，說聲「夫人好。」

「請坐，請坐。」梅夫人一面說一面打量姚春蘭。然後慈祥地一笑：「姚姑娘，委屈妳了。」

「春蘭來得唐突，打擾府上，心裡實在不安。承蒙府上大小抬舉，那有什麼委屈？」

「王公覇無法無天，自有報應。妳安心避一陣子，再作安排。」

「多謝夫人。」

「妳有什麼需要，儘管對鳳儀卓人說好了。我一心禮佛，怠慢之處難免，請莫見怪。」

正說話間，李毓靈忽然跑了過來，對梅夫人說：

「大舅母，外婆急着要看姚姑娘呢！」

「好，好，就去，就去！」梅夫人笑着回答，又望着姚春蘭：「姚姑娘，老太太正等着妳呢！我看妳要變成她的香袋兒了。」

「夫人，我眞不知道這是那一輩子的造化呢！」姚春蘭受寵若驚地說。

「緣，一切都是緣。」梅夫人笑着回答：「古話說得好：有緣千里來相會，無緣對面不相逢。妳請吧！」

「哦，還沒有見過王姨娘呢！」林鳳儀說。王姨娘是她父親的愛妾。「我們去看看她吧。」

王姨娘是個美人胎子，細皮白肉，削肩細腰，長挑身材，三十來歲。看來顯得有點兒單薄。她看見林鳳儀帶着姚春蘭來看她有點受寵若驚的樣子。說了不少客氣話。

姚春蘭對她也很客氣，站了一會，匆匆告辭，隨着李毓靈來到後面，她一踏上臺階，林鳳儀就笑着對老太太說。

「老祖宗，您的香袋兒來了。」

老太太正捧着白銅水烟袋在吸烟。她的兩個丫鬟菊花兒和梅花兒一左一右地站着。菊花兒正在替她搥背，梅花兒手裡拿着紙捻替她點火。她背後還站着唐卓人的太太徐淑媛。徐淑媛是個矮矮胖胖，圓圓臉的少婦。臉上笑瞇瞇的，看來人頂和氣。她聽見林鳳儀這樣說，笑也不是，哭也不是。她望着姚春蘭一步步走上來，愣了一會兒，又繼續替老太太搥背。老太太富富泰泰，像一尊彌勒佛坐在紅漆太師椅上。她耳聰目明，聽見林鳳儀這樣說，就用右手在眉上搭了一個涼棚，仔細瞧瞧姚春蘭。然後展顏一笑：

「鳳兒，妳說得一點不錯，我一見了姚姑娘就心裡喜歡。」

「謝謝老太太愛屋及烏。」姚春蘭低頭跪拜：「我這裡向您叩頭，願您老人家添福添壽。」

「快快起來。」老太太連忙伸手來扶，姚春蘭早被林鳳儀和梅花兒拉了起來。老太太隨手指指椅子後面，對姚春蘭說：「這是我二孫媳婦，妳也認識認識。」

「二奶奶好。」姚春蘭向徐淑媛一鞠躬。

林鳳儀和唐卓人相視一笑。

徐淑媛心裡雖然酸酸的，但看老太太對姚春蘭這麼好，也只好點頭回禮。老太太又回頭對徐淑媛說：

「以後妳們更要像姊妹一樣。」

老太太招呼大家坐下，菊花兒梅花兒連忙奉茶。老太太又打量姚春蘭一眼說：

「姚姑娘，妳的戲真的唱得不賴。」

「謝謝老太太誇獎，只怕荒腔走板。」姚春蘭欠欠身子說。

「我聽戲聽得多了，決不隨便奉承人。」老太太說。「連譚叫天我都不隨便說個好字。」

「那我更不敢當了。」姚春蘭說。

「因爲我是女人，妳是坤角兒，所以我要誇獎妳。」老太太笑着說：「女人的中氣本來沒有男人足，妳能唱得珠走玉盤，響遏行雲，細如游絲，就很難得。」

「春蘭，貨賣識家，總算妳找着主兒了。」唐卓人打趣地說。

「你不要在我面前耍花腔，」老太太指着孫兒笑罵：「你以爲只有你是知音？你還差的遠呢！」

「是！」唐卓人淘氣地說：「比起老祖宗來，我還差了一大截呢！姚老板，妳說是不是？」

「老太太見多識廣，連我也是亂開黃腔。」姚春蘭笑着附和。

「姚姑娘，你別接腔，讓他自拉自唱。」老太太笑着說：「看有誰來叫好？」

大家都笑了起來，林鳳儀忍住笑說：

「老祖宗，您也不怕笑壞了人？」

「鳳兒，他不存好心，想耍我鄉下人，妳說我怎麼服氣？」

大家又笑了起來。唐卓人笑着說：

「老祖宗，您過的橋比我走的路還多，我怎麼敢耍您？」

「你有自知之明最好，」老太太指着孫兒說：「我問你，你天天在戲園子裡泡，你向姚姑娘學了多少？」

「老太太，他唱鬚生，我唱青衣，隔行如隔山，我怎麼能敎他？」姚春蘭笑着接嘴。

「其實不然。一通百達，妳在鄉下無事，雨天打孩子，閒着也是閒着，妳好好地敎敎他，免得他一身羊毛。」老太太亦莊亦諧地說：「恐怕向妳討敎的人還多着呢？」

「敎什麼？我也學學。」一位穿着短掛長褲，梳着兩條短辮子的十五六歲的小姑娘，手裡提着一隻漂亮的公野鷄，笑着叫着跑來。

「錦心，有客人在這兒妳還是這麼放肆！」梁夫人輕輕喝她。

她打量了姚春蘭一眼，粲然一笑說：

「這位莫非就是二哥常說的名角兒姚姐姐了？」

「不敢當。」姚春蘭向她一笑：「錦心小姐，妳眞是聞名不如見面，好爽快的性子！」

「娘，妳看客人怎樣誇獎我？」唐錦心望着母親笑說。又把手中的野鷄向老太太一提：「婆婆，這隻野鷄本來是送給您煨湯喝的，現在我可要作拜師的見面禮了。」

「巧丫頭，有了姚姐姐妳就不要我這個老骨頭了？」老太太指着孫女兒笑罵。

「老祖宗，千朶桃花一樹生，我還敢忘本？」唐錦心乖巧地說。「不過姚姐姐是稀客，您說我該不該送個見面禮？」

大家聽了好笑，老太太也笑着說：

「該，該，該！不過我問妳：這個野味是妳打的還是妳爹打的？」

「當然是我打的。」唐錦心理直氣壯回答：「爹打了一頭獐，有好幾十斤呢！」

「他怎麼不來見我？」老太太問。

唐錦心向外一望，笑着說：

「提起曹操，曹操就到。婆婆，您看，爹不是來了？」

唐步青高高興興地走來。他身體高大強壯，田字臉晒得通紅。他掃了姚春蘭一眼，便向老太太請安。老太太指着姚春蘭笑着問他：

「你猜這位是誰？」

「好生面善？」他笑着望望姚春蘭，又看看唐卓人：「莫非是名青衣姚老板？」

「三老爺，不敢當，晚輩就是姚春蘭。」姚春蘭笑着一鞠躬。「失禮，失禮。」

「難得，難得！」他連連點頭：「我愛熱鬧，妳這一來我們就有好戲看了。」

第三章 唐錦心淑女學戲 姚春蘭破格收徒

林鳳儀知道老太太歡喜姚春蘭，一家大小對她的印象都很好。但她的身份地位未定，主不像主，客不像客，如何安排纔好？林鳳儀不敢擅自作主，因此請示老太太：

「老祖宗，姚姑娘住的地方您看怎樣安排纔好？」

老太太掃了唐卓人一眼，又望望姚春蘭，低頭沉思了一會纔說：

「姚姑娘現在還是客人，我們應該有待客人的禮貌，不能像三家村的小戶人家那樣亂來。妳一個人住着也寂寞，我看姚姑娘住在你那邊最合適沒有。姚姑娘，妳看怎樣？」

「客隨主便，不必太為晚輩費神，全憑老太太吩咐。」姚春蘭恭敬地回答。

「我看妳們兩人也很相投，妳的戲唱得好，鳳兒的詩詞也不弱，妳們兩人在一起琢磨琢磨，會相得益彰。」老太太笑着說：「我把梅花兒撥給妳使喚，有什麼事兒妳儘管吩咐她好了。」

「老太太，晚輩千萬不敢當。」姚春蘭力辭。

「妳不必客氣。我有菊花兒一人服侍足夠了。」

「姚姑娘，老祖宗一番好意，却之不恭。」林鳳儀笑着說。「她把妳當作香袋兒，妳就不必太謙。從前我請她把梅花兒借給我使喚個把月，她都不肯，現在我禿子跟着月亮走，也好沾點兒光。」

林鳳儀的話說得大家都笑起來，姚春蘭也笑得肩兒打顫。老太太笑得眼睛縫兒都沒有。

「鳳兒，妳眞是君子報仇三年不晚。我早就忘記這件事兒，妳還記得那陳年濫帳，以後我可得防妳一手兒。」老太太忍住笑說。

大家笑聲剛歇，又被老太太逗笑了。

「還有一件事兒我要叮囑妳。」老太太指着林鳳儀說：「俗話說：三年出個狀元，十年難出一個戲子。姚姑娘這樣的人才不可多得，妳每天早晨應該替她預備兩隻生雞蛋，讓她養養嗓子，不要讓她在我們這兒住上十天半個月就倒了嗓，那可罪過。」

「老祖宗，妳倒底是個大行家，妳要是不說，我可眞不知道。」林鳳儀說。

「妳年紀輕輕的，不知道的事兒還多着呢。」老太太說，又望望姚春蘭：「姚姑娘，妳每天清早還要照常吊嗓，我們這兒的空氣好，對妳很有幫助。」

「老太太，只怕沒有胡琴？」姚春蘭說。

「有好幾把。」唐卓人接嘴。

「你的胡琴現在拉得怎樣？」老太太問他。

「勉強。」唐卓人回答。

「老太太，二少爺已經拉得頂好。」姚春蘭說。

「那你早晨就不要睡懶覺，替姚姑娘襯托襯托。」老太太對孫兒說。

「得令。」唐卓人用戲詞回答。

老太太又好氣又好笑地白他一眼。

「還有一件，」老太太又對林鳳儀說：「姚姑娘也和我一道吃飯。」

唐府的飯是分開的。林鳳儀陪老太太一道吃，大房、二房、長工馬伕和花子老杜各分三起吃。

「是。」林鳳儀應了一聲，又問：「老祖宗還有什麼吩咐沒有？」

老太太笑着搖搖頭。林鳳儀又說。

「還有一件，老祖宗忘記了把姚姑娘吊在褲腰帶兒上。」

大家像熱鍋裡爆豆子，哄笑起來。老太太用指捻指着林鳳儀說：

「妳這丫頭，我眞把妳寵壞了！居然在我老樹頭上做起窩兒來了？」

林鳳儀笑着拉了姚春蘭就走。姚春蘭回頭對老太太說：

「老太太，晚輩告辭了。」

「好，妳跟她去吧！如果她待妳有半點兒差錯，回來告訴我。」老太太回答。又吩咐梅花兒：「妳跟姚姑娘去，好好地服侍她。」

梅花兒追了上去。林鳳儀看見她來，笑着對姚春蘭說：

「妳和老太太前世有緣。」

「我也不知道是那一輩子的造化？」姚春蘭欣喜地說。

「酒逢知己千杯少，話不投機半句多。人也眞難說得很！」林鳳儀說。「我看一飲一啄，莫非前定。」

「我也是這樣想。」姚春蘭說：「像府上老老少少對我這樣抬舉，我是做夢也沒有想到的。原先我還以爲會很難壚呢？」

「我們家不會那麼勢利。」林鳳儀說：「像花子老杜，在我們家裡還不是像客人一樣？」

「對了，少奶奶，您提起老杜，我眞有點兒稀奇，您淸不淸楚他的來歷？」

林鳳儀笑着搖搖頭。

「那您怎麼會收留他？」

「我看他不是個壞人，還是個高人，我們家裡又正用得着，所以我把他帶給祖母看。祖母閱歷多，又懂風鑑，她說可以收留，我就收留了。這幾年來，證明老太太的眼光不錯。」林鳳儀說。

「他的身世您也從來沒有問過？」

「問過。他告訴過我他的姓名別號，是眞是假？我也不知道。其他的事情他也不肯說，只要我們叫他花子老杜。我們也由他。現在改了朝，換了代，世間傷心事兒又有多少？或許他也有什麼難言之隱？只要他對我們忠心，我們又何必追根問底？」

「少奶奶說的對。看樣子他是個很有血性的人。」

「他識好歹，對我們家裡確是忠心耿耿。年輕時或許好強任性，可是他現在已經爐火純青。」

走着，說着，她們正好碰着老杜從鴛鴦亭那邊側門夾了一隻剝了皮的獐進來，這正是唐步青打的那條獐。

「姚姑娘，妳的口福不淺。」老杜笑着對姚春蘭說：「正好碰上二老爺打來了這個野味。」

「老杜，麻煩你交給廚房裡的六嫂，要她好好地弄幾樣口味待客。」林鳳儀對他說。

「正是，我這就送去。」老杜回答。

「這麼大熱天，他怎麼還穿那件破棉襖？」姚春蘭輕輕地問。

「他說那件破棉襖救了他的命，是一位好心人送給他的，穿在身上他就不會忘記那位大恩人。」林鳳儀說。

「杜老前輩眞不忘本。」姚春蘭說。

她們回到前面。林鳳儀把她房間對面的那一間大房打開，裡面的床帳被褥家具一應俱全，而且乾乾淨淨。唐府的親戚多，空房也多，這也是一間客房。比姚春蘭住的旅館房間好得多。家具是上好的木材，桌子圓櫈都是大理石面，窗子是雕花的，光線又好，她十分滿意。梅花兒又打了一盆水來重新抹過。

「姚姑娘，房間還多，妳看這間房能不能住？」林鳳儀問。

「少奶奶，別說我能住得，就是皇后娘娘也能住得。」姚春蘭笑着回答。

「說真的，我真怕老祖宗看了不如意，說我怠慢了妳。」

「少奶奶，那我就罪過了。」

「任何事兒都沒有定準，只要妳滿意就行。」

「少奶奶，您們對我這麼好，我實在過意不去。我還能不知足，要您去摘天上的星星？」

「如果老祖宗真要我去摘，我也只好爬上魁星樓，搭個雲梯上去。」林鳳儀笑着打趣。

唐卓人，李毓靈，唐錦心三人一道過來。唐錦心換了一身乾淨衣服鞋襪，又像個大家閨秀。「姚姐姐，剛才我已經得到老祖宗的准許，讓我跟妳學戲，妳什麼時候開始教我？」唐錦心一進來就問。

「妳名門淑女，何必學這撈什子？」姚春蘭向她一笑。

「這有什麼不好？能唱幾齣多有意思？」唐錦心指指唐卓人說：「我二哥還不是學了？我不但要向妳學戲，我還向老杜學拳呢！」

「錦心小姐，妳真好興緻。」姚春蘭望着她笑。

「枯坐在家裡眞悶得發慌。只有學學拳，學學戲，打打獵纔有意思。」唐錦心說。

「妳不唸書？」姚春蘭問。

「時局亂，學校停了課。回到家來，大嫂有空就教我作作詩，塡塡詞。不過我對那玩藝兒不如打拳，打獵，學戲有興趣。」

「她有點像二叔。」林鳳儀說。「好動不好靜。」

「二叔把她當作男孩子。」唐卓人說。

「那妳不適於學青衣。」姚春蘭對她說。

「怎麼不適宜呢？」她反問。

「青衣要文靜，溫柔，典雅，有女兒態……」

「梅蘭芳是個男人，他怎麼也唱青衣？」

「問得有理。」林鳳儀笑着插嘴。

姚春蘭好笑，自嘲地說：

「我眞的被她考住了。」

「梅蘭芳是個女性化的男人。」唐卓人逗她。

「二哥你又胡說八道！」她白唐卓人一眼：「唱青衣的可不止他一個男人，四大名旦都是，那又怎麼說呢？」

唐卓人抓抓後腦殼，無可奈何地一笑：

「好厲害的丫頭！我也被她考住了。」

「錦妹，要學戲容易，拜師可有拜師的規矩。」林鳳儀說。

「大嫂，什麼規矩？」她回頭問林鳳儀。

「上香，三跪九叩首。」林鳳儀說。

她眼珠兒轉了幾下，忽然大聲說：

「使得！大嫂，請妳給我上香。」

「慢來，慢來！」姚春蘭笑着阻止。「只要妳眞肯學，就不必多禮。這不是我破壞祖師爺的規矩，只是我們的關係不同，不要師徒名份，我會多少教妳多少，以後妳再請教高明如何？」

「姚姐姐，妳早說了這幾句話兒，也免得我兜許大的圈子！」她自己也好笑起來。「請問什麼時候開始？」

姚春蘭想了一下說：

「就是明天清早吧！我同妳二哥吊嗓，妳在旁邊聽，聽出了味道以後再一字一句地教，不能求急，妳說行不行？」

「行！反正寶塔不是一天造成的。」她爽利地說。

「錦丫頭，我給妳請來了一個好師父，妳怎麼謝我？」唐卓人笑着問她。

「二哥，現在我可不是三歲兩歲，你眞有這麼好的良心，專門給我請個好師父來？」她上下打量他說。

「錦丫頭也長心了，越來越壞。」唐卓人笑着駡她。

「如果不是碍着姚姐姐的大面，我要你好看。」唐錦心似笑非笑地說。

大家好笑，唐卓人不敢再和她鬪嘴。

「錦丫頭好利的嘴！」林鳳儀笑着說。「小心姚姐姐不教妳的戲？」

「姚姐姐，妳別見怪。」她笑着向姚春蘭一鞠躬。「二哥一向在我面前倚老賣老，現在我不讓他賣了。」

姚春蘭把她拉進懷裡，笑着對她說：

「妳這麼伶俐，學戲一定很快。」

「姚姐姐，妳在這兒能住多久？」

「我也不知道，」她笑着搖搖頭：「要看王公霸能在城裡霸多久？」

「北洋軍閥把城裡弄得亂七八糟，眞希望南軍快點打來。」

「妳也這樣想？」

「別人都這樣想，我怎麼不這樣想？」

大家聽了好笑。姚春蘭忽然眉頭一皺，望着唐卓人說：

「我出來時娘不知道，今兒晚上的王寶釧上不了臺倒不打緊，現在兵慌馬亂，娘不知道我的去向可會急壞人。你看該怎麼辦？」

「這倒是眞的！」林鳳儀關心地說：「我看應該派個人去秘密通知她，免得她六神無主。」

「嫂嫂，妳看派誰去好呢？」

「我去！」李毓靈自告奮勇。

「對，毓靈人熟路熟，最好沒有。」唐卓人說。

「不行！」林鳳儀搖搖頭。

「怎麼不行？」唐卓人問。

「就因為他人眼太熟，有根有底，很容易露出馬腳。」林鳳儀說。「姚姑娘出走以後，不但姚老太太着急，王公霸一定更急，到處搜人，說不定還會問姚老太太要人呢！表弟雖是去向姚老太太通風報信，說不定正好是替王公霸報信呢？」

「少奶奶說的有理！」姚春蘭說。

「還有一層：表弟太年輕，又是姑姑和老祖宗的命根子，城裡兵慌馬亂，北軍無法無天，不能讓表弟去冒這個險。」

「真的，毓少爺要是出了岔子，那我可擔戴不起。」姚春蘭說。

「別人又不認識姚老太太，如何是好？」唐卓人眉頭一皺。

「只要有得力的人去，我寫個字兒就行。」姚春蘭說。她母親認得她的筆跡。

「這趟差事非老杜不可。」林鳳儀說。隨即吩咐丫鬟：「蘭花兒，妳去請老杜來。」

蘭花兒應了一聲「是」，碎步跑開了。

「大表嫂，妳太看不起我！」李毓靈忽然對林鳳儀說。

「表弟，不是我看不起你，」林鳳儀向他一笑。「你貴人貴體，萬一有什麼差池，我擔戴不起。」

「報個信兒有什麼了不起？」李毓靈不服氣地說。

「據說南軍的探子都是年輕人，萬一北軍抓住你當南軍的探子辦，你不是白送了一條命？」

「要是他們抓住老杜當南軍的探子辦，還不是人頭落地？」李毓靈分辯。

「你以爲老杜是那麼容易抓住的？」林鳳儀笑着說：「三五個人休想動他一根毛，表弟，你有這種能耐？」

李毓靈臉一紅啞然失笑，唐錦心接着說：

「表弟是鐵嘴豆腐脚，他還不如我。」

「表姐，妳學了三天三脚貓兒就瞧不起人？」李毓靈歪着頭笑問。

「多少有點兒火候。」唐錦心笑着回答。

老杜走了進來，問林鳳儀：

「少奶奶叫我有什麼吩咐？」

「老杜，是這麼回事兒。」林鳳儀從容地說：「杜姑娘今天出來，沒有告訴老太太，怕老太太掛念，想請你去報個信兒，你看怎樣？」

「姚姑娘的事兒，那還有什麼話說？」老杜笑着回答。

「多謝老前輩。」姚春蘭說。

「可是我不認識老太太，又不知道她的住址。」老杜說。

「我會寫張字兒交給你。家母住在西門悅來客棧樓上九號房間，好找得很。」姚春蘭說。

「這就行。」老杜說。又問林鳳儀：「少奶奶，是今天去還是明天去？」

「如果今天去，日落之前你能不能出城？」林鳳儀問。

「如果一去就能找到姚老太太，自然可以。」老杜說。「就怕到了客棧找不到人，那只好等。」

「晚上姚老太太要上戲，戲園子裡耳目衆多，不能去找，城裡檢查得也嚴，我看你還是明天吃了早飯再去，姚姑娘妳看怎樣？」

「行。」姚春蘭點點頭。

「姚姑娘，妳先把信寫好，明天我一吃過早飯就走。」老杜說。

「老杜，可有一件——」林鳳儀笑着對老杜說。

「什麼？」老杜問。

「進城可不能穿這件破棉襖。」林鳳儀說。

「少奶奶，您是不是要我穿得體面一點？」老杜笑問。

「不是這個意思，」林鳳儀搖搖頭。「你可會看見六月天還有誰穿棉襖？」

「少奶奶，明天我暫時脫下就是。」

「這就不會招神惹鬼。」

「老前輩，得罪了。」姚春蘭抱歉地說。

「姚姑娘，不必客氣，我少穿一天沒有什麼關係。」老杜說。

「還有，」林鳳儀說：「那封信你打算藏在什麼地方？」

「這我倒沒有想到！」老杜一愣。

「信要仔細藏好纔行。」林鳳儀說。

「是，」老杜點點頭，又對姚春蘭說：「杜姑娘，拜托妳用竹紙少寫幾句，不用信封，我搓個紙團兒塞進耳孔，這就萬無一失。」

「老前輩妙計，我依您的。」姚春蘭笑着說。

第四章 木魚禪音消業障 高人身手不尋常

姚春蘭初到鳳凰谷，生活環境突然轉變，從十丈紅塵中來到這樣一個世外桃源，雖然十分欣喜，可是一下子還不習慣。平時，晚上十二點以前，是她一天的最高潮時期。她正在紅氍毹上賣力演唱，接受觀衆的掌聲和喝彩。不到深夜兩點不能入睡。可是唐府上的老老少少，十點鐘就進入睡鄉，她也只好入境隨俗。可是躺在床上輾轉反側，久無睡意，尤其是想到今兒晚上的王寶釧，二路旦角白玉霜可能壓不住臺，觀衆會起鬨，要是那些老總們一不高興，椅子茶杯都會飛上臺來。王公霸一發現她開溜了，更會暴跳三尺，向她母親要人。她母親一發現她失蹤，更會急得團團轉。她之所以不敢事先告訴母親，是就心走不成。因為她母親一方面貪圖王公霸兩萬雪花銀，一方面又不敢捋虎鬚。如果告訴母親，母親準不會放她走。而她自己是不愛王公霸那個小軍閥的；他是十足的老粗，西瓜大的字認不了一籮筐，何況是作他的七姨太？唐卓人比他年輕，又是世家子弟，風流儒雅，而且知音，她自然傾心於他。

但是這年頭文不敵武，王公霸手下有那麼多人馬，操全城生殺予奪大權，吹口氣都可以噴倒人，她母親自然怕他。如果不是自己主意打定，母親應付得體，早已羊入虎口了。現在自己雖然逃出虎口，可是母親的日子難過了。因此她翻來覆去睡不着。

雞叫頭遍，她纔朦朧入睡。剛入夢鄉，就作了一個噩夢。她夢見王公霸把她母親吊起來拷打，逼問她逃到什麼地方去了？她母親說不知道，他就拿烙鐵烙她母親，弄得母親求生不得，求死不能。

噩夢一個連着一個，她又夢見王公霸派出人馬到處搜她，使她逃無處逃，躲無處躲，終於被他抓去，剝光衣服，用馬鞭抽她，抽得她一身青紫。然後把她一頭青絲，剃得精光，關在黑牢裡。

最可怕的是她夢見王公霸捉到了唐卓人，把唐卓人的腦袋砍下來，掛在西門口。她駭出一身大汗，醒了過來。

她再也不能入睡，起來在房中行走。天還未亮，她不敢驚動別人。她走近窗口向外望望，「魁星樓」辨得出來，拱形大門未開。天上有星，八尺高的圍牆如青山一脈。忽然她發現一條人影在圍牆上一閃而過，她差點驚叫出來。她起先以為是鬼，但想想又不像傳說中的鬼，也不像戲台上的鬼。後來以為是賊，但賊不會在圍牆上跑，也不會跑得那麼快。她又想到刺客，但唐府的人很好，狀元公早已去世，大老爺二老爺一直沒有在外面作事，專心在家裡享福，不會結仇結怨。隨後忽然想到自己，想到王公霸，想到唐卓人的三角關係，聽說王公霸手下也有好手，耍大刀片兒耍得絲風不透。是不是自己事機不密？洩了出去，他派人來探聽虛實？但仔細想想又不對。王公霸如果知道她逃到鳳凰谷來，他可以在大白天派幾個人來搜捕，用不着這麼神秘。想到這裡又見那條人影從圍牆那邊閃了過來，進了「魁星樓」，她這纔恍然大悟，她想這一定是花子老杜。因為老杜一個人住在樓上的小房間裡。不久，果然那條人影又在樓上出現，這次是站着不動，好像兩手在空中一提一按。她練過武把子，老師也說過許多武林掌故，她知道這是武功當中的一種，兩手一提一按，盆裡的水都可以一起一落。這樣看來，花子老杜真是個異人了。

天快亮時，那條人影就進了魁星樓。不久馬童喜兒來了，他一個人在前面一大片青石板地上練拳。這種拳她沒有見過，出手宛如游龍，變化很多，他雖然打得還不夠純熟，但她能看出拳路，既非少林，也非形意、八卦、太極，剛柔互濟，四面八方兼顧，很少空隙。

隨後唐步青父女兩人一道走來，都是一身短裝。唐步青手上提了一個長槐，唐錦心手上拿了一根齊眉棍。喜兒看見他們父女到來，就停止打拳，唐步青輕輕對他說：

「去請師父下來。」

喜兒從左邊拱形門進去，那邊有道小門通到樓上。不久喜兒和老杜下來，老杜在前，喜兒在後，眞像徒弟跟着師父。

老杜一身黑衣，和先前姚春蘭看見圍牆上的人影一模一樣，姚春蘭自言自語：

「這就是了。」

老杜先要喜兒和唐錦心練拳，他站在旁邊指點。

唐步青把長槐豎了起來，一隻脚架在上面攀腿，這是「拔筋」。姚春蘭也練過，她能搬朝天槐，把脚靠在頭上，現在還常常練。所以她能臥魚，能動花木蘭、霓虹關、白蛇傳之類又唱又打的好戲，身手靈活，動作優美。

唐步青做了軟身運動之後，就玩齊眉棍。他的棍子擦得光亮，舞起來一片閃光，護住身體。姚春蘭暗讚一句：

「三老爺的功夫也不賴！」

他休息一會之後，又拿長槐作武器練習一番。她正聚精會神地觀看，突然房門剝剝兩聲。她問了一句：

「誰？」

「我。」唐卓人回答。他手上提着胡琴。

她連忙開門。他笑着問她：

「妳早起來了？」

「我正在看他們練武呢。」她笑着回答。

「平時妳正好夢方甜，今天却起得這般早。」

「早睡自然早起。」

「鄉下就是這樣好，沒有人睡早覺。」

「早睡早起身體好。你看二老爺，四十多的人了，小伙子還抵不上他呢。」

「二叔這般身手，一兩個人眞近不得他。」

「名師出高徒，錦心小姐如果有恒心，將來也是女中豪傑。」

「別只顧看他的，我們也去露兩手兒。」他笑着對她說。

「昨兒晚上我沒有睡好，明天再吊如何？」她說。

「不行，」唐錦心跑了過來，笑着說：「姚姐姐，我一定要聽妳的。」

「等我洗了臉再說。」姚春蘭回答：「妳打拳打出一身汗，要不要洗洗？」

「我去洗個澡就來。」話音未落，人已跑遠了。

「錦丫頭眞是急急風！」林鳳儀從房裡笑着走了出來。

姚春蘭和她互道了早安。她向後面房裡吩咐：

「梅花兒，替姚姑娘打洗臉水來。」

「來了。」梅花兒在後面回答，正巧端了一盆洗臉水來。

姚春蘭漱洗過後，林鳳儀對她說：

「我們出去散散步兒，這兒的空氣很好。」

他們三人一道出來，向唐步青請了安，也向老杜問了好。唐步青正和老杜在比劃，喜兒站在一旁觀看。

太陽還沒有出來。他們沿着牡丹亭、鴛鴦亭走去，在鴛鴦亭停了下來，幾對鴛鴦正在池邊戲水，魚兒在水面喋唼。荷葉上的露珠兒滾來滾去，荷花鮮艷欲滴。掛在亭子裡的畫眉、金絲雀，叫得千迴百轉。圍牆外面的楓樹上、松樹上的鳥兒也湊熱鬧，叫得十分起勁。

「好一片鳥音！」姚春蘭讚嘆地說。「大老爺怎麼沒有起來聽？」

「爹是個雅人，可惜就是有了嗜好，不能起早。」林鳳儀說。

「這些鳥兒花兒正要他來欣賞，他睡早覺，豈不可惜？」姚春蘭說。

「早晨由我們代表。」林鳳儀笑着解嘲。

這時忽然傳來輕輕的木魚聲，姚春蘭側耳傾聽。林鳳儀說：

「娘在唸經。」

「梅夫人起得很早？」姚春蘭問。

「娘天不亮就起來打坐，打坐過後唸經，她的生活恬淡規律得很。」唐卓人說。

李毓靈和唐錦心牽着手兒跑來。唐錦心笑着說：

「姚姐姐，妳怎麼還沒有開始吊嗓？」

「見過老太太再說。」林鳳儀說。

「老太太起來了？」姚春蘭問。

「她也是黎明即起，我每天大早就向她請安。」林鳳儀說。

「那我們去向老太太請個安吧？」姚春蘭說。

林鳳儀點點頭。他們一道從戲台那邊轉過去。剛一轉彎，就看見菊花兒攙着老太太在花圃邊散步。她的身體還很硬朗。唐錦心和李毓靈雙雙跑過去搶先問安。老太太笑着摸摸他們的頭，她看見姚春蘭走來，笑着問：

「姚姑娘，妳吊過嗓了？」

「老太太，還沒有呢，我先來向您老人家請安。」姚春蘭回答。

「那就在菊花亭吊吊吧？這兒空氣好，我也可以飽飽耳福。」老太太指指花圃旁邊的菊花亭對姚春蘭說。

「遵命。」姚春蘭回答。「請您老人家先上菊花亭吧？」

丫鬟和唐錦心李毓靈三人扶着老太太先上菊花亭。亭裡有石桌、石凳，周圍還有一圈木條座位，大家坐定之後姚春蘭問老太太：

「老太太，您老人家看唱段什麼好？」

「我好久沒有聽韓玉娘，妳就唱一段二簧倒板接散板吧。」老太太說。

唐卓人馬上拉起二簧倒板。姚春蘭唱：

「耳邊廂又聽得初更鼓響……」一直唱到「我也會勸郎君高飛遠颺。」

唱到這兒老太太連說了兩個好字，又對姚春蘭說：

「姚姑娘，接着唱下去，唱到留下這清白體還我爺娘爲止。」

姚春蘭說了「遵命」，又接唱下去，唱完大家一齊鼓掌。唐錦心搖着姚春蘭說：

「姚姐姐，妳就教我唱這齣韓玉娘好了。」

「小姐，我昨兒晚上沒有睡好，妳別把我搖壞了。」姚春蘭笑着說。

「姚姑娘，妳怎麼沒有睡好？」老太太關心地問。

她沒有把躭心母親，做噩夢的事說出來，只避重就輕地說：

「大概是換了床有點兒不習慣？我想一兩天就會好的。」

「我也有這種毛病。」老太太說。「沒有關係，或許今兒晚上就會睡好。」

隨後她又對唐卓人說：

「你也自拉自唱一段怎樣？看看你有長進沒有？」

「老祖宗，您老人家愛聽什麼就點什麼吧？」

「你好大的口氣？」老太太指着孫兒笑罵：「譚叫天也不敢說這種大話，你也不想想你會幾句戲？」

「老祖宗，那您就別難我，點段熟戲吧？」唐卓人笑着說。

「你一個人唱我聽不起勁，你還是和姚姑娘合唱幾句四郎探母回令哭堂的西皮散板吧？」

「好，我最歡喜聽這幾句散板。」唐卓人高興地說。

「你配不配得上姚姑娘？」老太太笑着問他。

「湊合湊合。」唐卓人一面回答，一面拉起胡琴。

他先唱：

「我哭，哭一聲老太后……」

姚春蘭接唱：

「我叫，叫叫，叫一聲老娘親……」

「當初被擒就該斬……」唐唱。

「不該與兒配為婚……」姚唱。

「斬了孩兒不打緊……」

「兒的終身靠何人？……」

「老太后哇……」

「老娘親……」

唐卓人把最後一句「啊，我的丈母娘啊……」改為「啊，我的老祖宗啊……」

大家笑得前仰後合，老太太也笑得伸不直腰。過了半天才指着他笑罵：

「你就只有這點兒鬼聰明！」

「老祖宗，今兒早晨您可開心了！」林鳳儀笑着說。

「鳳兒，我好久沒有這麼開心過。」老太太擦擦眼淚說：「不過美中不足的是卓人還配不上姚姑娘，如果由譚叫天汪大頭那班名角兒配，那就繞樑三日了。」

「老太太，您太抬舉我了！」姚春蘭說。

六嫂送早飯來，正往客廳走，老太太吩咐菊花兒說：

「妳叫六嫂送到亭子裡來，我們正好在這兒享受一頓野餐。」

菊花兒走出亭子喊了一聲「六嫂」，同時把手一招，六嫂就端了過來。少了兩雙碗筷，六嫂又回大廚房去取。

「今天我們兩人叨妳的光，蒙老祖宗賜宴。」唐卓人指指唐鏵心和自己說。平時他們不和老太太共餐，只有林鳳儀陪她吃，今天多了一個姚春蘭，這是老太太自己指定的。李毓靈每次來時也和她一塊吃。

他們早餐還未吃完，老杜就走了過來。他還是穿的那身黑衣褲，沒穿破棉襖。他先向老太太請了安，然後對林鳳儀和姚春蘭說他要動身了。

老太太知道他是去報信兒的，又叮囑他：

「老杜，你不必說姚姑娘在什麼地方，只報個平安二字就行，免得姚老太太受不住王公霸的逼迫時洩漏天機。這是一。第二，你問姚老太太肯不肯同你來我們這兒住些日子？如果願意，你就帶她來，免得王公霸找她的痲煩。」

「老祖宗想得周到，你就這麼辦好了。」林鳳儀對老杜說。

「只怕走了和尚走不了廟，王公霸一定把娘看得很牢。」姚春蘭說。

「老杜，你見機行事好了。」老太太說。

「是，老太太，我花子一定盡力。」老杜鞠躬而退。

林鳳儀姚春蘭隨後跟來，姚春蘭走進房間，把事先寫好的一張小紙條交給老杜，老杜看了一眼，隨即兩手一揉，揉成一個小紙團兒往耳孔裡一塞，又要姚春蘭看看：

「姚姑娘，你看看行不行？」

「行。」姚春蘭說：「不過您還是要特別小心，萬一被北軍發現，他們會以爲是南軍的密語，把你當探子辦，那我就罪過了。」

「姚姑娘，你放心，我老花子再不濟事，也不會被他們捉住。」

「她想起黎明前腦海上那條一閃而過的人影，她寬心地一笑說：

「老前輩，那就拜托了。」

「姚姑娘，我這就告辭。」老杜雙手抱拳一揖。

「哦，老前輩，假如方便的話，麻煩您替我帶幾件衣服來。」姚春蘭趕上一步說。

老杜點點頭。林鳳儀對老杜說：

「不必，衣服我這兒多的是，免得節外生枝，安全第一。」

「兩位寬心，我老花子會見機而行。」

老杜邊說邊走，很快走出了鳳凰谷口。

他一路行來，自由自在，有人的地方他就像普通人一樣行走，無人的地方他就加快速度，走上大路他就特別注意周圍的動靜，他發現樹上有南軍的標語，他彷彿聞到火藥氣味。

突然有一批馬隊迎面衝來，他們一發現標語就撕，見到可疑的人就捕。他爲了避免無妄之災，凡是有標語的地方他就很快走過，而且不東張西望。

沿途有挑劈柴挑米進城去賣的鄉下人，這多半是老弱婦女，年輕的男人怕拉夫，不敢進城。他爲了掩護自己，一路交換地替女人老頭子挑劈柴，別人感激得很。他一年難得進一次城，他從他們口裡也探聽到一些城裡的情形。

「城裡的東西很貴，我這一担可以賣兩塊大洋，不然我也不冒這個險。」一個老頭子說。

「米賣多少錢一担？」老杜問。

「糙米十二塊，三機晚米十五塊，不知道城裡的老百姓怎麼活命？」老頭說。

「如果你們不挑柴挑米進城，那城裡人不會餓死？」

「可不是？所以城裡人都希望孫傳芳的部隊滾蛋。」

「你們呢？」

「我們也是一樣，貴賣必然貴買。挑東西進出，城門口的衛兵還要抽稅，遇到漂亮的娘兒們，他們還會動手動脚的。」

「那眞豈有此理。」

「有什麼辦法呢？他們身上都掛了盒子砲。眞是秀才遇到兵，有理講不清！」

「聽說南軍就不是這樣。」一個醜女人插嘴。「南軍的紀律好，愛民，不要老百姓一針一線，不像北軍這樣亂來。」

「所以我們老百姓都希望北軍早點滾蛋，好過太平日子。」

他們聽見得得的馬蹄聲，自然停止談話。默默地走進城。衛兵眞的向挑担的人抽稅。大担子柴火一毛，小担子柴火五分，米每担最少抽五毛，多少都由他們決定。見了稍有姿色的女人不是故意刁難，就是在臉上胸口摸一把，纔放她們過去。他們說這不是「抽稅」，是「揩油」。

老杜進了城，找到「悅來客棧」，走到樓上，發現樓梯口坐着一個三十來歲的男人，歪着眼睛看他。他走到九號房間，門口掛着一張竹簾，他從竹簾縫裡看見一位四五十歲的婦人歪在床上皺眉苦臉，他斷定這是姚老太太。他輕輕把竹簾一掀，跨了進來。

「你是誰？」那女人一驚而起，輕輕喝問。

老杜向她搖搖手，走上前輕輕發問：

「妳是姚老太太？」

她點點頭。

「我姓杜，是姚姑娘打發來的。」老杜說。

她連忙搖手示意，用手指指隔壁房間，輕輕地說：「隔牆有耳。」

他用小指在耳朵裡一掏，掏出那顆小紙團，遞給姚老太太。她連忙打開一看，原來是這麼九個字：

「女兒平安，請大人勿念。」

「她在那裡？」姚老太太急切地問。

「這可不能奉告！」老杜說。

「我是她的親娘，告訴我有什麼關係？」

「告訴老太太自然沒有關係，只怕王公霸一逼，老太太漏了口風，那牽連就大了！」

「這孩子也眞是的，要走也不先告訴我一聲，弄得大家都措手不及。昨兒晚上二路旦角兒挺不住，老總們砸了台子。戲園子老板好不高興，要我賠償損失，退包銀。王司令也問我要人。我的頭都大了！」

「賠償損失，退包銀，都沒有關係，日後自然有人承擔。王公霸向妳要人可沒有道理。」

「也不能說完全沒有道理。」姚老太太移動了一下身子。

「莫非妳接了他的銀子？」老杜急着問。

「銀子倒沒有接，禮物先先後後可收了不少。」

「老太太，妳何必貪人家的小利？這會燙手的！」

「不是我貪人家的小利，是不收不行。」

「如果妳不收他的禮物，自然沒有這些麻煩。」

「杜先生，你不知道我們吃開口飯，跑江湖的苦處。要是不收，他會罵我不識抬舉，戲就唱不下去了。」

「現在妳打算怎樣？」

「我有什麼打算？如果春蘭不回來，我是一點兒辦法也沒有的。」

「妳想不想逃出虎口？」

「談何容易？」她一臉苦笑：「耳目衆多，我怎麼走得了？」

「老太太如果有什麼話對令嫒說，我也可以轉告。」

「麻煩你告訴她，最好她能回來。她回來了就一了百了；她不回來，一是戲園子老板我沒有辦法交代；二是王司令向我要人我也交不出來，他殺人如削瓜切菜，我只有一個腦袋。」

「老太太妳放心，戲園子的問題日後自然會有人承當；天快亮了，王公霸橫行不久。」

「棺材過得六月，死人過不得六月。萬一南軍打來，我交不出春蘭，王司令是不會放過我的。」

「到了那種節骨眼兒，他自身都很難保，還能拉妳墊背？」

「他兵多將廣，人強馬壯，百足之虫，死而不僵。你別看扁了他。」

「他失了人心，一打就垮。」

突然一個人影兒在簾外一晃，他們馬上住口。他輕聲告辭，也不敢向她要姚春蘭的衣服。

他掀起簾子出來，發現甬道那端窗口站着一個高大的男人，背他而立。他匆匆下樓，坐在樓梯口的那個男人又歪着眼睛看他。

他走出「悅來客棧」，兜了一個圈子再向城門口走。衞兵看他是空手，又像個老花子，沒有攔他，讓他過去。可是他發覺後面有一個人緊跟着他。

出了城，他大搖大擺，沿着大路行走。他快，後面的那人也快；他慢，後面的那人也慢。他心裡暗駡：

「這小子盯我的梢！」

如果是黑夜，他很快就可以把那人甩掉，可是大白天，他不想露相。

走着，走着，快走到三岔路口，他忽然靈機一動：

「這小子不懷好意，我不能洩了天機。」

他不朝往鳳凰谷的路上走，選了另外一條偏南的小路。那人也跟着他走上這條小路。他心裡在駡

「小子，再不識相，我老花子要打發你了！」

他看見前面有一棵大榕樹，像一柄大綠傘，四顧無人，他心中一喜，便一逕走去。走到榕樹下，

他故意停下來，往樹後面小解。那人也停下來小解。他坐在樹根上休息，那人也坐下來休息。

「老弟，大熱天，你已經跟了我不少路，所爲何來？」他打量那人一眼說。此人正是在「悅來客棧」裡面向窗口背他而立的那個大個子。

「老頭兒，你旣然問我，我就打開天窗說亮話。你到底到什麼地方去？」

「我到天邊去。」老杜回答。

那人一聲冷笑，又繼續問他：

「我問你，先前你去悅來客棧找姚老太太有什麼事兒？」

「討古債。」老杜故意胡謅。「她欠了我一筆錢，二十多年本利無歸，所以親自去討。」

「老頭兒，你也不洒泡尿照照你自己？」那人刻薄他。

「剛纔我照過了，」老杜向他一笑。「我還是老樣子。」

「老傢伙！」那人語氣突然改變，臉色很不好看。「你別在老子面前耍花槍，你給姚老太太通風報信，以爲老子不知道是不是？」

「老弟，你客氣一點兒好不好？我給她通什麼風報什麼信？」老杜仍然微笑。

「我問你：姚春蘭藏在什麼地方？你告訴我便罷，不告訴我，老子就要你吃點苦頭！」

「哎呀老弟，這眞奇了！我老花子怎麼知道有個什麼姚春蘭？這豈不是無頭公案？」老杜叫冤似地說。

那人左手一伸，抓住老杜的胸脯，大聲喝問：

「老傢伙，你講不講？」

「老弟，你別抓住我的衣服，我是個老光棍，抓破了沒有人補。」老杜嬉皮笑臉地說。

「你敬酒不吃吃罰酒！老子揍了你再說！」

那人拳隨話出，右拳朝老杜劈面打來。老杜笑着把頭微微一偏，隨手扣住那人的手腕，那人馬上臉色發白，額上暴出一顆顆汗珠。抓住老杜胸襟的左手自然鬆了下來。老杜望着他笑，扣住他的手再微微用力，那人馬上求饒：

「老前輩，請你高抬貴手，恕我有眼無珠！」

「我們往日無仇，近日無冤，你不懷好意地盯梢，究竟為的什麼？」老杜問他。

「老前輩，我是奉命看守姚老太太的。」

「那和我有什麼關係？」

「上面交代，凡是來看姚老太太的人，都要盯梢。」

「是聞騷還是聞臭？」老杜似笑非笑地問他。

那人哭笑皆不得，只好直說：

「只因我們司令愛上了姚老太太的女兒姚春蘭，要娶她作小，想不到那婊子臨陣逃脫，害得我們好苦。」

「無端罵人，應該掌嘴！」老杜作勢欲打。

那人連忙告饒。老杜鬆了手。那人如獲大赦地說：

「多謝老前輩。」

「且別高興，」老杜跳了起來，指着他說：「先前你罵我不算，剛纔你又罵那個姚春蘭。

我雖然不認識這個女人，我也要打個抱不平，給你小子一點薄懲，免得以後再欺壓良民。」

「老前輩，我也是不得已，以後不敢再犯，請您饒了我吧！」那人搖手乞憐。

「少廢話！快點起來！」老杜厲聲說。

那人連忙爬起，轉身便逃。老杜一個箭步竄了上去，用腳尖在他膝彎一點，他就跌了個狗吃屎。

老杜把他拖到樹下，命令他：

「把褂子脫下來，褲腰帶子解下來！」

那人只好把褂子脫下，却紅着臉不肯解褲腰帶。老杜逼他，他哀求[redacted]說：

「老前輩，解下褲腰帶就會出醜，我解綁腿好不好？」

老杜點點頭。他低頭彎腰，伸手在長褲管兒裡摸索，突然抽出一枝匕首，朝老杜小腹猛刺過來。

老杜身子一旋，順勢朝他後頸砍了一掌，他仆通一聲，倒在地上，暈了過去。

「小子，你也想偷雞？我老花子如果不手下留情，你的腦袋早分了家。」他望着仆在地上的大個子冷笑說。

他解開那人的綁腿，把那人兩手反剪過來綑牢，綁腿還留出一大段。然後他把那人的對襟短褂撕下一塊，塞住那人的嘴巴，再把那人的眼睛蒙住，綑好。使他看不見人，喊不出聲。

那人慢慢甦醒過來。老杜把他提到樹下，自己縱身一躍，上了樹杈，把那人吊在一根粗樹枝上。

那人不斷掙扎，在空中打轉。

老杜檢起那柄匕首，往腰板帶裡一插，把衣服蓋住。然後對那人說。

「老弟，以後該長長眼珠兒，不要再無法無天。今天我不過打了一個小小的抱不平。你要找我請到天邊去找，現在老朽失陪了。」

第五章 救人煩舉棋不定 論世故老人最深

老杜進城大半天沒有回來，大家都有點兒着急，生怕他出了亂子。正在議論紛紛時他飄然而至。大家鬆了一口氣。他抽出那柄匕首往桌上一放，大家又緊張地望着他。

「老杜，這是怎麼一回事？」林鳳儀問。

「少奶奶，一個草包盯我的梢，送了我這把刀。」老杜輕鬆地說。

「老杜，莫非你把他解決了？」林鳳儀問。

「沒有，我放了他一條生路。」老杜說。

「你白白地放了他？」唐卓人問。

「二少爺，我怎麼會給那小子那麼大的便宜？」

「你怎樣發落？」唐錦心問。

「我把他吊在樹上盪鞦韆。」

「妙！」唐錦心拍手。

「他爲什麼會盯你的梢？」李毓靈問。

「還不是想找姚姑娘？」老杜笑着說：「毓少爺，如果是你，你就把他帶到鳳凰谷來了。」

「我纔不那麼蠢！」李毓靈說。

「你別嘴硬，」老杜望着他一笑：「那小子有你兩個高大，拳頭像缽頭，他會先給你一頓暴打，再用刀子抵着你的胸口，你帶不帶路？」

李毓靈紅着臉一笑，林鳳儀笑着對他說：

「幸好沒有要你去。」

「老前輩，你到底見到我娘沒有？」姚春蘭急切地問。

「姚姑娘，我見到一位老太太。」老杜慢條斯理地說。「大約五十郎當歲，乾乾淨淨，不高不矮，臉色有點發青，好像沒有抽足大烟似的，歪在床上皺眉苦臉，說起話來口齒清楚利落，滿口京片子，不知道她是不是令堂？」

「老前輩取笑了，」姚春蘭笑着說：「這正是我娘，見了她以後她說些什麼？」

老杜一五一十告訴她。她焦急地望着唐卓人說：

「三少爺，您看戲園子老板怎麼交代？還有王公覇那傢伙，他說得出來就做得出來。我眞躭心娘的安全。」

「戲園子老板容易對付，」唐卓人說：「大不了請姑爹就近先墊三個月包銀還給他……」

「二叔，使不得！」林鳳儀連忙搖手：「姑爹絕對不能出面，誰不知道你是他的內侄？誰不知道我們兩家至親？再說，你同姚姑娘要好有不少人知道，姚老太太更加清楚。如果姑爹出面墊錢，那不等於告訴王公覇說姚姑娘藏在鳳凰谷我們家裡？」

林鳳儀這番話如冷水澆頭，使唐卓人驚醒過來。他望着林鳳儀說：

「嫂嫂，那怎麼辦？」

「就是退包銀，也得轉彎抹角兒退，不能紅中對白板。」林鳳儀說。

「少奶奶，戲園子的事倒可以緩一步，反正娘還在那邊唱，跑不了。只要答應他退，或者以後我再補唱三個月，都可以說得過去。」姚春蘭說。「只是王公霸向娘要人，急如星火，這件事兒不好解決。」

「老杜，王公霸的手下眞把姚老太太看得很緊？」唐卓人問。

「樓梯口有人把守，隔壁房間也住了人，此外有沒有人盯着她，我就不知道了。」老杜回答：「不過我是一出客棧就被人盯住的。」

「照老杜這樣說，要接姚老太太出來，可不容易！」林鳳儀說。

「那只好等南軍打來了？」唐卓人說。

「恐怕遠水救不了近火？」姚春蘭說：「說不定眞的南軍打來，王公霸惱羞成怒，狗急跳牆，先下娘的毒手，也未可知！」

「老杜，你能不能冒一次險？」唐卓人忽然望着老杜說。

「二少爺，這要看怎麼個冒法？」老杜回答。

「擒賊擒王，不如先把王公霸幹掉！」唐卓人說：「這不但替姚姑娘救了急，也替老百姓除了害，替南軍除了一個大敵。」

「王公霸警衛森嚴，恐怕不容易下手？」林鳳儀說。

「到司令部去下手自然不行。」唐卓人說：「戲園子裡人多手雜，下手容易，逃也容易。」

「是不是還有更好的法子？」姚春蘭問。

「我們大家想想看，能有萬全的法子最好，不必要老杜去冒那麼大的險。」林鳳儀說。

「二少爺，你們再想想看，如果想不出更好的法子，我老花子就去捋捋虎鬚。船頭上跑馬的事兒我也不是沒有幹過。現在我告辭了。」老杜鞠躬而退。

「老前輩，多謝多謝。」姚春蘭說。

「姚姑娘，芝蔴蒜皮的小事，不足掛齒。」

老杜邊說邊走，回到他的「魁星樓」。

老杜走後，林鳳儀對唐卓人和姚春蘭說：

「二叔，姚姑娘，你們兩位都在這裡。姚老太太的困難，我們自然要解決。不過老杜到底上了年紀，縱有飛天的本事，我們也不便叫他去冒大險，你們說對不對？」

「我也是這個意思。」姚春蘭說。

「何況他本是野鶴閒雲。他之看上鳳凰谷，肯作我們家的下人，就有終老此鄉的意思。除非萬不得已，我們不能要他捲入大是大非中去。」林鳳儀說。

「嫂嫂，妳的話很對，」唐卓人說：「不過姚老太太的事我看非他莫屬？」

「老祖宗見多識廣，我們還是請示她一下，看她有沒有什麼法寶？」林鳳儀回答。

「對，老天牌在上，我們不可冒昧。」姚春蘭說。「我更怕牽連府上，給這世外桃源惹出禍來。」

「姚姑娘，這妳放心。」林鳳儀說：「妳既然來了，就不是外人。她的事兒就是我們大家的事兒。不過王公覇不是等閒之輩，他有那麼多人馬，我們只有一個老杜，所以要膽大心細。老祖宗八國聯軍都見過，大風大浪見得多，她倒不是個怕事的女流。」

「嫂嫂，那我們就去請示她好了。」唐卓人說。

他們幾人來到後面，老太太却坐在鴛鴦亭裡賞荷花，看鴛鴦，看魚。菊花兒站在後面替她打扇。唐曼青和王姨娘坐在右邊，梁夫人坐在左邊，都是丫鬟替她們打扇。

老太太望見他們就先打招呼，她的聲音響亮，老遠聽到她喊：

「姚姑娘，你們到這兒來看看荷花。」

姚春蘭應了一聲「是」，又輕輕地對林鳳儀說：「老太太好足的中氣！」

「看樣子老祖宗會活一百歲。」林鳳儀笑着說。

「她要是票戲，那倒是塊好料子。」唐卓人說。

她走進了亭子，向老太太、唐曼青、王姨娘、梁夫人一一行禮，老太太拉她坐在身邊。林鳳儀看看人多，也就不提姚老太太的事兒，笑問梁夫人：

「二叔怎麼沒有過來賞花兒？」

「他又帶着壽兒他們上山打獵去了。」梁夫人說。

「二老爺的精神眞好。」姚春蘭說：「今兒早晨我看見他舞櫈子，眞不像是四十多歲的人。」

「他就是好動！」老太太說：「自從老杜教了他幾手兒，他更起勁。」

「他是有福不會享。」梁夫人說：「大熱天出去打什麼獵？」

「他身粗氣壯，坐在這兒也礙事兒。」老太太笑着說：「他咳嗽一聲，也會把魚兒駭跑。不如讓他出去打獵，免得掃大家的興兒。」

「我要是有老二那種身體就好了。」唐曼青說。

「你少抽兩口不就得了？」老太太說。

「少抽一口都沒有勁，還能少抽兩口？」唐曼青望着老太太一笑。

「你也早晨起來向老杜學學拳，運動運動，身體自然會強壯起來。」老太太說。「老杜比你還大幾歲，你看他的精神多好？」

「老太太，您越說越離譜了，他是練武的，我怎麼能和他比？」唐曼青說。

「你不能和他比，也不能和老二比，那就和我比比看？」老太太說。

唐曼青望望母親彌勒佛般的身體，紅潤的臉色，精神充沛，毫無龍鍾之態，又喜又愧地一笑：

「老太太，您得天獨厚，福壽雙全，有幾個人能和您比？」

「你別給我戴高帽子，好好地注意你自己的身體。」老太太對他說，又掃了坐在他身邊的王姨娘一眼，王姨娘臉一紅，頭一低，楚楚可憐。

「老祖宗，大老爺是運動太少，」梁夫人有意替王姨娘遮掩。「如果大老爺以後也打打拳，打打獵，身體也不會比步青差。」

「他們兩兄弟適得其反，如果彼此調和一下，不要太偏，那就很好。」老太太說。

唐曼青爲了轉變話題，把外甥李毓靈、侄女兒唐錦心叫到身邊，對他們兩人說：

「我看你們兩人也別只顧貪玩，現在雖然不興詩、詞、歌、賦，但我們兩家是世代書香，總不能把對聯都貼反了，讓別人笑話。今天這麼好的荷花，又是這麼難得的雅聚，天倫之樂兼而有之，你們兩人也卽席賦首詩給老太太湊湊興兒如何？」

「哎呀，大伯！」唐錦心叫了起來：「卽席賦詩，您太抬擧我了！我連韻都記不淸楚，您還是請表弟賦一賦吧？」

大家聽了一笑，李毓靈苦笑地說：

「大舅，您也饒了我吧！我沒有那樣的倚馬高才。」

「表哥是怎樣教你的？」唐曼青問：「難道他只帶你看戲？」

「表哥教我七天作一首詩，是我自己不成器。」李毓靈替唐卓人掩飾。

「七天一首不夠，最少三天一首。」唐曼青對兒子說。

「是，爹，我會好好教他。」唐卓人回答。

「鳳儀，妳也要好好地教教錦心，」唐曼青又對媳婦說：「女孩兒家不能像男人一樣，只顧打拳打獵。」

「是，爹。」林鳳儀恭順地回答。

「不能即席賦詩，回去也要各做一首，限三江韻，明天下午交卷。」唐曼青對外甥侄女兒命令式地說。

「總算你也作了一件正經事兒。」老太太對兒子說。

「慚愧，慚愧！」唐曼青笑着回答。「科擧廢了，兒子也是英雄無用武之地。」

「你別屁股不正怪板櫈歪。」老太太說：「要不是你父親祖父賺來這份家業，你還能躺在床上享福？坐在這兒賞花？」

唐曼青一笑，接着打了一個呵欠，眼淚鼻涕都快流了出來，抱歉地對老太太說：

「娘多坐一會兒，兒子先走一步。」

王姨娘扶着他站起來，又攙着他回去。

「看來他比我還老。」老太太望着兒子的背影感慨地說。

「老祖宗，說眞的，世上眞沒有幾個人比得上您，何況爹？」林鳳儀說。

「老太太不但是富貴命，而且是福壽雙全，這種好命能有幾個？」姚春蘭說。

「不知道老祖宗是幾世修來的？」梁夫人也湊趣兒說。

「這很難說。」老太太說：「前世的事兒我不知道，這一輩子我可沒有缺德，只要能幫人家的忙，救人家的急，我沒有不作的。八國聯軍攻打北京時，我也救過不少難民。」

「善有善報。老太太一定還會添福添壽。」姚春蘭說。

「活到八十歲也就差不多了，再活下去豈不變成了老烏龜？」老太太自嘲地說。

「老祖宗怎麼說這種話？彭祖八百也沒有人罵他老烏龜呢！」林鳳儀說。

「我不信，誰能證明他活了八百歲？」老太太笑着說。

林鳳儀看老太太高興，便把姚春蘭母親的處境告訴她。

「果眞有這種事兒？」老太太問。

「是老杜回來講的。」林鳳儀說：「老祖宗，您看看有沒有什麼好辦法？」

「依我看，姚老太太的安全暫時沒有問題，不過罪是有得受的。」

「老祖宗，您看看有什麼辦法把姚老太太弄出城來？」

「這得裡應外合，霸王上弓是不行的。」老太太說：「悅來客棧有沒有內線？」

「沒有。」林鳳儀說。

「南軍方面有沒有熟人？」

「也沒有。」

「那老杜一個人也孤掌難鳴。」

「老祖宗，我倒有個法子，不知道您贊不贊成？」唐卓人說。

「你有什麼好法子？」老太太問。

「要老杜進城去把王公霸幹掉，這就一了百了。」唐卓人說。

「你不知天高地厚？你想得到難道王公霸就想不到？他的衛隊是幹什麼的？」

「老祖宗，那怎麼辦呢？」唐卓人急躁地說：「我們不能看着姚老太太陷身虎穴，見危不救？」

「你不要急躁，任何事兒欲速則不達；更不能打草驚蛇。我看我們還是一面想辦法，一面等機會，瓜兒熟了再摘。」老太太一面說一面看看姚春蘭：「姚姑娘，妳暫時忍耐忍耐，吉人自有天相。」

「老太太說的是，除非我自己回去，再沒有更好的法子。」姚春蘭說。

「妳好不容易逃出虎口，怎麼能回去？」唐卓人急着說。

「你猴急什麼？」老太太笑着罵他：「姚姑娘並沒有說要回去呀！」

「外婆，二表哥千方百計把姚姑娘弄出城來，他怎麼捨得她再回去呢？」李毓靈笑着插嘴。

姚春蘭臉一紅。老太太指着李毓靈笑罵：

「你這小猴兒也作怪了！」

「外婆，我是實情實報。」李毓靈笑着回答。「二表哥的心思，除了姚姑娘之外，只有我最清楚了。」

「你們兩人狼狽為奸，小心你的詩兒作不出來，明天大舅捶你！」老太太說。

「老祖宗，您代我們作兩首好不好？」唐錦心搖着老太太說。

「我老胡塗了，作不出來。」老太太笑着說。

「我看老祖宗比誰都精！」唐錦心說：「連大嫂都翻不過您的手掌心。」

「錦心，大嫂是個老實人，怎麼翻得過老祖宗的手掌心？」林鳳儀笑着接嘴：「只有看妳的了？」

「眞是的，老實人都出在我們家裡。」老太太望望林鳳儀、唐卓人、唐錦心一笑。「只有我一個人是老狐狸。」

大家都被老太太逗笑了。林鳳儀說：

「老祖宗，您怎麼罵起自己來了？」

「我不罵自己還能罵你們這些老實人？」老太太笑問。

「老祖宗，您不代筆算了，何必兜着圈子罵人？」唐錦心撒嬌地說。

「我就知道妳作不出來。」老太太笑着摸摸她的頭髮：「求我不如求妳大嫂。」

「大嫂是我們家裡的大忙人，她那會有空替我作詩？」唐錦心望望林鳳儀。

「老祖宗，上樑不正下樑歪，您怎麼能教錦心作弊？」林鳳儀笑着說。

「她肚子裡沒有貨，擠也只能擠出一身臭汗。大熱天可別急壞了人。」老太太笑着回答：「妳是我們家的才女，信筆一揮，就勝過她哼唧半天的。」

「還是老祖宗好！」唐錦心笑着拍手。

「老祖宗，您可別給我戴炭簍兒。」林鳳儀望望老太太：「您既然派我這個公差，那別的事兒我就擱着了？」

「你們看，老實人還會將我的軍？」老太太笑着對大家說。

大家又被她逗笑了。

老太太玩得很開心，她還要帶一朵荷花回去插瓶，唐卓人伸手給她摘了一朵含苞待放的，她放在鼻上聞聞，隨手交給丫鬟，站了起來，對大家說：

「我回去休息一會兒，你們多玩一下。」

然後又拍拍姚春蘭：

「別急，既來之，則安之。令堂的事我會放在心裡。」

第六章 毓靈年少不更事 老杜知足樂逍遙

李毓靈的母親唐蕙青，坐着轎子來到鳳凰谷，直到門口纔下轎。老杜先看見她，一面下樓來接，一面向林鳳儀報信：

「姑奶奶來了，姑奶奶來了！」

林鳳儀聽說姑奶奶來了，連忙跑出來迎接，同時驚訝地說：

「姑媽，您怎麼這樣打扮？」

唐蕙青穿着黑大布褂褲，像個小戶人家的女人，和她往日來娘家時的珠光寶氣，前呼後擁，大包小包的情形完全不同。今天她單人匹馬，什麼也沒有帶。

「我怕惹麻煩，不能不裝裝蒜。」她笑着回答。她的樣子很像她母親，連說話的神態都有點像，只是還沒有她母親那麼胖。「我身上一文錢也沒帶，轎子錢也請妳開。」

「姑媽，要是他們不抬您來呢？您不要走到天黑？」林鳳儀笑着說。同時付了轎夫的錢。

「除了城裡那些北方傖老外，這一路來誰不認識妳姑媽？他們還怕我付不起錢？」唐蕙青笑着說。

「多謝姑奶奶。」轎夫向唐蕙青道別。

「慢走，小心北軍拉伕。」唐蕙青說。

「姑奶奶放心。」轎伕回答：「我們一望見北軍就會躲開。」

「姑媽，這兩天城裡的情形怎樣？」林鳳儀扶着她坐定之後便問。

「很亂。」唐蕙青回答。

姚春蘭連忙出來打聽，林鳳儀介紹她們認識。

唐蕙青望望姚春蘭笑着打趣：

「想不到姚姑娘下了粧還是這麼漂亮，難怪王公霸癩蛤蟆想吃天鵝肉。」

「姑奶奶，城裡到底怎麼亂法？」姚春蘭問。

「偵察隊家家戶戶搜。」唐蕙青說。

「那又為什麼？」

「又說是逃走了一個重要的南軍探子，又說是他們偵緝隊裡失蹤了一個隊員。傳說紛紜，很難斷定。」

林鳳儀望了老杜一眼，轉問唐蕙青：

「姑媽，究竟是怎麼回事兒，您弄清楚了沒有？」

「直到出城以後，在半路上聽轎伕的談話，我纔有點兒眉目。」

「姑奶奶，他們怎麼說的？」老杜關心地問。

「他們說昨天有人在譚家畈的一棵大榕樹下發現了一具屍體。」

「吓？」老杜吓了一聲。林鳳儀，姚春蘭不約而同的望了他一眼。「那屍體是怎樣的？」

「反剪着兩手，身上通了好幾刀子。」唐蕙青說。

「這就奇了！」老杜說。

「怎麼奇了？難道你知道這件事？」唐蕙青問他。

林鳳儀把前天的故事告訴唐蕙青，唐蕙青懷疑地問老杜：

「老杜，是不是你殺的？」

「不是，」老杜連忙搖頭。「我只把那傢伙吊在樹上。」

「大概是後來有人發現他，解下來一看，是個北方侉子，因此宰了他？」林鳳儀說。

「妳猜得也有道理，」唐蕙青點點頭，又自言自語：「不過到底是誰殺了他呢？」

「如果不是當地老百姓，準是南軍的探子，敢死隊。」姚春蘭說。

「後來那具屍體怎樣？」林鳳儀問。

「北軍的偵緝隊弄回去了。」唐蕙青說。

「屍體既然是鄉下發現的，他們怎麼在城裡搜查？」老杜說。

「轎伕說，北軍昨天在譚家畈抓了好多老百姓。」唐蕙青說：「在城裡搜查或許眞是抓逃犯也說不定？」

「姑奶奶，城門口檢查得嚴不嚴？」老杜問。

「嚴得很！」唐蕙青回答。「連我身上都搜了。空手的男人不准進城，從城裡出來的盤問得尤其仔細，我看見好幾個人扣在那裡。」

「這樣要救我娘出來那就更難了！」姚春蘭說。

「姚姑娘，昨天晚上還有妳老太太的『吊金龜』。她在城裡大概沒有什麼關係？」唐蕙青說。

「姑奶奶，您有所不知！」姚春蘭欲言又止。

林鳳儀說出原因，唐蕙青哦了一聲，隨後又安慰姚春蘭：

「姚姑娘，妳放心，我看王公覇是故意嚇唬老太太，眞到那種節骨眼兒，他自己逃命都來不及，還能對老太太怎樣？」

「但願如此，」姚春蘭說：「只是我放心不下。」

唐蕙靑到來，很快就由蘭花兒傳了出去。因爲林鳳儀悄悄地吩咐她去向梁夫人借衣服給唐蕙靑換，她們姑嫂兩人的個子差不多。梁夫人隨着蘭花兒過來，她後面還跟了好幾位。她未進門就笑着叫喚：

「姑姑來了？什麼風把妳吹來的？」

「二嫂，我是避難來的，」唐蕙靑回答：「我正準備去看妳呢！」

「不必了，」梁夫人回答：「我的衣服拿來了，妳換了以後再到後面去見老太太吧。」

跟她來的人都一個個向唐蕙靑問好。唐蕙靑看了兒子一眼，欣慰地說：

「你住在這個安樂窩裡我少躭一些心事。」

「姑姑，城裡沒有罷市吧？」梁夫人問。

「不准罷市，不然我同妳妹夫一道來了。」唐蕙靑說。隨即到林鳳儀房裡更衣。

換好衣服出來，大家簇擁着她到後面看了唐曼靑夫婦，寒暄了幾句，就到老太太這邊來。李毓靈早就向老太太報了信，她到時老太太正好從房裡出來。

母女相見，格外喜悅。唐蕙靑笑着扶住老太太：

「娘，您一點兒也不出老，我們母女兩人站在一塊，外人眞分不出誰大誰小呢？」

「妳哄死了人不償命，妳以爲我眞老糊塗了？」老太太笑着說。

大家都好笑，老太太又問女兒：

「煥章怎麼沒有來？」

「我走了他就不能走，家裡總得有一個人監督。」唐蕙青說。

「城裡有什麼新鮮事兒沒有？」

「娘，城裡雞飛狗跳，那像您這個安樂窩？」

「妳看北軍什麼時候會走？」

「城裡謠言很多，我看北軍已經心虛了。」

「有些什麼謠言？」

「什麼南軍七月十五日進城啦，活捉王公霸的賞一萬啦，打死王公霸的賞五千啦……總之謠言多的很。」

「孫子兵法上說，攻心爲上，攻城次之。我看這是南軍的攻心戰呢！」老太太說。

「娘，老百姓可不懂什麼孫子兵法啦。他們一聽到謠言就交頭接耳，像八月中秋殺韃子一樣，高興得很呢！」唐蕙青說。

「北軍有沒有什麼對策？」老太太問。

「像張獻忠一樣，殺，殺，殺，殺！捉到了放謠言的就殺！」唐蕙青說：「其實，這又冤枉殺了好多無知的老百姓。」

「這又中了南軍的計，使老百姓更恨北軍。」林鳳儀說。

「可不是？」唐蕙青說：「有些人眞的燒香拜佛，希望南軍快來呢！」

「姚姑娘，」老太太忽然笑着對姚春蘭說：「不要急，我看快天亮了。」

「但願托老太太的洪福，家母無災無難就好。」姚春蘭說。

「到那時候北軍會成過街的老鼠，人人喊打，令堂一定會有人照顧。」老太太說。

「外婆，既然活捉王公霸，打死王公霸都有重賞，不如叫老杜進城去把王公霸幹掉，豈不一舉兩得？」李毓靈忽然插嘴。

「小孩兒不要多嘴，」唐蕙青截住兒子的話：「一無告示，二無把握，怎麼可以叫老杜去玩兒命？」

「可惜我沒有老杜的本事，不然我就去！」李毓靈硬着脖子說，隨卽溜走。

他跑到魁星樓上找老杜。老杜正坐在竹床上把幾個鷄蛋般大小的鐵彈珠拋來拋去，彈珠已經磨得雪亮，閃閃發光。

老杜看見他來連忙把彈珠收在手心，笑着問他：

「毓少爺，你母親來了，怎麼不陪陪她？到我這邊來作什麼？」

「老杜，我來報告你一個好消息。」李毓靈回答。

「毓少爺，我老花子連皇帝都不想做，還有什麼好消息？」

「剛才我聽見我娘說，活捉王公霸的賞一萬，打死王公霸的賞五千，這筆銀洋堆起來可有幾人高，誰得了都是個大財主。」李毓靈說。

「有沒有人動心？」老杜笑着問。

「那我怎麼知道？」李毓靈說：「縱然有人動心，沒有本事也是枉然。譬喻我——」

「你怎樣？」

「我就想去，可惜沒有你這種本事！」

「毓少爺，你府上並不缺少萬兒八千。」

「老杜，我不光是爲錢。一來是爲民除害，二來是替姚姑娘斬草除根，免得姚老太太在城裡膽顫心驚。」

「你的抱負倒不小。」老杜望着李毓靈笑笑。

「可是我沒有你的本事！」李毓靈兩隻小手兒一攤。

「如今槍子兒厲害，我這點兒本事有什麼用處？」

「可以作刺客。」

「刺誰？」

「王公嗣！」

「他和我無仇無怨，何必刺他？」

「你不要那筆重賞？」

「我兩肩扛一口，吃飽了，喝足了就行，要那麼多錢幹什麼？」

「享福嘛！」

「我現在就很享福。」

「你享的什麼福？」李毓靈笑笑，指指周圍說：「你打壁無土，掃地無灰。魁星樓本來是馬童喜兒住的，你來了就讓給你，除了一張竹床以外，什麼都沒有，你享的什麼鬼福？」

「清福。」老杜得意地一笑：「鳳凰谷青山綠水，魁星樓滿室空氣陽光。我取之不盡，用之不竭，我的福氣可大呢！」

「老杜，你眞沒出息！」李毓靈生氣地說。

「毓少爺，想不到你倒訓起我老花子來了？」老杜望着他好笑。

「你有本領賺大錢，偏不去賺，要住在這兒窩窩囊囊！」

「我到你府上去搶好不好？」老杜笑着問他：「不然我就綁你的票，還愁你老子娘不出萬兒八千？」

李毓靈沒有想到他會說這種話？睜着兩隻眼睛望着他。老杜笑問：

「毓少爺，你怎麼不說話了？」

「老杜，你說得太離譜了！」

「我說的也是錢啦！」

「我要你去刺王公霸，你怎麼說要到我家裡去搶？還要綁我的票，這不是驢脣不對馬嘴？」

「那你就別談錢好了？」

「好，我不談錢。」李毓靈點點頭：「爲了姚姑娘，爲了全城的老百姓，你也該進城去把王公霸幹掉。」

「要是反而被王公霸擒住呢？那不牽連了你們？」老杜反問他：「尤其是你二表哥，他是唐府的唯一的命根，王公霸宰他還不像宰雞一樣？」

李毓靈又一楞，他根本沒有想到這些事情。老杜笑着對他說：

「你還是回你娘身邊多吃幾口奶再來。沒有少奶奶和老太太的吩咐，我還是在這兒享享清福！」

老杜又把鐵彈子拋來拋去，拋上拋下，只看見一道道白光交錯，看不見鐵彈子。

李毓靈越看越有趣，不走開，禁不住問他：

「老杜，你玩鐵彈子有麼什意思？」

「閒得無聊，解解悶兒。」老杜笑着回答。

「有沒有什麼用處？」

「沒有。」老杜笑着搖頭。

「既然無用，送一個給我玩玩好不好？」

老杜拋一個給他，他手一沉，沒有接住，滑在地板上咚的一聲。

「喲，這傢伙好沉手！」他彎下腰雙手檢了起來，臉都紅了。他又雙手交還老杜：「還給你，這傢伙不好玩。」

老杜接過去，又把四個同樣大小的鐵彈子上下左右拋耍。忽然他把彈子一收說：

「有人來了。」

「誰？」李毓靈環顧四周，沒有看見人。

過了一會，唐錦心爬了上來，一看見李毓靈就說：

「我就知道你在這兒！」

「妳怎麼知道我在這兒？」李毓靈反問。

「姑媽訓了你幾句，你不高興，自然是跑到老杜這兒來，慫恿老杜去作刺客了。」唐錦心一面說，一面問老杜：「老杜，你說是不是？」

「你猜得一點兒也不錯，我老花子差點兒上了他的當了。」老杜笑着說。

「表姐，妳別信老杜的話！他膽小如鼠，根本不敢去。」李毓靈說。

「本來就不該要老杜去，誰叫你來的？」唐錦心說。

「表姐，妳怎麼也說這種話？」李毓靈委屈地說：「我還不是爲了姚姑娘和二表哥？又不是爲我自己！再說，殺掉一個王公覇，救了全城的百姓，也不是什麼壞事，偏偏有人怕死！」

「毓少爺，你這眞是指着禿子罵和尙了。」老杜笑了起來。

「我看他簡直可以當小革命黨了。」唐錦心說。

「要是南軍打來，我眞想跟他們去當少年兵。」李毓靈賭氣地說。

「少廢話，老祖宗在等你喝冰糖綠豆蓮子湯呢！」唐錦心拉着他就走。

「眞是初生之犢不畏虎。」老杜望着李毓靈走下魁星樓，笑着耍起鐵彈子來。

第七章 假和尚登門敲詐 真英雄挺身解圍

李毓靈和唐錦心一路走一路嘀咕。李毓靈說：

「老杜眞是花子命，那筆大財他不想發，我看他一輩子也沒見過那麼多的大洋！」

「表弟，你這眞是捕風捉影！」唐錦心說：「姑媽說了那是謠言。」

「謠言？」李毓靈望了她一眼說：「無風不起浪，爲什麼不造妳的謠言？不造我的謠言？單造他王公霸的謠言？」

「王公霸是城防司令，我算什麼？你算什麼？」

「所以活王公霸纔値一萬大洋，死王公霸也値五千。我看這件事兒不會假。」

「縱然是眞，又向誰去領？」

「自然是向南軍去領。」

「南軍還隔了上百里呢！」

「兵敗如山倒，南軍說來就來。」

「最少現在還是北軍的天下，我們還沒有看見南軍的影兒呢。」

「要是南軍到了，他們自己不會進城去活捉王公霸，還用得着別人去立功勞？」

「表弟，你把行刺王公霸看得像殺鷄，也把老杜看成劍仙劍俠了。」

「行刺王公霸當然不像殺鷄，但是老杜可以辦到。」

「如果王公霸是單人匹馬，老杜自然辦得到，他個兒再大，也不是老杜的對手，可是王公霸有那麼多衛士，前呼後擁，老杜怎麼下手？」

「剛纔我看見他玩鐵彈子，好重一個，他在手上耍來耍去，不費吹灰之力。要是拿它作武器，向王公霸的腦袋上一擲，不開花纔怪！五千大洋不就到了手？」

「老杜不是一個見錢眼開的人。」

「所以我說他是個花子命。」李毓靈振振有詞地說：「他不愛錢倒也罷了，也很不講義氣。」

「老杜倒是個義氣人，他怎麼不講義氣？」

「如果他講義氣，就應該替姚姑娘分憂，去把王公霸幹掉。」

「他過的橋比你走的路多，或許他有別的顧忌？」

「就是這樣瞻前顧後才什麼事兒也幹不成！」

「看樣子你比南軍還急？」唐錦心向他一笑。

「表姐，妳不知道，姚姑娘嘴裡雖然不講，心裡可眞焦急。」

「你怎麼知道？」

「將心比心嘛！」

「我看這件事兒也不在老杜本人，只有大嫂和老祖宗才能發號施令。老杜縱然願去，大嫂和老祖宗不鬆口也是不行。」

「表姐，妳能不能在她們面前說幾句仗義的話兒？」

「她們已經有言在先，不要老杜去幹那種玩命的事兒。我們人小言輕，說也無用。」

「表姐，妳到底是個女人！」李毓靈譏諷地說。

「是女人又怎樣？」唐錦心白他一眼：「我們家裡不就是女人當家？你家裡不也是姑媽掌舵？」

「現在是雞婆還年，將來我長大了一定要自己管事。」

「現在八字還沒有一撇呢！將來你長大了再說吧！」

李毓靈先前在老杜那裡碰了一個軟釘子，現在又被唐錦心搶白幾句，心裡好不痛快。回到老太太這邊，老太太看他不高興，便問唐錦心：

「錦心，妳和表弟鬭嘴了是不是？」

「老祖宗，他將來要革妳們的命呢！我怎敢和他鬭嘴？」

「錦丫頭，妳別胡說八道，他懂得什麼革命呢？」老太太笑罵。

於是她把經過情形告訴老太太。老太太聽了一笑，站起來讓位，用手招招李毓靈。

「來，來，來，我的好外孫！我們兩家的男人都是吃了飯不管事兒，算你有志氣，我的位子現在就讓給你。」

李毓靈滿臉通紅，大家都笑了起來。

「外婆，表姐添油加醋，我可沒有說要革妳們的命。我只是替姚姑娘着急。」李毓靈說。

「毓少爺，多謝你的美意。」姚春蘭笑着說：「我想開了，船到橋頭自然直，我娘的事不能操之過急，說不定將來還得麻煩杜老前輩呢？你快點兒喝盌蓮子湯解解暑吧！我們都喝過了。」

唐蕙青遞盌綠豆蓮子湯給他，笑着說：

「我們唐李兩家[illegible]進士倒出過不少，可就是沒有出過革命黨。或許現在風水轉了向，應在你的身上？」

「娘，您別信表姐的鬼話，我現在眞是八字還沒有一撇呢！隨您怎麼說，我喝我的綠豆蓮子湯」。

李毓靈大口地喝着清涼甜爽的綠豆蓮子湯，不再答話。喝完了老太太又吩咐菊花兒再遞給他一盌。

大家正在談笑風生時，門口突然出現兩個化緣的和尙，一高一矮，高的肥肥胖胖，矮的瘦瘦小小，身上都穿着灰色袈裟，頭上戴着船形帽，手裡托着木魚，一走上石階就敲了起來。大家都不約而同地回頭望着這兩個和尙。林鳳儀好生奇怪，客氣地問：

「兩位師父化緣怎麼會化到後面來了？」

「前面找不到主兒，自然到後面來化。」瘦和尙回答。

「眞巧！」胖和尙望着林鳳儀和姚春蘭獰笑：「在後面不但找到了主兒，也遇到了客人。那位可不是江州大戲院的紅角兒姚春蘭姚老板嗎？」

「師父，你出家人六根淸淨，怎麼認識我的？」姚春蘭笑着問他。

胖和尙大笑起來，指着姚春蘭說：

「姚老板，不瞞你說，這幾天咱們哥兒倆明察暗訪，草鞋都跑爛了兩雙，不見妳的影子，想不到妳躲在這個安樂窩裡享福？害得我們好苦！」

姚春蘭臉色陡變，蒼白如紙，自然縮在唐卓人身邊。唐卓人也大驚失色。只有林鳳儀格外鎭定，老太太不動聲色。

「兩位想必是王司令的公差？」林鳳儀問。

「少奶奶既然猜到了，咱就打開天窗說亮話吧！」胖和尙把船形帽一抹，揑在手裡，獰笑地說：

「咱們兩兄弟就是奉命尋找姚老板的。」

「兩位辛苦了，請坐，請坐。」老太太滿臉堆笑地說，又囑咐林鳳儀：「妳到我房裡去拿一百塊大洋來，給他們兩位喝喝茶水。」

林鳳儀迅速離去。兩位假和尚你望望我，我望望你，似驚還喜。林鳳儀捧着兩包大洋出來，先遞一包給胖和尚，胖和尚有點兒遲疑，瘦和尚却伸過手來說：

「大牛，天熱口乾，接過來再說。」

林鳳儀把兩包銀洋遞給他們，老太太請他們坐，瘦和尚捧著大洋說：

「老太太，咱們哥兒倆公差在身，不敢耽誤，謝謝妳的重賞！」

「既然公忙，我也不敢強留。」老太太笑着說：「那就麻煩兩位在王司令面前遮蓋遮蓋，我老太婆感激不盡。」

「老太太，這可辦不到！」胖和尚說：「咱們司令眼睛一瞪就要殺人，這幾天的火氣更大，咱們只有一個腦袋。」

「如果兩位美言遮蓋，王司令就不知道。」老太太說。

「老太太，紙包不住火。何況出來察訪姚老板的，不止咱們哥兒兩個。」瘦和尚說。

「別的公差不一定到鳳凰谷來。」林鳳儀說：「只要兩位肯成全，自然一了百了。」

「鳳兒，妳再去拿兩百大洋出來，請他們兩位美言幾句。」老太太說。

林鳳儀又走進房去。兩位假和尚又你望望我，我望望你。林鳳儀捧着兩大包銀洋出來，分別交給他們，他們仰着船形帽來接。胖和尚笑着對瘦和尚輕輕耳語：

「得人錢財，與人消災，咱們是不是就把這件事兒遮蓋起來？」

「大牛，借一步說話。」瘦和尚對胖和尚使了一個眼色，退了出來。

他們在走廊一角交頭接耳。瘦和尚說：

「這是個升官發財的好機會，咱們哥倆可不能錯過。」

「你看怎樣才好？」

「咱看這一家是隻肥羊，如果拼着腦袋瓜子不要，每人最少敲他五千，咱們兩人開小差算了。」

「那可不成！不說咱們對不起隊長，司令，咱們是北方人，口音不對，在南方可不容易藏身。前天殷百威不是被老百姓宰了？」

瘦和尚摸摸頸子，伸伸舌頭。

「咱看咱們還是走升官這條路，」胖和尚說：「司令愛姚春蘭愛得發狂，如果咱們哥兒倆把姚春蘭交給他，他不但會升咱們的官，也會賞咱們的大洋，三百五百不在話下。你看如何？」

「這是個兩全的法子。」瘦和尚齜牙裂嘴一笑，又指指和尚帽裡的兩包銀洋：「這就是外快！」

「那咱們怎樣對那位老太太說？」

「就說咱們要保住自己的腦袋，非帶姚春蘭回去銷差不可。」

「那這些大洋咱們是不是還她？」

「大牛，你怎麼這樣老實？」瘦和尚向胖和尚一笑：「俗語說：人無橫財不富。咱看這家人作官作府，錢也未必來得淸白？咱們拿這點兒大洋，在他們不過是九牛一毛，而咱們哥兒倆倒可以樂一陣子，還她則甚？」

「照你這樣說，咱們可以吃裡扒外了？」胖和尚向瘦和尚一笑。

「咱們從上到下，誰不是這麼吃的？」瘦和尚笑了起來。

「好，你把錢拿着，」胖和尚把兩包銀洋交給瘦和尚。「要帶姚春蘭恐怕還得費點兒手脚，拿着銀洋不大方便。」

「大牛，你身長力大，帶姚春蘭還不是像老鷹捉小鷄一樣？」瘦和尚笑臉奉承。

「這屋裡都是娘兒們，總共纔一個白面書生，一個半大的小子，要是他們不識相，也不夠咱三拳兩脚，還用不着亮傢伙。」

「好，咱們這就進去。」瘦和尚說。

兩人一道進來，大家都緊張地望着他們。老太太對他們說：

「自古道：公門好修行，兩位是不是行個方便？」

「老太太，」瘦和尚回答：「咱們哥兒倆雖然有心行個方便，怎奈軍令如山？因此咱們哥兒倆還是那句老話：腦袋瓜子要緊。」

「兩位是不是嫌我們的茶水費太少？」老太太笑問。

「這個——？」瘦和尚遲疑了一下。

老太太馬上接着說：

「兩位不妨直說，到底要多少纔能行個方便？」

瘦和尚望了胖和尚一眼，連忙右手一伸。老太太笑問。

「五百？」

「老太太，這不是賣蘿蔔白菜，沒有這麼便宜！」瘦和尚冷笑地說：「一人五千！」

大家聽了一怔。老太太却當機立斷地說：

「只要兩位說話算話，五千就五千。」

兩位假和尚驚奇地互相看了一眼。林鳳儀馬上對老太太說：

「老祖宗，一萬大洋不是個小數目，家裡沒有這麼多現款。」

「我知道，」老太太點點頭，又向兩個假和尚說：「先交一半行不行？其餘的三天以內交清。」

「不行！」瘦和尚搖搖頭：「咱們船頭上跑馬，不做賒賬的生意。」

「你說不行，我還不肯呢！」唐卓人忽然向那瘦和尚說。他已經忍耐很久，他不是痛惜一萬塊大洋，他是怕賠了夫人又折兵。

「好小子，你窩藏逃犯，還敢嘴硬？」瘦和尚向他冷笑，又對胖和尚說：「大牛，捉姦捉雙，這就看你的了！」

胖和尚搶步上前，從唐卓人身邊把姚春蘭一把抓了過來，推給瘦和尚。瘦和尚手裡捧着大洋，不能抓姚春蘭，他騰出一隻手來在腰裡掏出一枝小手槍，指着姚春蘭，要她站着不准動。

胖和尚抓姚春蘭時，唐卓人上前阻擋，胖和尚把唐卓人推了幾尺遠，跌坐在地上。胖和尚哈哈大笑，一步一步走向他，指着他罵：

「小子！你窩藏逃犯，不知死活，老子正好抓住你一併請賞，現在你就是出兩萬大洋，也贖不回你的狗命！」

隨即一手把唐卓人提了起來，從腰下摸出一捲繩子，把他的手和姚春蘭的手綑在一塊。

「你們無法無天，小心砲子兒穿心！」唐卓人破口大罵。

胖子打了他一個嘴巴，打出滿口鮮血，他噴了胖子一臉，胖子又給他一頓拳脚，姚春蘭駭得大聲哭叫，其他的人都目瞪口呆。老太太氣沖沖地指着胖子說：

「你怎麼在我家裡這樣無法無天？逞強撒野？」

「老太太，妳別活得不耐煩？」瘦子冷言冷語說：「妳也不看看現在是誰的天下？要不是看在妳三百大洋的面上，咱就送妳上西天！」

瘦子把手槍向老太太點了幾點。

「慢着！」忽然有人大吼一聲，一道流星直射瘦子的手腕，手槍噹的一聲掉在青石板地上，瘦子的手像斷了一樣懸着，額上冒出豆大的汗珠。

胖子連忙掏槍，老杜已經飛身進來，一脚把他踢出一丈多遠，胖子在地滾了兩滾又爬起來，老杜又飛起一脚把他踢倒，他就再也爬不起來。

「老花子來遲一步，諸位受驚了！」老杜向老太太他們抱拳拱手說。

大家都噓了一口大氣，又怔怔地望着他，不知道他是怎麼來的？只有林鳳儀一個人明白，因爲在混亂中她向李毓靈使了一個眼色，李毓靈連忙溜出來告訴老杜。

李毓靈氣吁吁地跑來時，看看胖子躺在地上，瘦子的右手懸着，額上冒着豆大的汗珠，左手還摟着那幾包大洋不放。他從瘦子手裡搶過那幾包大洋遞給老杜說：

「老杜，這幾包大洋應該賞你！」

老杜正在替唐卓人姚春蘭解開手上的繩子，他望也沒望一眼說：

「還給老太太。」

唐卓人姚春蘭的手鬆了開來，唐卓人抬起袖子擦擦嘴上的血，對李毓靈說：

「表弟，這幾包銀子不能表示我的心意，以後我對老杜會有重賞。你先拿過去還老祖宗。」

胖子在地上掙扎，唐卓人看了心頭火起，趕過去踢了一脚，老杜連忙把他拉住說：

「二少爺，這小子已經傷得不輕，不能再踢，再踢準會送命。」

「我要他的狗命！」唐卓人餘憤未息。

瘦子看了有點害怕，轉身便跑，老杜一個箭步上去抓住他的後領說：

「小子，沒有這麼便宜！你進得了鳳凰谷，可出不了鳳凰谷，乖乖地站在這兒！」

瘦子哭喪着臉，額上的汗珠一顆顆滴落。

「把他們兩人綑起來！」唐卓人對老杜說。

老杜把胖子拉了起來，把槍繳了。李毓靈也早把跌在地上的手槍和鐵彈子拾了起來。

老杜把他們兩人的手綑在一起，像胖子先前綑唐卓人和姚春蘭一樣。綑好之後老杜問老太太：

「老太太，您看怎樣發落？」

「乾脆，把這兩個狗腿子宰了！」唐卓人恨聲說。

瘦子說聽「宰了！」便撲通一聲跪下去，向老太太磕頭：

「老太太，請您饒了咱吧？咱是奉命行事，沒有辦法！」

「你眞是敬酒不吃吃罰酒，」老太太好笑：「如果你們不心狠手辣，與人方便，現在自己也方便了。」

「豈止自己方便，五千大洋也夠他們成家立業了。」姚春蘭說。

「姚姑娘，是咱們沒有這個福氣，求求妳說個情吧！」瘦子又向她磕頭。

「去你媽的孬種！」胖子踢了瘦子一脚。他始終站着，沒有跪下。他的手被瘦子拉扯着很不舒服，因此更加生氣。「咱們既然陰溝裡翻了船，要剮要刮隨他，何必丟人現眼？」

瘦子滿臉通紅，低下頭來不敢再講。

「看不出你倒是條硬漢？」老太太笑着對胖子說：「可惜投錯了主兒，作多了孽！」

「老太太，咱當兵吃糧，也是爲了生活。」胖子說：「殺生害命全是奉命行事，咱的良心還沒有全黑。」

「狗東西，你剛才打我也是奉命行事？」唐卓人指着他罵。「你想抓我去請賞也是奉命行事？」

「如果你不罵咱，咱也不會打你。」胖子說：「抓你去請賞也是圖個前程，那個吃糧的不想一步一步往上升？」

「狗東西，二爺會送你升上西天！」唐卓人舉手想打。老杜橫身擋住：「二爺息怒，別和他一般見識。」

「你倒還算坦白。」老太太對胖子說。「可惜上了賊船。」

「老祖宗，別和他廢話！」唐卓人對老太太說：「既然擒住了這兩個禍害，不如斬草除根！」

「不要操之過急。」老太太對孫兒說，又吩咐老杜：「老杜，你先把他們關到馬房去，要喜兒把他們看住，你再過來。」

老杜把這兩個假和尚帶到馬房，用鎖狗的鐵鍊再把他們兩人的脚鎖住，叮囑馬伕唐六指兒和喜兒看牢。然後回到老太太這邊來。

「老杜，你看那兩個假和尙怎樣發落才好？」老太太問老杜。

「依我老花子看，殺是不必，放也不行。」老杜回答。

「那又如何是好？」

「不如扣留着他們作個人質，日後或許有用？」

「兩隻狗腿子，能派得上什麼用場？」唐卓人說。

「二少爺，這倒說不定？」老杜說：「雞鳴狗盜之徒都有用，您別太小看了他們。」

「看守也很麻煩。」唐卓人說。

「兩個假和尙都受了傷，有喜兒和六指兒就可以對付，我怕的是走漏消息。」

「鳳兒傳話出去，不准走漏半點消息。」老太太馬上對林鳳儀說。

林鳳儀立刻出去。老太太又說：

「我看鳳凰谷口也要派人把守，不准閒雜人等進來。」

「老太太說的是，碉堡裡應該日夜有人。」老杜說。

「待會兒我和嫂嫂商量一下，派幾個得力的人去。」唐卓人說。

「老杜，先前那兩個假和尙進來，你怎麼不知道？」老太太忽然問老杜。

「老太太，我看見那兩個和尙進來，我以爲是來看梅夫人的，所以我沒有下樓阻擋。眞是人心不古，誰知道那兩個傢伙是假的呢？」老杜回答。

「剛纔姚姑娘二少爺差點兒被他們逮走，以後你要特別小心，不准閒雜人等進門。」

「是，老太太，這次恕我疏忽。」老杜低頭肅立。

「老杜，我不是怪你。」老太太笑着說：「因為現在不比平時，姚姑娘在我們這兒一天，我們就得保護她的安全。」

「老太太，今天要不是杜老前輩，那就壞了事兒！」姚春蘭說：「我被糟蹋事小，連累二少爺那真罪該萬死！我真不知道怎樣報答杜老前輩的大恩呢？」

「姚姑娘，言重了！」老杜轉身對姚春蘭說：「這種事兒千萬別放在心上，只要我老花子還有一口氣兒，他王公覇就休想吃天鵝肉。」

第八章 王公霸飽暖思瑤 姚春蘭因禍得福

那兩個假和尚受傷不輕，瘦子的右手腕被老杜的鐵彈子打斷了，胖子是內傷。老杜自己製了不少跌打損傷藥，現在又派上用場，他親自爲那兩個假和尚治療。

胖子叫王大牛。瘦子叫侯得志，綽號瘦皮猴。

馬房裡打掃得也很乾淨，只是尿騷冲鼻。老杜要喜兒把他們兩人帶到楓樹底下敷藥。

兩人都吃過老杜的苦頭，知道老杜不是等閒之輩。現在老杜又替他們療傷，心裡十分敬服。

「對不起，先前我起腳重了一點兒，使你胸口紫了一塊。」老杜一面替胖子敷藥，一面抱歉地說

「老前輩，說實話，」王大牛嘆口氣說：「咱自信三兩個人不是咱的對手，今天竟變成了個大草包，給你練腳勁兒，咱不能不服你！」

「我沒有什麼本事，只是一時情急。」老杜說。「不過，以後你要知道人外有人，天外有天，不可逞強任性，尤其是幹你們這種事兒的，得饒人處且饒人，不要喪了陰德。」

王大牛臉上紅一陣，白一陣。瘦皮猴低着頭，不敢看老杜。

「升官發財的事兒誰人不想，」老杜又說：「可也得有點兒分寸。本來王司令強要姚姑娘作七姨太已經不對，如果今天你硬把姚姑娘送進虎口，不但斷送了她的一生，再加上我們唐二爺，那更是斷了唐府的後代根，老弟，你看這件事兒有多大罪過？」

「老前輩，當時咱只想到升官發財，可沒有想到自己喪德，咱眞該死！」王大牛打了自己一個耳光。

「人非聖賢，孰能無過？放下屠刀，立地成佛。老弟，只要你有悔意，現在還不算遲。」

老杜一面說一面替他敷好了藥。又轉過來看看瘦皮猴的手腕。

瘦皮猴的手，吊着不管事。老杜動了一下，瘦皮猴就痛得鬼叫。老杜看了他一眼說：

「你不像個男子漢大丈夫，怎麼能幹這種事？」

瘦皮猴啼笑皆非。老杜握着他的手猛力一挫，他大叫一聲。老杜笑着說：

「接好了，不准動！」

老杜替他敷上草藥，包紮妥當。然後對他說：

「如果我不是本着上天好生之德，你這雙手我就讓他殘廢。」

瘦皮猴面上青一陣，白一陣，望着老杜不敢作聲。老杜又說：

「你這雙手不知道害了多少生命？拿過多少昧心錢？宰了你一點兒也不寃枉。」

瘦皮猴額上又冷汗直冒，哀求老杜說：

「老前輩，請你原諒，不是我一個人如此，一個染缸裡能有幾匹白布？咱一個人怎麼好得起來？」

「你小子別往大家身上糊屎！」王大牛罵他：「強盜窩裡也有好人，咱雖然算不得什麼好人，可也沒有你小子壞！」

瘦皮猴望望王大牛，有點膽怯。王大牛又說：

「本來咱想得人錢財，與人消災。你小子偏偏懷着鬼胎，所以弄到這種地步！」

「好漢作事好漢當，你也別推在咱一人身上。」瘦皮猴說。

「你他媽的吃裡扒外，欺善怕惡，欺軟怕硬，算什麼好漢？」王大牛破口大罵。

「咱們是一個窰裡的貨，誰也不必怨誰。」瘦皮猴說：「只請老前輩發發慈悲，放咱們一條生路。作牛作馬，咱也願意。」

「你要是眞有此心，我就在老太太面前方圓幾句？」老杜說。

「老前輩，咱但求活命，什麼條件咱都可以答應。」瘦皮猴回答。

「你說得這麼容易，怎能教人相信？」

「咱可以對天起誓！」瘦皮猴舉起受傷的手，準備跪下去。

「得了，得了，別再來這一套。」老杜笑着止住他。

「咱不這樣，怎能表明心跡？」

「老弟，我老實告訴你，」老杜拍拍他的肩膀說：「你要知道，狀元府裡個個都喝了墨水，你別以爲他們像鄉巴佬一樣好欺？你要想活命，就得老老實實，別耍花槍。」

老杜訓了瘦皮猴幾句，就吩咐喜兒把他們帶進馬房，自己四處走走。

鳳凰谷口已經派人把守，唐府上上下下都提高了警覺。老杜更不敢鬆懈。

林鳳儀叫蘭花兒把老杜找了過來。老杜不知道是什麼事？因此問她：

「少奶奶有什麼吩咐？」

「沒有什麼吩咐，」林鳳儀說：「我問問你，那兩個假和尚現在怎樣了？」

老杜把剛才的情形告訴她。姚春蘭聽了之後說：

「我看那個大塊頭比較忠厚，我娘的事說不定用得着他？」

「姚姑娘，我也是這個看法！」老杜手一拍：「當初二少爺要宰了他，我就覺得不妥。」

「那傢伙差點兒打掉我的門牙，」唐卓人說，他的嘴唇已經腫了起來。「當時我眞恨不得一槍打死他！」

「三叔，」林鳳儀對唐卓人說：「小不忍則亂大謀，我看解鈴還是繫鈴人，他們既爲姚姑娘而來，現在落在我們手上，我們正好利用他們把姚老太太救出來，這比老杜去船頭上跑馬好得多。」

「嫂嫂，放虎歸山，未必得計？」唐卓人說。「恐怕反而洩漏了天機？」

「自然我們不能冒失，一定要能放能收。」林鳳儀說。「我看從明天起讓他們和喜兒六指兒一塊吃住，一則看守方便，二則使他們心服。今天先給他們一個下馬威，讓他們在馬房住一夜。」

「少奶奶說的有理。」老杜附和。

「這樣恩威並濟，鐵石人兒也會感動。」林鳳儀說。

「我看他們也是窮得沒有辦法，才出來吃糧，希望有點兒起發？」老杜說。

「可不是？」姚春蘭接嘴：「如果沒有這些窮人，北洋軍閥那兒去募兵？有錢的子弟誰肯替他們當砲灰？」

「眞的，我們不妨問問他們的身世？」林鳳儀說：「多瞭解一點兒底細，就少犯一點兒錯誤。」

「少奶奶，要不要帶他們來問問？」老杜說。

林鳳儀低頭沉思了一會，才對老杜說：

「這樣吧，你先把那個大塊頭帶來，不要兩人一道，這樣說話方便一些。」

「少奶奶，那就要鬆綑了？」老杜說。

「自然鬆綑，」林鳳儀笑着說：「他還能逃出你的手掌心？」

老杜跑到馬房，解開了王大牛的脚鍊。王大牛又驚又喜地問：

「老前輩，這是怎麼回事？」

「少奶奶要問問你。」老杜說。「你可要實說？」

王大牛點點頭，跟老杜一道過來。他比老杜高出半個頭。

他看見唐卓人有點不安。林鳳儀對他說：

「你放心，二爺不會打你。」

林鳳儀坐在紅漆太師椅上，蘭花兒站在後面，姚春蘭、唐卓人坐在兩邊。林鳳儀問他的姓名、年齡、籍貫，他都一一回答。

「你在家裡是幹什麼的？」林鳳儀問。

「種地。」王大牛答。

「爲什麼不在家裡好好地種地，要出外吃糧？」

「咱家裡人多地少，又常鬧旱災水災、常常挨餓，所以出外吃糧。」

「你拿多少錢一個月？」

「六塊大洋。」

「那不太少？」

「有時三兩個月還不關餉。」

「那你怎麼辦？」

「熬到打下一個城池，放假三天，那就不愁沒有錢用。」

「你們打搶？」

「那種時候雞飛狗跳，舖子裡亂七八糟，馬路上都是銀洋，要是闖進銀樓錢莊，那更是進了金銀窖，有很多人就這樣發了財。」

「混帳！」唐卓人罵了一句。「簡直是強盜土匪！」

「少爺，你們富貴人家固然不在乎，咱們窮人家子弟誰不見錢眼開？誰不想發筆橫財？」

「你發了多少橫財？」林鳳儀又問。

「少奶奶，咱說了咱的良心還沒有全黑。」王大牛回答：「順手牽羊的事兒咱幹，撬人家的金櫃，還人家的命，強姦人家的閨女的事兒咱還沒有作過，因此咱也沒有發什麼大橫財。」

「那個瘦皮猴呢？」

「他什麼都幹。」

「那他一定發了不少橫財？」

「他錢到手就花，吃、喝、嫖、賭，樣樣都來，現在還是個窮光蛋。」

「他在家裡是幹什麼的？」

「游手好閒的地痞。」

「嫂嫂，」唐卓人對林鳳儀說：「這種壞蛋手上有了槍還不是壞事作盡？我看宰了他決不寃枉！」

「他們那一窩子能有幾個好人？你宰得了那麼多？」林鳳儀笑問。

「少奶奶，要不要把侯得志帶來問問？」老杜問。

「狗嘴裡吐不出象牙，我看不問也罷。」林鳳儀說。隨後又問王大牛：「剛才你說的都是真話？」

「句句是眞。」王大牛回答。

「這樣說來，你還算是好人了？」林鳳儀說。

「好人不敢當。」王大牛搖搖頭：「不過我的良心還沒有全黑！」

「你覺得你們的司令王公霸爲人怎樣？」

「他敢作敢爲，說話算話，打起仗來決不做縮頭的烏龜，他是一條好漢！」

「你很佩服他是不是？」林鳳儀向他一笑。

「軍人本來就應該這樣，砍掉腦袋也不過盌口大的疤！」王大牛昂首挺胸說。

「他亂殺人你也佩服？」

「打仗本來就是殺人，誰該殺誰不該殺咱可不清楚。」

「他叫你殺你就殺？」

「咱吃了他的糧餉，自然服從他的命令。」

「他苛捐雜稅，老百姓挑擔子進城他也抽稅，你認爲這也對？」

「羊毛出在羊身上，他不榨老百姓還能賣自己的老婆？何況別的大官兒都這麼作，不止他一個人如此。再說，你們是托祖上的洪福，吃油穿綢；咱們司令可是自己拚命拚出來的，不靠老百姓，他怎能享榮華受富貴？」王大牛振振有詞地說。

「一派胡言，應該掌嘴！」唐卓人舉手欲打。

「二叔讓他講下去。」林鳳儀及時阻止。

「本來咱講的是良心話，你們不問，咱自然不講。」王大牛委屈地說。

「你倒是王公覇的忠實部下，可惜不明是非。」林鳳儀說。

「他是長官，咱是部下，他說白就白，說黑就黑，咱還能和他辯理？」

「我再問你。」林鳳儀指着姚春蘭問他：「王公覇已經有六個姨太太，還不放過姚姑娘，這是不是傷天害理？」

「這也不止他一個人如此。那些當了旅長師長的大官兒那一個不是三妻四妾？」

「嫂嫂，別和這奴才廢話。」唐卓人憤憤地說：「王公覇放個屁他都會說是香的！」

「少爺，咱的話還沒有說完。」王大牛舉起手來。「咱雖然覺得咱們司令是條漢子，可是咱並不贊成他討這麼多小老婆！」

「那又爲了什麼？」林鳳儀問他。

「少奶奶，你別見怪。一來咱聽咱娘說過：萬惡淫爲首，色字頭上一把刀，不能隨便糟蹋人家的閨女；二來咱自小就聽讀書先生說過：女人是禍水，誰粘上了誰倒楣。咱們司令前程遠大，正步步高陞。人的精力有限，討多了小身體總會掏空的，那不毀了他的前程？」

「眞是個好奴才！」唐卓人駡了一句。

「你既然不贊成他討這麼多小？那你又爲什麼幫兇？」林鳳儀問。

「少奶奶，這是命令，他要咱死，咱也不能不死。」

「你知道他對我娘到底怎樣？」姚春蘭問。

「本來他對老太太不錯，可是妳逃走之後他就火大了，他以爲是老太太放了水呢！」

「這與我娘無關。」姚春蘭說。

「可是老太太跳進黃河也洗不清」

「王公霸欺人太甚，無法無天，」林鳳儀說：「你能不能把姚老太太弄出城來？」

「那咱不是挖咱司令的牆脚？」王大牛睜大眼睛說。

「你娘說了萬惡淫爲首，色字頭上一把刀。」林鳳儀說。「王公霸作了大惡，你把姚老太太弄出城來等於替他作了一件好事，那又有什麼關係？」

「如果把姚老太太弄出城來，那我就別想再回去！」

「不回去又有什麼關係？我們養你一輩子。」林鳳儀說：「在我們這兒落籍，不比你在北軍裡玩兒命強一百倍？」

「如果不打死，那可有個起發？」

「你也不想想你是那塊料？」唐卓人譏諷他：「你還想當司令不成？」

「少爺，這可說不定！」王大牛很不服氣：「你別從門縫裡看人，當初咱司令還不是和咱一樣？薛仁貴不也是火頭軍？只要這一仗不打死，咱準可升官。」

「你別做夢！南軍馬上就要打來，要王公霸的腦袋，你還想升官？」唐卓人說。

「少爺，咱們北軍人強馬壯，兵多將廣，要咱們司令的腦袋可沒有那麼容易。」

「你們北軍是一羣土匪，老粗，人強馬壯有什麼用？」唐卓人說：「南軍都是學生軍，你認識幾個大字？」

王大牛兩眼一楞，過後垂頭喪氣地說：

「可惜咱就是少讀了幾句書，不然也不會出來吃糧。」

「人家南軍未到，標語口號早就進城。」姚春蘭說：「你們只知道殺人，沒有一點兒辦法。老百姓也恨死你們，你們死在眼前，還不知道！我看你們一個個都是草包！」

「姚姑娘的話一點兒也不錯，」林鳳儀說：「連王公覇也是個大草包！現在打仗是鬬智不鬬力，你們根本不是南軍的對手。我看你不如把姚老太太弄出來，將功贖罪，在我們這兒落個籍，我不會虧待你。」

王大牛低着頭，半天不作聲。突然把頭一抬，問林鳳儀：

「少奶奶，你說話可算話？」

「這兒是我當家，我說話算話！」林鳳儀拍拍胸口，又指指老杜：「不信你問他，是不是我把他留下來的？」

王大牛望望老杜，輕輕問他：

「老前輩，你原來不是他們家裡的？」

「我來這兒纔三四年。」

「老前輩，那你原來是幹什麼的？」

「我是個到處爲家的老花子。」老杜笑着回答。

「你甘願就在這兒？」

「我準備死在這兒。」

「這倒是個好地方，」王大牛打量周圍一眼：「比咱家鄉好得多。」

「怎樣？你主意打定沒有？」林鳳儀問他。

「少奶奶，咱是外鄉人，本地老百姓欺生，妳可保護我的安全？」

「放心，我不但保護你的安全，還會給你成家立業。」林鳳儀說。

「多謝少奶奶的大恩！」王大牛撲通一聲跪下去便拜：「咱南征北剿，槍林彈雨的生活也過厭了。升官發財又不是人人能辦到的。大概咱祖上無德，風水不好，咱情願給府上作個長工，吃盌安樂飯算了。」

大家都很驚喜，連唐卓人都張口結舌。林鳳儀十分高興，笑着對他說：

「壯士快快起來！」

姚春蘭連忙過來扶他，老杜早把他拉起。姚春蘭對他說：

「家母身陷虎穴，全仗大力。」

「姚姑娘，咱王大牛說話算話，一定把老太太弄出城來。」王大牛爽快地回答。「你看什麼時候去好？」

「你的傷勢有沒有礙？」林鳳儀問他。

「打架不行。」王大牛回答。「跑跑腿，說說話，倒也沒有什麼關係。」

「好，」林鳳儀點點頭，又對老杜說：「老杜，你把他帶到宿舍那邊去休養休養，再聽我的吩咐。」

「少奶奶，我看還是讓他暫時和我住在魁星樓吧？也好順便照顧照顧。」老杜使了個眼色。

「這樣也好，」林鳳儀笑着點點頭：「你趕快把他的傷治好，早天把姚老太太接來。」

老杜把王大牛帶上魁星樓。

姚春蘭吁了一口氣，笑着對林鳳儀說：

「少奶奶，托您的福！降住了一條大水牛。」

「唉！我也沒有想到！」林鳳儀笑着站了起來。「王公覇給我派來了一個大助手！」

「嫂嫂，這一切都出乎意料之外！」唐卓人說。「妳眞是我們家裡的女諸葛！」

「二叔，要是你把他宰了，我們到那兒去找這樣的好幫手？」林鳳儀笑着說。

「大表嫂，且慢高興，」李毓靈忽然插嘴：「說不定其中有詐呢？」

「表弟，我看不會。」林鳳儀笑着搖搖頭：「王大牛是個老實的鄉下人。如果不是天災人禍，他在家裡有飯吃，決不會出來吃糧賣命。你看我們鳳凰谷的人，誰願意出去當兵？」

第九章 窮小子改邪歸正 老夫人積德施恩

老杜在自己的竹床對面加了一張竹床，讓王大牛休息、睡覺。同時給了一粒梧桐籽大的藥丸給他，叫他吞下去。

「這是我自己留用的，再重的傷，外敷草藥，內服一粒回春丸，很快便好。」

「多謝老前輩。」王大牛一口吞下，不用水冲。「今天咱眞像做了一場夢！」

「老弟，你還年輕，人生本來變幻不定。」老杜說。

「老前輩，今天咱雖然挨了你兩脚，但咱心服口服。你這兩脚，踢醒了咱升官發財的迷夢。」王大牛說。

「老弟，像王公霸那樣的大兒官不作也罷；像他那麼多的血腥錢，不賺也罷！」老杜說。

「老前輩，咱們弟兄們，就希望爬到他那樣高的地位，好回老家光宗耀祖。」王大牛說。

「老弟，作官要作父母官，造福老百姓。像王公霸他們那樣糜爛地方，魚肉老百姓，那是作孽。他們弄來的那些錢，有多少孤兒寡婦的眼淚？升這樣的官，發這樣的財，應該打入阿鼻地獄，怎能光宗耀祖？」

王大牛從來沒有聽過這樣的話，楞頭楞腦地望着老杜。本來他一心嚮往崇拜的就是王公霸那樣的人物。想不到老杜竟看不起他？他覺得老杜這樣貶王公霸，就像小孩子用石頭砸菩薩，他心理眞不是滋味。

「老前輩，不論你怎樣褒貶他，咱們司令的確是個英雄好漢。」王大牛極力辯白。

「他是英雄好漢？」老杜哈哈大笑起來：「我看他簡直是個狗熊！」

「老前輩，你不能這樣糟蹋他。」

「我一點也沒有糟蹋他，」老杜心平氣和地說：「他替孫傳芳賣命，不過是爲自己升官發財。英雄好漢是行俠仗義，濟危扶傾。他王公霸是助紂爲虐，自私自利。英雄好漢最忌刼財刼色，他弄了那麼多造孽錢，娶了那麼多妻妾，還強要姚姑娘作他的七姨太，老弟，我問你，這是那一路的英雄好漢？三國、水滸上有沒有？七俠五義、施公案、包公案中有沒有？你說說看？」

王大牛啞口無言。他雖然不認識幾個大字，可聽過說書兒，好像沒有王公霸這樣的英雄好漢？可是他又覺得王公霸很勇敢、豪爽，作起事來快刀斬亂麻，還和那些英雄好漢又有點兒相似。那應該說他是什麼呢？他可想不出一個新名目來。

「老前輩，咱不知道怎麼說好？」王大牛臉紅脖子粗地說：「不過，咱覺得他不是一個壞人。」

「他是一個軍閥，比強盜土匪還壞！」老杜說。

「老前輩，你這樣說咱可不服氣了！」王大牛瞪着眼睛說。

「老弟，你別躁，聽我說。」老杜拍拍他的肩。「強盜土匪爲害不過一兩家，最多一村兩村，一鎮兩鎮。你可知道孫傳芳是五省聯軍總司令？王公霸佔了一個大城，卡住了水陸交通，他那樣無法無天，你知道有多少人受害。古人說：匪去如梳，兵去如篦。北軍所過之處，所紮之處，那個老百姓不叫苦連天，敢怒而不敢言？就以今天的事兒來說，如果不是我老花子插一手，姚姑娘不給你們逮走了作王公霸的七姨太？二少爺不被王公霸砍了頭掛在城門口？你們兩人不也得了三百大洋？你看這不比強盜土匪還壞？」

王大牛頭上直冒汗，臉紅到耳根上來，低頭不語。老杜又拍拍他說：

「老弟，我不是說你，你倒是個有血性的漢子，誰不希望升官發財？就以我老花子來說，年輕時也做過這個夢，不過做官要求個正路出身，錢財要取之有道。如果我老花子不擇手段，打家劫舍？為非作歹，或是嘯聚千兒八百人馬，上山坐寨，我還不是大秤分金，小秤分銀？大盌喝酒，大碗吃肉？我又何必討飯？」

王大牛怔怔地望着老杜，又十分天真地說：「老前輩，憑你的身手，如果投效咱們司令，最少他會請你當偵緝隊長。」

老杜笑了起來，又拍拍他說：

「別說是偵緝隊長，就是他王公霸把位子讓給我，我也不幹。」

「老前輩，你的志氣可不小！」王大牛向他一笑：「你到底想幹什麼？當督軍，還是當總司令？」

「老弟，我當我的一品老百姓，免得傷天害理。」老杜笑着回答。

「老前輩，」王大牛重新打量他：「咱眞猜不透你是怎樣的人？」

「不必瞎猜！」老杜笑着拍拍他：「我是個老花子，愛上了這兒的山水，在狀元府裡混盌安樂飯吃。我勸你也不必再作升官發財的美夢，孫傳芳、王公霸他們是踏着你們的骷髏爬起來的。你僥倖沒有打死，算你祖上有德。如果我不腳下留情，你也沒有命。但是南軍馬上就要打來，你犯不着再去賣命，還是老老實實在鳳凰谷作個老百姓，或是太平之後再回家去作個良民。我過的橋比你走的路多，說的是良心話，不是害你。」

「多謝老前輩！」王大牛向老杜雙手一揖：「但不知道少奶奶是眞留我還是假意？」

「少奶奶知書識理，人雖精明，但很厚道，不是虛情假意，也不會虧待你，你放心好了。」老杜安慰他說：「如若不然，我也不會留下來。」

「老前輩，這樣就好。」王大牛高興地一笑。「咱雖然在外面混了幾年，但咱到底是個鄉下人，沒有侯得志那麼多的心眼兒，難免吃虧上當。」

「人還是老實一點兒好，」老杜拍拍他說：「現在你和我住魁星樓，他還關在馬房，這就不一樣。」

「不知道他們怎樣發落他？」

「我也不知道，」老杜搖搖頭：「這全看瘦皮猴自己。」

這時李毓靈過來找老杜，把他叫到樓下，輕輕地說：

「老太太叫你過去，你走不走得開？」

「走得開。」老杜點點頭。

「你不怕那個胖和尙跑掉？」

「我看他不會跑。」

「那你就到老太太那邊去，我在樓下把風。」

「你看得他住？」老杜笑問李毓靈。

「如果他跳樓逃跑，我就告訴你去追。」李毓露說：「何況谷口還有人把守？」

「好，我上去和他打個招呼就來。」老杜匆匆上樓。

王大牛看他上來，有點就心地問：

「老前輩，剛纔那位小少爺來找你作什麼？」

「有點事兒，」老杜回答：「現在你胸口怎樣？」

「舒服多了。」王大牛笑着回答。

「騎馬走路礙不礙事？」

「不大礙事。」

「好，我到後面去一會兒就來，你好好地休息一下。」老杜按他睡到。「老弟，我是眞心待你，你可別開溜？」

「老前輩，」王大牛猛然坐起。「君子一言，快馬一鞭，咱怎會那樣無信無義？」

「好，你睡下，我知道你是個實心人。」老杜邊說邊走，走到樓下，和李毓靈打了一個招呼，直向老太太那邊走去。

途中他碰見唐曼青和王姨娘在亭中欣賞荷花，唐曼青向他招招手，把他叫了過去。問他：

「聽說你擒住了兩個和尙是不是？」

「是，大老爺。」老杜點點頭。「不過是假的。」

「假的？」

「他們是王公霸的偵緝隊，冒充和尙探聽消息的。」

「擒虎容易縱虎難，萬一王公霸派大軍來打鳳凰谷，那可不是玩的！」

「大老爺放心，少奶奶棋高一着，她已經收拾好了。」老杜把經過情形統統告訴他，他摸摸八字鬍鬚微微一笑。

「不過夜長夢多，如果王公覇老是不走，消息總會走漏，鳳凰谷那就難免一場災難？」唐曼青又躭心地說。

「大老爺，我看王公覇覇不長久。」老杜說：「南軍氣勢很壯，已經先聲奪人，得了民心，說不定一夜之間就會到來？」

「我只希望鳳凰谷無災無難，過我的太平日子。」唐曼青說。「自太平天國以來，我們這兒就平平安安，鷄不飛，狗不跳，而且風調雨順，五穀豐登。希望這次南北戰爭，鳳凰谷也草木不驚。」

「不但大老爺如此希望，人人都是一樣。」老杜說。

「老杜，卓人少不更事，我怕他惹禍上身？」唐曼青說。「惟願唐家祖宗的基業，不要毀在他的手裡纔好。」

「事到如今，大老爺也不必過慮。」老杜說。「兵來將擋，水來土掩，王公覇總比不得八國聯軍。」

「老杜，聽你的口氣似乎也見過那個大場面？」唐曼青笑着問他。

「不，大老爺，」老杜連忙搖頭：「我不過是道聽途說。」

「那次實在很慘，想不到義和團會失敗？」唐曼青說：「當時洋人說他們是拳匪，後來我們中國人也跟着稱拳匪，眞是寃枉！」

「大老爺，」老杜感慨地說：「自古道：成則爲王，敗則爲寇。如果當年義和團抵抗外侮成功了，洋人就不敢這樣說，中國人也不會跟着說了。」

「洋人那樣說還情有可原，我們自己人也那樣說就該掌嘴了！」唐曼青說：「試問以後還有誰敢愛國？」

「大老爺，不談那件丟人的事兒也罷，連孫中山先生還有人稱他為大寇呢！」

「所以我情願在家裡享享清福！」唐曼青感慨地說：「就怕這個福享不長久？」

「大老爺，你已經半百之年，你的命好，我看你可以享到老。」老杜安慰他說。

「老杜，但願你是金口玉言。」唐曼青轉憂為喜地說。

「大老爺，你賞花兒吧，」老杜欠身告辭。「我要到老太太那邊去。」

「好，你去吧！」唐曼青笑着揮揮手說：「我們這個家也幸虧她們一老一少。」

老杜來到老太太這邊，看見林鳳儀、姚春蘭、唐卓人、唐蕙青、唐錦心，都在一起和老太太聊天。他一進月門老太太就問：

「那個姓王的有沒有詐？」

「沒有，」老杜搖搖頭：「我又說了他一頓。」

「沒有詐就好，」老太太高興地說：「他的傷不礙事吧？」

「我又給他吃了一粒回春丸。老太太如果要用他，馬上可以派用場。」老杜說。

「娘，知人知面不知心，我看還是緩一步好。」唐蕙青說。

「姚姑娘，妳的意思怎樣？」老太太轉過頭來問姚春蘭。

「我沒有意見，」姚春蘭回答：「輕重緩急，請老太太衡量。」

「如果讓姓王的一個人去接姚老太太，恐怕也不大妥當？」林鳳儀說。「要是他不回來，那就是縱虎歸山，壞了我們的大事了！」

「鳳兒妳看呢？」老太太問她。

「我看還是請老杜和他一道去。」林鳳儀說。

「要是他出賣老杜呢？」老太太說。

「老杜可以對付他，不過我相信他不敢。」林鳳儀說。

「我相信他不會。」老杜說。

「那你就可以不必去了。」老太太說。

「這又不然。」老杜說：「如果他遇到困難，我可以給他壯壯膽，助他一臂之力；如果萬一他臨時動搖轉變，我也可以滅口，免得洩漏天機。」

「我也正是這個意思。」林鳳儀說：「老杜正好與我不謀而合。」

「老杜去那不又會惹人懷疑？」唐卓人說。

「姓王的可以掩護老杜，就說老杜是他的眼線，他們自然相信。」

「用什麼藉口把姚老太太弄出城呢？」唐卓人問。

「就說用姚老太太作釣餌，把姚姑娘釣出來。」林鳳儀笑着拉了姚春蘭一把。

「他們兩人出來，姓王的一人回去，他們自己人也會懷疑的。」唐卓人說。

「姓王的不會說留瘦皮猴打埋伏？」林鳳儀說：「再說，一隻手不能按兩隻蟹，他也得有個得力的幫手。」

「妳想得對！」老太太向林鳳儀笑着點頭：「不愧是我家的女諸葛。」

「老祖宗，這不都是您傳給我的？」林鳳儀笑着回答。

「得了，得了！」老太太笑着說：「妳別來奉承我，我可沒有妳這麼多心眼兒。」

「老太太，那我們就照少奶奶的計策行事如何？」老杜說。

「自然可以。」老太太笑着點頭。「不過，你先把他叫來，我也要說幾句話兒安安他的心。你給他吃的是回春丸，我給他吃的是定心丸。這樣就不會壞事。」

「老祖宗還說我是女諸葛，您纔是智多星呢！」林鳳儀笑着打趣。

「好在這兒沒有外人！」老太太笑着說：「不然別人眞會說我們祖孫兩人臉皮厚，花花轎子自己抬呢！」

大家都笑了起來。老杜也笑着離開。

李毓靈在魁星樓下假裝看三國演義，他看見老杜過來就把石印本子的三國演義往口袋一塞，輕輕地說：

「老太太叫你去說些什麼？」

「叫我把王大牛帶過去。」老杜回答。又指指樓上：「有什麼動靜沒有？」

李毓靈搖搖頭。

「看樣子我把他穩住了？」老杜微微一笑，隨卽上樓。

李毓靈看他上了樓，就一溜烟地跑到老太太這邊來。

王大牛安安靜靜地躺在床上，看老杜上來連忙坐起。老杜笑着對他說：

「老太太請你過去一下。」

「什麼事兒？」王大牛問。

「大概是關於姚老太太的事兒。」

「好，咱跟你去。」王大牛站了起來。

他們兩人一道來見老太太，老太太叫菊花兒端了一把椅子給王大牛坐，王大牛不敢坐，老杜把他按了下去。

「聽說你願意留在這兒，我很高興。」老太太笑着對王大牛說。

「咱是外鄉人，人生地不熟，希望托老太太的洪福，在大樹底下遮蔭。」

「我們會把你當自己人。」老太太說：「你住在鳳凰谷，保你無災無難，過安樂日子。」

「多謝老太太。」王大牛站起身來鞠了一躬。

「有件事兒，我還想麻煩你一趟，不知道你願不願意答應？」

「只要咱能辦到，沒有不答應的。」王大牛回答。

老太太便把接姚老太太到鳳凰谷的事情告訴他。隨後又鄭重地說：

「只要你能把姚老太太接來，不走漏消息，那五千大洋我一定給你，還會給你娶個媳婦兒，讓你成家立業。」

王大牛裂開大嘴一笑，紅着臉說：

「老太太，五千大洋是瘦皮猴敲的竹槓，咱怎麼好意思再接受？您賞盌安樂飯給咱吃，替咱成個家，傳宗接代，咱就感激不盡了。」

「成家的事兒包在老身身上，」老太太指指菊花兒那幾位丫鬟說：「舍下幾位丫鬟也生得眉是眉，眼是眼，循規蹈矩，比小戶人家的大姐兒還勝幾分。日後你看上了誰？向我說一聲，我一定成全你。至於那筆錢，就算是我陪嫁的好了，這不很體面？」

王大牛看看菊花兒、梅花兒、蘭花兒、荷花兒、金鳳、銀喜，個個都細皮白肉，比他家鄉的大家閨秀還強得多。他覺得個個都很可愛。他做夢也沒有想到能娶這樣如花似玉的媳婦兒，外加五千大洋的陪嫁。他樂得心花怒放，撲通一聲跪下去向老太太叩頭謝恩。老太太連忙叫老杜把他扶起。

「王大哥，老太太既然當面許你成家，我想，家母也會樂得作個現成的媒人。」姚春蘭說：「我也要備份薄禮，表示寸心。」

「姚姑娘，多謝妳的美意。咱無功不受祿，一切等事成之後再說。」王大牛說。「但不知老太太要咱那天進城？」

「你的傷勢還沒有好，日期由你決定。」老太太說。

「咱看打鐵趁熱，夜長夢多，不如明天就去。」王大牛說。

「只要你行動方便，明天就是明天。」老太太說。「正好明天是個黃道吉日，諸事如意。」

大事決定之後，老太太就叫老杜陪王大牛到處走走，看看風景，散散心。他們去後，姚春蘭喜不自禁地對老太太說：

「老太太，眞是托您的洪福，家母得救了！」

「這叫做歪打正着，」老太太笑着回答：「我活了八十歲，也沒有想到這樣的巧事兒。眞是解鈴還是繫鈴人，王公覇陪了夫人又折兵。」

第十章

神龍見首不見尾
人去騰地如環似

老杜帶王大牛看看花圃，看看亭閣，又帶他到鴛鴦亭休息，賞賞荷花，看看金魚、鴛鴦。唐曼青已經帶着王姨娘回房子裡去了。

「你覺得這個地方怎樣？」老杜問他。

「老前輩，眞是天上神仙府，人間宰相家。」王大牛回答。「不但這裡面好，外面也像風景畫兒一樣。咱要是能在這兒種種花兒，聽聽使喚，比當排長連長可舒服多了。」

「少奶奶、老太太都說了要給你成家立業，我看那比種花兒還好，說不定還會賞幾[illegible]畝地給你種呢？」

「說眞的，咱是鄉下人，就是喜歡土地。」王大牛說：「俗語說：風吹犂尾巴不倒，只有在泥土裡纔能生根，要是給咱種地，那是眞的成家立業。」

「鳳凰谷的田地十之八九是老太太的，外面還有很多，都是給人家種。日後你要是有意思帶着媳婦種地，老太太自然會答應的。」老杜說。

「老前輩，咱看這府裡的丫鬟都是金枝玉葉兒的，恐怕不能做粗活兒？」

「這兒的莊稼人也是半年辛苦半年閒，沒有水旱天災，收一年吃三年，不像別的地方那麼苦，女人只在家裡洗洗衣，弄弄飯，帶帶孩子，不必下地。」老杜說。

「老前輩，生活既然這麼容易，你怎麼不成個家？」王大牛問。

「我五十多了，還成個什麼家？」老杜笑着回答。「再說，我浪蕩了二三十年，兩個肩膀扛一張嘴，自由自在慣了，不想弄個累贅。」

「老前輩，你從前成過家沒有？」

「在老家奉父母之命娶過媳婦，生了一個兒子我就跑出來了，再也沒有回去。」

「你怎麼不回去呢？」

「老弟，這是一部二十四史，以後有機會再談吧！」老杜笑着岔開。

「老前輩，咱和你不一樣。」王大牛說：「咱離家時咱老子娘一再叮囑我，不管好歹，一定要成個家，傳宗接代，不能斷了香烟。這兩年來，咱總是想成個家，可是人像浮萍一樣，東漂西盪，馬不停蹄，又時常打仗，不知是死是活，生怕害人家作寡婦，所以就誤下來。」

「這或許是你祖上有德？派你到鳳凰谷來出這趟優差。」老杜打趣地說。

「老前輩，人生也難料得很，」王大牛也好笑。「想不到咱這個三家村的窮小子，也學乾隆皇帝下江南，看了不少花花世界。」

「算你祖上有德，不然早成了炮灰。」老杜說。

「老前輩，你說的一點不錯，」王大牛點點頭：「當初和咱一道出來的四個同伴，統統打死了，像死狗一樣，拋屍露骨。」

「為軍閥搶地盤，眞不值得。」老杜說。

「咱們年輕，又不認識幾個大字，為了升官發財，殺得還頂起勁呢！好像不是人生父母養的？」

老杜笑了起來，隨後又輕輕一嘆說：

「要不是窮人太多，文盲太多，軍閥也滾不起來。」

「老前輩說的是，咱們部隊裡不分官兵，都是窮人子弟，十個有九個一個大字不識，連咱們司令，也只會寫自己的名字，可是他有一個很聽話的師爺。」

「不然連花名冊都沒有人造了。」

「是眞的，關餉時很多人連自己的名字在那兒都不知道。」

「他們把你們一票賣了，你們也不知道。」

他們正說話間，林鳳儀、姚春蘭、唐卓人、李毓靈、唐錦心五人魚貫出來，他們兩人看見他們，雙雙起立，林鳳儀笑指王大牛說：

「你難得輕鬆，賞賞花兒也好。」

「少奶奶，咱烏龜吃大麥，懂得賞什麼花兒？」王大牛紅着臉回答。

「你往日刀光血影，見血眼紅，看看花兒，自然心平氣和，可以早日恢復你的本性。」林鳳儀說。

「少奶奶放心，」王大牛說：「咱已經放下屠刀，以後一定作個善良百姓。」

「好，從現在起，不要見外，有什麼需要儘管對老杜說。」

林鳳儀一面說話，一面領先走了。

王大牛望着她挺直的背影，輕輕地對老杜說：

「這位少奶奶眞好心腸，好氣度。」

「可惜是個女流，」老杜說。「不然唐府還會發達。」

「咱看她比男人還強呢！」

「若論辦事的能力，對人處世，她是比男人強，甚至老太太也遜她三分。」老杜說：「可惜美中不足，年紀輕輕地守寡。」

「唉！天底下眞沒有十全十美的事兒！」王大牛嘆口大氣。「原先我以爲神仙也會羨慕她呢！」

「老弟，我們不必再談少奶奶的事兒，明天是我們兩人的正戲，你看怎麼個唱法？」老杜忽然轉變話題。

「老前輩，你過的橋比咱走的路多，咱完全聽你的。」王大牛說。

於是，老杜把計劃告訴他，他點點頭。

第二天吃過早飯，王大牛仍然是和尚打扮，老杜帶他到後面來見老太太，老太太和林鳳儀她們正在閒話家常，看見他們來了便問：

「你們是不是現在就動身？」

「正是。」老杜回答：「不知道老太太和少奶奶有什麼吩咐？」

「膽大心細，不要露出馬腳。」老太太說：「如果臨時發生變故，可要見機行事。」

老杜應了一聲「是」，林鳳儀接着說：

「你們要同心合力，彼此照顧，中途有人接應，我擺好酒席等你們。」

「多謝少奶奶，」王大牛說：「咱拚了性命也要把姚老太太接來。」

「老前輩，要不要我再寫個字兒帶去？」姚春蘭問老杜。

「這樣更好，免得我費口舌。」老杜說。

姚春蘭馬上到老太太房裡寫了一張字條交給老杜，老杜笑着轉交王大牛：

「你揣在懷裡比放在我身上保險。」

「咱就是通行證。」王大牛往懷裡一塞，得意地一笑。

他們兩人一道出來。走到鳳凰谷口，有人從碉堡裡探出頭來，老杜揚揚手打個招呼，和王大牛搖搖擺擺走出來。本來他們可以騎馬，但王大牛是和尚裝束，老杜像個花子，騎馬恐怕啓人疑竇，所以安步當車。

田裡的禾苗已經長到兩三尺高，棵多葉茂，有的穗兒已經發黃，看樣子今年又是個豐年。田溝邊的瓜棚豆架，正結着纍纍的葫蘆、瓠子、絲瓜、扁豆、刀豆、紅豆，有些人家房屋周圍栽着一圈向日葵，正開着金黃的巨大的花盤，十分好看。大楊樹上的蟬兒正「知了—知了—」地叫着，聲音悠揚悅耳，此起彼落，非常熱鬧。

「這地方眞富足。」王大牛羨慕地說。「咱家鄉一年只收一次，此地一年兩熟，難怪鄉下人冬天也長袍大褂，女人不下地作活。」

「所以王公覇他們賴着不想走，大刮地皮。」老杜說。

「咱娘常說，三年清知府，十萬雪花銀。」王大牛說：「像咱們司令，一年不知要弄多少大洋？」

「單是姚姑娘的身價銀子他就出了兩萬，你想想看他弄了多少？」老杜說。「再說，他只要吞你們兩三個月糧餉，就是十萬八萬大洋。」

王大牛瞪着兩眼望着老杜，張口結舌，過後又搖搖頭說：

「咱不相信！兩萬大洋可以鑄個金人。咱一家十幾口，子孫三代也吃用不完。一個小娘兒也值得花這麼多大洋？」

「這是姚姑娘親口講的，她還會騙人？」

「或許是她自抬身價呢？」

「她唱戲一個月就兩三千包銀，兩萬塊大洋她還不答應呢！不然她不會躲到鳳凰谷來。」

「咱家鄉一匹好馬纔三十塊大洋，一條水牛纔四十塊大洋，娶個黃花閨女不到兩百大洋，咱們司令怎麼會花兩萬大洋娶個戲子？」

「老弟，你沒有聽說過富人一席酒，窮人半年糧嗎？你們鄉下人怎能和王公霸比？他有的是造孽錢，又愛這個調調兒。在鄉下人，一塊大洋看得比磨子還大；在他，兩萬大洋也不過九牛一毛。你一個老婆都討不起，他却有六七個太太，這怎麼能比？」

「可惜咱沒有這個好命！」王大牛黯然一笑。「吃了三四年糧，打過好幾仗，還是一個小兵。」

「老弟，不要眼紅，這樣纔可以還你清白，睡個安穩。」老杜說：「像孫傳芳、王公霸，還不知道怎樣死呢？」

王大牛默然不語，他知道有好多大官兒都不得善終。他記得他娘說過人最要緊的是修個好死，死後不要下阿鼻地獄。王公霸不久前就被南軍的探子刺過，差一點兒打死。想到這兒也又稍堪自慰，最少沒有人刺他。

走上大路情形就不一樣，樹上有粉筆寫的「活捉王公霸」、「打倒北洋軍閥」等標語，還有撕掉的紅綠紙條。老杜看了告訴王大牛，王大牛嘆口氣說：

「南軍的探子眞不怕死，好像殺不完似的！」

「憑良心說，你捉到幾個眞探子？」老杜笑着問他。

「他們頭上又沒有寫字，咱也分不出是眞是假？」王大牛說：「反正關進去就是一個死罪。」

「這該造多少孽？」老杜望望他。

「好在咱不是劊子手。」他紅着臉一笑。

一個巡邏的馬隊迎面跑來，行人紛紛讓到路邊，他們兩人也靠邊走，馬隊過後不久，又來了一排步兵，都是荷槍實彈，面如寒霜，彷彿兇神惡煞一般。

老杜不再講話，王大牛也沉默不語。老杜看看這個情勢，生怕王大牛變卦，不免提心吊膽。王大牛心裡也七上八下，十分矛盾。兩人不時你望望我，我望望你。越接近城門口，心裡越緊張。城門樓上又掛着兩顆人頭，一顆眼睛張開，一顆還在滴血。老杜故意搭訕地說：

「城裡像個地獄，還是鳳凰谷好。」

「咱也覺得不大對勁。」王大牛回答。

「你可別忘記你娘要你成家的話？」老杜又說。

「老前輩，你看是菊花兒好，還是梅花兒好？」王大牛問。

「兩個都好，隨便你挑。」老杜回答。「我正等着喝你的喜酒，姚老太太一定肯作這個媒。」

王大牛高興地一笑，大步走進城門口。

今天進城的人顯然沒有上次多，但有一個奇怪的現象，除了挑柴、挑米、賣菜的以外，却有不少和尙、道士、花子和算命卜卦的。老杜看看王大牛這個假和尙，心裡暗自好笑，王大牛本來是北軍的偵緝隊，這些九流三教人物未嘗不是南軍進城來探消息打埋伏的？衞兵卻一個個放他們進去。

衛兵看見王大牛，立刻換了一副笑臉，輕輕地說：

「怎麼今天纔回來？」

「事兒還沒有辦好。」

「瘦皮猴呢？」

「他在打埋伏，等我回去。」

衛兵要檢查老杜，王大牛歪歪嘴說：

「自己人。」

衛兵就揮揮手讓老杜進城。

「老弟，你應付得很好。」進城之後老杜悄悄對王大牛說。

「那個衛兵比咱還土。」王大牛神氣地說：「咱就是把姚姑娘的字條兒露給他看，他眞會以爲是咱的當票呢！」

「剛纔那些和尚道士你認不認識？」老杜問他。

王大牛搖搖頭，隨後傻笑：

「說不定也跟咱一樣是假的？」

「你們假來假去，那些眞的和尚道士可要揹黑鍋了！」老杜說。

「老前輩，彼此彼此。」王大牛望着他笑：「你還不是個假花子？」

老杜不禁啞然失笑。

他們來到「悅來客棧」，老杜領先上樓。樓梯口無人把守，他直趨姚老太太房間，房門關着，他從窗口向裡一望，房內無人。他好生奇怪，一手摸着後腦殼自言自語：

「這是怎麼回事兒？」

「說不定換了房間。」王大牛說。

老杜連忙到別的房間張望，也不見姚老太太的踪影。他把王大牛一拉，跑到樓下櫃台前問帳房先生。帳房先生是個蓄着八字鬚的四十多歲的中年人。

「借問樓上那個唱老旦的姚老太太到那兒去了？」老杜問。

「上街去了。」帳房回答。

「什麼時候回來？」

「不知道。」帳房搖搖頭，又打量他們兩人一眼：「你們找她幹什麼？」

「有點事兒。」老杜回答。

「我勸你別自找麻煩。」帳房說。

「我們是老相識，請問有什麼麻煩？」老杜明知故問。

「她有個女兒姚春蘭，是唱青衣的紅角兒，你認不認識？」

「只聞其名，未見其人。」老杜搖搖頭。

「啊！她不但戲唱得好，人也長得像古畫兒上描下來的。」帳房忘形地說。「想不到她會神不知鬼不覺地逃走了！不但王司令害了相思病，我也想念得很！」

「怎麼？你和王司令穿一條褲子？」王大牛突然喝問。

「啊，不，不，不！」帳房連忙陪笑搖手。「我有幾個腦袋？敢動那個歪念頭？我是想聽姚姑娘的西皮二簧，我是她的戲迷。」

「咱們問你正經事兒，你胡扯些什麼？」王大牛大不高興。

「啊，師父，話從根處起，」帳房陪着笑臉說：「就是因爲姚姑娘逃走了，姚老太太就沒有好日子過，凡是來看她的人也都脫不了干係。你們兩位還是小心謹愼爲是，我是一番好意。」

「謝謝你。」老杜說。「姚老太太是一個人出去，還是有人陪她？」

「連上茅房都有人跟着呢！上街自然有人奉陪，說不定又是王司令叫去審問？聽說他已經加了姚老太太一個私通南軍的罪名。這個罪可不輕！」帳房用手架在頸子上比劃了一下。

「多謝，多謝，那我們不敢惹這個是非。」老杜拉着王大牛匆匆出來。

老杜心中焦急，表面故作鎭靜。他和王大牛先到戲院看看，或許她在排戲也說不定？可是戲院空無一人。又轉到江邊，江邊的船多人多，江上白帆片片，那個被炸的軍火船，只露出船橋上一點鐵桿。碼頭上靠了幾隻輪船，正在卸貨，脚伕一擔一擔地往倉庫裡挑，跳板頭邊，倉庫門口都站了衞兵。一班巡邏士兵正整隊在江邊齊步行進，殺氣騰騰。

他們又轉上大街，老杜希望在大街上能碰到姚老太太。女人歡喜買東西，或許能在那家店舖門前不期而遇？

他們在人羣中擠來擠去，王大牛也沒有碰到一個同事，不然也好打聽一下。

走到一條巷口，突然發現一道人潮向前湧，他們不知道是怎麼一回事？也跟着擠上去。有幾個好事的年輕人向站在門口的熟人說：

「看殺人去！看殺人去！」

「咱們也去趕個熱鬧，」王大牛說：「說不定在刑場能碰見同事？也好打聽姚老太太的下落。」

老杜點頭同意，兩人隨着人潮來到大校場。這是個殺人的老地方，作奸犯科的人在這兒伏法，英雄好漢也在這兒見閻王，人頭堆起來比山還高。

刑場上站了許多手上端着步槍的士兵，每隔五步一個人，他們圍成一道圓圈。圈內擺了一張條桌，一條長凳，兩個軍官坐在那兒等候執行。一個眼睛血紅，手執雪亮的鋼刀的劊子手站在旁邊，紋風不動。

刑場周圍早已圍滿了人，擠得水洩不通，他們站在幾道人牆外面，後面還有人圍上來，王大牛自言自語：

「眞他媽的！天天殺人，還有這麼多人看？是什麼西洋景兒？」

「奇怪！你和尙能看，我們不能看？」站在他旁邊的年輕人馬上接嘴。

「你小子活得不耐煩了？是不是也想把腦袋瓜子摘下來？」王大牛兇他。

老杜馬上扯了他一下，對他使了一個眼色，他臉一紅，不再講話。可是對方還在氣憤地說：

「眞他媽的，這年頭人心變了，連出家人也兇神惡煞。」

王大牛還想回嘴，老杜連忙扯了他一下。

沒有多久，一班槍兵押着四個犯人過來，前面三個男的，後面一個女的，每人背後插着一個標子，雙手反剪着。人人臉色慘白如紙，脚步提不起來，由兩個高大的士兵架着，拖拖拉拉來到刑場，從人牆的缺口進去。把犯人一字排開，每隔三步跪一個。

三個男的都只有二十多歲，低垂着頭，眼裡有淚。那個女的已經駭得半死，跪也跪不直。

老杜踮脚探頭一望，看見那個女的側面，有點兒像姚老太太，他心裡一驚，但又不敢確定。只見一位軍官向劊子手作了一個手勢，劊子手大步向前，手握着刀柄，刀背抵在肘上。他走近第一個犯人背後，右脚在前，左脚在後，站個丁字步兒，看準犯人的後頸窩，右肘突然向前一拐，人頭落地如滾瓜，同時他右脚在犯人背心一蹬，屍身向前撲倒，血從頸腔直射出去。劊子手身上沒有一點血，刀上也沒有一點血，他面不改色，鎮定如山。

第二個又是一樣。第三個人頭偏巧滾到那女的面前。女的像牛皮糖樣癱瘓下去。兩個士兵把她拖起來，架走，這時老杜纔看清楚，她眞是姚老太太！原來王公霸用她來「陪斬」。

老杜心裡冷了半截，他知道今天這個任務很難達成，但他悶在心裡，不和王大牛講，却默默地注視那兩個架着姚老太太的士兵往那裡走？

他望着他們把姚老太太架進一座兩丈多高的圍牆的監獄。他重重地嘆了一口氣。

「老前輩嘆什麼氣？」王大牛茫然地望着他。

「你知道那個陪斬的女人是誰？」老杜反問他。

「咱沒有看清楚。」王大牛搖搖頭。

「她就是姚老太太。」

「吓？」王大牛一怔。「那咱們今天不是白跑一趟了？」

「我看我們只好回去。」老杜無可奈何地說。

「空手回去，咱無功怎能受祿？」王大牛猶豫起來。

「放心，少奶奶，老太太不會食言。」老杜連忙穩住他。「我也可以給你作個媒，以後總有立功的機會。」

「老前輩，你既然這樣說，咱就割斷這條線，跟定你了？」王大牛目不轉睛地望着老杜。

「老弟，」老杜拍拍他的肩膀：「江湖上講的是個義字，我說話算數。」

兩人空手回來，走到大門口，老杜特別囑咐王大牛：

「千萬不要講姚老太太陪斬的事。」

王大牛點點頭。

老太太這邊已經擺好酒席，等待他們兩人和姚老太太回來。他們兩人一到，大家都站了起來。姚春蘭碎步跑過來問：

「老前輩，我娘在那兒？」

「姚姑姚，眞抱歉！」老杜拱着手兒說：「我們沒有找到她。」

姚春蘭眼圈兒一紅，說不出話。林鳳儀問：「姚老太太到那兒去了？」

「茶房說搬了家，不知道搬到什麼地方去了。」老杜回答。

「你打聽沒有？」林鳳儀又問。

「我們兩人跑遍了全城，也打聽不出來。」老杜一面回答，一面向林鳳儀使了一個眼色。

林鳳儀會意，便說：

「說不定姚老太太也逃出虎口了？」

「少奶奶，他們釘得那麼緊，怎麼可能脫逃？」姚春蘭說。

「百密總有一疏，妳還不是逃了出來？」林鳳儀拍拍姚春蘭說：「不要急，城裡打聽不到，明天再要老杜在城外打聽，總會水落石出。」

「時間不早，他們兩位辛苦了，我看還是開席吧！」老太太說。「我們邊吃邊談。」

老杜是第一次和老太太同桌吃飯，王大牛更受寵若驚。姚春蘭的問話，老杜都支吾過去。由於姚老太太沒有接來，大家都覺得沒趣，老太太更自嘲地說：

「算我老糊塗，在王公覇手上栽了筋斗。」

第十一章　菊花亭佳人賞月　魁星樓老杜吹簫

晚上，碧空如洗，月明如水，滿地清輝。鳳凰谷如世外桃源一般幽靜，狀元府恰似人間仙境。

林鳳儀洗過澡後，帶着女兒幼憐坐在南山亭裡納涼賞月。假山邊的噴泉，噴出一丈多高的水珠，洒上翠竹，洒上梅樹。微風輕拂，竹影微搖，亭內青石板地上洒上疏疏落落的鷄腳爪印。

流螢飛來飛去，有時飛上竹梢，有時繞過梅樹，有時飛進亭中，一閃而過，又飛出牆外。

牆外青松楓林環抱，高山圍繞。屋在谷中，人在牆裡，頗有遺世之感。她忽然想起李義山的一首七律，一面輕搖着檀香扇，一面隨口輕吟起來：

紫府丹成化鶴羣，青松手植變龍文。
壺中別有仙家日，嶺上猶多隱士雲；
獨坐遺芳成故事，褰帷舊貌似元君。
自憐築室靈山下，徒望朝嵐與夕曛。

她吟聲未絕，老杜悄悄走來，她停扇住口，轉問：

「老杜，有什麼事兒嗎？」

「少奶奶，先前當着姚姑娘的面，我不敢對您說實話。」老杜欠身回答。

「我知道。」林鳳儀點點頭。「姚老太太究竟怎樣？」

「姚老太太今天上了法場。」老杜說。

「怎麼會上法場？」林鳳儀霍地站起。

「王公覇拿她陪斬！」

「真有這種事？」

「我和王大牛親眼得見。」

「結果怎樣？」

「人駭暈了，送進了監牢。」

林鳳儀頹然坐下。過後又叮囑老杜：

「千萬不能給姚姑娘知道！她很孝順，如果走漏了風聲，她會自投羅網，挽救姚老太太。」

「我也是這樣想，所以不敢講。」老杜說：「少奶奶，您看現在該怎麼辦？」

林鳳儀沉吟了一下說：

「眞是道高一尺，魔高一丈。王公覇心狠手辣，對女人也不放過。除了刼獄，還有什麼辦法？」

「刼獄？」老杜望着林鳳儀說：「那座牢獄除了警衛森嚴，還有兩丈多高的圍牆……」

「我知道刼獄不容易，我也不過是說說而已。」林鳳儀說。「現在眞的只有希望南軍早點兒來了。」

「南軍遠在天邊，近在眼前。」老杜想起在城門口遇到的那些和尚、道士、花子。「可惜就是搭不上線。」

「從明天起，你假裝出去探聽姚老太太的消息，一方面寬寬姚姑娘的心，一方面看看有沒有什麼奇蹟出現？」林鳳儀說。

「好，就這麼辦。」老杜欠身告辭。「希望能和南軍搭上線。」

老杜剛走，姚春蘭和唐夫人、李毓靈、唐錦心一道過來。姚春蘭一走進亭子就問林鳳儀：

「少奶奶，杜老前輩找妳有什麼事兒？」

「沒有什麼，我要他明天繼續去探聽伯母的下落。」林鳳儀回答。

「一再麻煩杜老前輩，我心裡實在不安。」姚春蘭說。

「沒有關係，老杜是個冷面熱心腸的人。」林鳳儀說：「何況是妳的事兒？」

「府上本來是世外桃源，妳也有閒情逸致吟風弄月，我一來就弄得雞犬不寧，眞是罪過！」姚春蘭說。

「這不怪妳，妳來這兒本來是一件樂事兒。只怪王公覇人面獸心。我不願咒人，老天要是眞有報應，他是不會善終的。」林鳳儀說。

「不要苦惱，」唐卓人安慰姚春蘭：「今兒晚上月色很好，我們及時行樂吧？」

「二哥的話對，」唐錦心馬上鼓掌，笑着對姚春蘭說：「姚姐姐，妳應該開開心，唱兩段兒給我們聽聽？」

「錦心，姚姐姐心情不好，不要逼着她唱。」林鳳儀說。

姚春蘭本來不想唱，聽林鳳儀這樣說，反而不好不唱。她笑着對唐卓人說：

「偏勞你把胡琴拿來，替大家助助興兒。」

「我去！」唐錦心自告奮勇，搶着去拿。

這時老太太打發菊花兒過來，對林鳳儀和姚春蘭說：

「老太太、姑奶奶，請少奶奶和姚姑娘去菊花亭賞月。」

「只請她們不請我？」唐卓人問。

「二爺，老太太姑奶奶說是這麼說，你是大主兒，難道她們還會擋駕不成？」菊花兒回答。

「菊花兒答得眞好。」姚春蘭說。

「跟老祖宗幾年，自然學乖了。」林鳳儀說。

「要是老祖宗把她賞給王大牛，那眞是一朵鮮花挿上牛屎巴！」唐卓人打趣地說。

「二爺，你黃鶴樓上看翻船，何必拿我開心？」菊花兒說。

「是老祖宗許下的諾言，怎麼是我拿妳開心。」唐卓人說。

「府上丫鬟這麼多，老太太可沒有指定我。」菊花兒說。

「聽說王大牛偏偏看上了妳！」

「別人都比我強，除非那個胖子的眼睛是兩粒豆豉。」

「妳別看他傍裡傍氣，他的眼睛可精呢！」

菊花兒啼笑皆非，轉向林鳳儀說：

「少奶奶，你看着二爺捉弄我，也不講一句公道話兒？」

「菊花兒，他講他的，妳耳不聽，心不煩。」林鳳儀笑着回答。

「少奶奶，我可比不得妳宰相肚裡好撐船，我沒有那麼好的涵養。」菊花兒說。

「菊花兒，二爺是說着玩兒的，不要上了他的當。」姚春蘭說。

「我可說的是眞話，誰和她開玩笑？」唐卓人若有其事地說：「說不定王大牛這兩天就要提親呢？」

「我娘未來，誰作媒人？」姚春蘭笑着問他。

「我呀！」唐卓人笑指自己的鼻尖。「這不是個現成的媒人？」

「二爺，你說別人我還相信，」菊花兒笑了起來。「你那點兒像個三姑六婆？」

「聾子的耳朵，作作配相。」唐卓人說。

「再說，你嘴上的腫還沒有消，恨那侉子恨得牙癢癢的，你以為我不知道？」

「他已經歸順了，我不再恨他，所以我願作這個媒，討他的好。」

「二爺，你有閒情逸致，我可不能和你胡扯，我得先走一步。」菊花兒說着跑了回去。

唐卓人望着菊花兒搖晃着大辮子的背影兒好笑，回頭對林鳳儀和姚春蘭說：

「說眞的，如果老祖宗把菊花兒賞給王大牛，我心裡可不服氣。」

「要是王大牛眞的看上了，那可不能不給。」林鳳儀說。

「他北方侉子，何曾見過菊花兒這樣好水色的俏丫頭？」唐卓人說：「我眞怕他烏龜吃大麥，糟蹋糧食。」

「眞是皇帝不急倒急壞了太監，」姚春蘭好笑。「現在還早呢！」

「雖然伯母沒有接來，他也跑了一趟，沒有功勞有苦勞。」林鳳儀說：「如果他眞的急着成家，我們也不能失信。」

「大表嫂，妳和外婆對王大牛那麼厚，對老杜又怎樣交代？」李毓靈不服氣地說。

「老杜不是個俗人。」林鳳儀說：「金銀財寶買不動他，媳婦兒他又不要，他的生養死葬自然由我們負責。」

「老杜知不知道？」李毓靈問。

「不必對他明講，免得老杜說我們俗氣。」林鳳儀說。「一講出來反而見外了。」

「少奶奶說的是，」姚春蘭說：「杜老前輩是個高人。」

菊花兒又跑過來，笑着說：

「少奶奶，姚姑娘，你們再不過去，老太太、姑奶奶可要生氣了。」

「這丫頭口口聲聲少奶奶、姚姑娘，簡直目中無我！」唐卓人笑罵。

「二爺，男女有別。你不講規矩我可要講點兒規矩。」菊花兒笑着說。

「這丫頭拾了老太太一點兒牙慧，一知半解，就在我面前賣起來了？」唐卓人也好笑。

「二爺，恕我孔夫子面前賣文章。」菊花兒一笑，碎步跑開，又回頭對林鳳儀姚春蘭說：「少奶奶、姚姑娘，快來！」

「菊花兒眞嬈！」李毓靈說：「她眼裡沒有表哥，也沒有我，乾脆把她賞給王大牛，讓她吃葱吃蒜啃大餅算了！」

大家聽了都好笑。林鳳儀笑着說：

「表弟也長心了！」

「我也聞到了一點兒醋味。」唐卓人笑着接嘴。

「表哥，我是帮你說話，你怎麼反咬我一口？」李毓靈笑着問唐卓人。

「你要是當着菊花兒的面說，我就佩服你。」唐卓人說。

「那她怎麼下臺？」李毓靈問他。

「想不到你還會憐香惜玉？」唐卓人笑了起來。

「說不定他長大了還會青出於藍呢！」林鳳儀笑着插嘴。

「表嫂，我要是二表哥，早單槍匹馬把王公顯幹掉！」李毓靈昂首挺胸說。

「難怪錦心說你是個小革命黨！」唐卓人指着李毓靈笑罵。

他們邊說邊走，不知不覺到了菊花亭。

老太太和女兒唐蕙青坐在亭子中間，石桌上擺滿了嫩菱、鮮藕、沙果。李毓靈望見了連忙跑過去。老太太笑着對林鳳儀他們說：

「你們姍姍而來，好吃的東西都吃光了。」

「老祖宗，菊花兒是叫我們賞月，可沒有叫我們吃東西？」林鳳儀笑着回答。「不然我們早來了！」

「如果說叫你們吃東西，那不變成賄賂了？」老太太笑着說。「要我買通你們來賞月，這種事兒我可不幹。」

大家都被老太太逗笑了。唐卓人笑問：

「老祖宗，您怎麼厚此薄彼？只叫嫂嫂和春蘭，不叫我和表弟？」

「你們兩個俗人，懂得賞什麼月？」老太太說。

菊花兒站在一旁吃吃地笑。李毓靈笑着對唐卓人說：

「表哥，讓他們雅人賞月，我們俗人吃東西。」

他大口大口地吃，唐蕙青笑着阻止：

「不要沒有規矩，外婆還沒有吃呢！」

李毓靈隨手遞一個沙果給老太太，老太太接過來，端詳了一會兒纔說：

「雨後送傘，我可不見情。」

「娘，這也是您慣了的，怪不得他不懂禮貌。」唐蕙青笑說。

「好呀，你們母子兩人，吃了我的，喝了我的，還要派我的不是，我爲着何來？」老太太眨眨眼睛，笑問女兒外孫。

「姑媽，老祖宗要討古債了！」林鳳儀笑着對唐蕙青說：「我們都還不起，還是不吃爲妙。光看月亮總不要租稅銀子？」

唐蕙青和老太太都大笑起來。姚春蘭笑彎了腰。李毓靈笑着拍手。唐卓人笑着說：

「還是嫂嫂的嘴利，這纔叫做青出於藍呢！」

「鳳兒，你挑撥我們母女情感，」老太太忍住笑說：「冷不妨他一石二鳥，連妳也打中了。」

「老祖宗，二叔是報先前一箭之仇。」林鳳儀說。「他說表弟憐香惜玉，我說表弟青出於藍，他就現買現賣了。」

「好，你們都是七孔玲瓏心，誰也不弱。」老太太笑着說：「只有我老糊塗一個人吃虧。」

「姚姑娘，妳見過吃虧的人能活到八十高壽的沒有？」林鳳儀笑問姚春蘭。

「少奶奶，我孤陋寡聞，可不知道？」姚春蘭笑着回答。

「妳怕得罪老祖宗，我纔不怕。」林鳳儀說：「我見過吃虧的人都是骨瘦如柴，兩根線兒吊得起來，活不到三十歲。那些吃魚吃肉佔便宜的人，纔長得又肥又胖，活到八十歲，看起來纔五十郎當……

……」

她的話還沒有說完大家都笑了起來。老太太更笑得前仰後合。指着林鳳儀說：

「鳳兒，妳嚼舌根，小心天雷打。」

「老祖宗，現在皓月當空，」林鳳儀笑指天上的月亮說：「月裡嫦娥正要看您老人家的笑話兒呢！」

老太太笑出了眼淚，用手絹揉眼睛，菊花兒連忙替她搥背。林鳳儀用葱管兒一般白嫩的手指，揀了一顆嫩菱肉，送到老太太的嘴邊說：

「老祖宗，您佔便宜活了八十歲，吃了這粒菱肉就長生不老了。」

老太太把菱肉咬進嘴裡，搖搖頭一笑：

「眞沒有辦法！玉皇大帝也愛奉承，我就吃她這一套。」

大家又笑起來。老太太指着林鳳儀笑着對姚春蘭說：

「妳是行家，她的唱功好，做功如何？」

「老太太，取笑了。」姚春蘭笑着回答。「少奶奶一片孝心，眞是少有。」

「姚姑娘，妳別捧她，她已經被我寵壞了。」老太太高興地說。「此後我可要多疼妳一點兒。」

「老太太，那我可不敢當？」姚春蘭驚喜地說。

「姚姑娘，哄死了人不償命。」林鳳儀說：「老祖宗一向是這樣收買人心。」

大家又笑。老太太笑着跺腳：

「妳還不快點兒住嘴？把這些東西吃掉！」

大家一心說笑，忘記了吃東西。林鳳儀一面說「罪過，罪過！」一面分給大家吃。

唐錦心挾着胡琴婳婳來遲。林鳳儀抓了一大把嫩菱肉給她，她把胡琴交給唐卓人，把菱肉一個一個向嘴裡拋。

「錦丫頭還是這麼淘氣。」唐蕙青笑着搖頭。

「她大樹底下遮蔭，該她樂的。」姚春蘭說。

「姚姐姐，今兒晚上妳唱幾段什麼戲？」唐錦心問姚春蘭。

「看老太太的高興？」姚春蘭望望唐老太太。

「隨妳，妳愛唱什麼就唱什麼。」老太太說。

於是她唱了一段「六月雪」。

這時林鳳儀包了一包嫩菱、鮮藕、沙果，遞給李毓靈說：

「表弟，偏勞你送給老杜和王大牛吃，丫頭去不大方便。」

李毓靈匆匆跑到前面來，未上魁星樓，就聽見細如游絲的簫聲。這聲音十分好聽，只是有點兒淒清。他駐足傾聽，發覺簫聲是從魁星樓飄來。到底是誰吹的呢？怎麼吹得這麼好？是老杜嗎？以前沒有聽見他吹過；是王大牛嗎？他是個傖老，粗人，他怎麼會這種文人雅士的玩藝兒？李毓靈聽笛子簫聽得太多了，他父親會吹，他大舅唐曼青會吹，他二表哥唐卓人也會吹，他大表嫂林鳳儀也會吹，其中以唐曼青林鳳儀吹得最好，但唐曼青中氣不足，現在很少吹，林鳳儀家務太忙，現在也很少吹。但他們兩人都沒有城裡青雲觀裡的那個道士吹得好。去年夏天，也是一個皓月當空的夜晚，他和唐卓人兩人在湖邊散步，看見那個道人高髻青袍，坐在湖邊一棵大柳樹下獨自吹簫，簫聲飄過澄清的湖面，穿過柳林，格外好聽，他和唐卓人都捨不得走，聽了一個多鐘頭。唐卓人說那個道人是位高手，很少聽過。現在他覺得魁星樓上飄下來的簫聲比那道人吹得還要好聽！細如游絲而綿綿不斷很難，沒有充足內斂的中氣辦不到。他爲了想知道到底是王大牛還是老杜吹的？他悄悄躡足上樓，發現老杜和王大牛都坐在平台上賞月，老杜盤膝而坐，雙手握着一管紫銅色的洞簫，抵在唇邊，聲音宛如一曲清溪，從他唇邊透過簫孔緩緩流出。王大牛像個呆頭鵝，坐在欄杆邊，紋風不動。

王大牛看見李毓靈上樓，連忙起立。老杜如老僧入定，沒有旁顧。李毓靈走近他的身邊纔說：

「老杜，眞想不到你還有這手絕招兒！」

老杜慢慢轉過頭來，微微一笑：

「毓少爺，你不在後面熱鬧，上魁星樓來做甚麼？」

「大表嫂叫我送東西來給你們兩位吃。」李毓靈把那包東西遞給他。

「多謝少奶奶的美意。」老杜揀了一粒菱肉，塞進口裡，把一包東西都交給王大牛：「你嚐嚐看？」

「咱眞沒有想到少奶奶這麼賢德！」王大牛接過東西說。

「老杜，老太太他們都在菊花亭賞月，你的簫吹得這麼好，不如到菊花亭去吹給大家聽。」李毓靈說。

「毓少爺，簫不宜在大庭廣衆中吹，」老杜笑着回答：「簫如隱士，只宜在月朗星稀，夜深人靜時吹。恕我不能到菊花亭去。」

「吓？吹簫還有這個規矩？」李毓靈奇怪地望着老杜。

「毓少爺，不是規矩，」老杜笑着搖搖頭：「吹簫講究這個調調兒，它不是蓮花落。」

「老杜，要是二表哥聽見你的簫聲，他會許你一個簫聖。」李毓靈說。

「毓少爺，我不敢望什麼聖，什麼賢，我吹簫不過是偶爾消遣。」

「那你是簫仙了？」

「也談不到。」老杜淡然一笑。「不過我覺得成仙比作聖賢好。」

「老杜，鳳凰谷是世外桃源，魁星樓更是一塵不染，你莫非打算在這兒成仙得道？」李毓靈問。

老杜哈哈大笑，拍拍李毓靈說：

「毓少爺，你別開我老花子的玩笑！傳出去可要笑掉人家的大牙。」

「老杜，你眞怪！」李毓靈打量他：「二表哥和姚姑娘的性情我摸得一淸二楚；老太太和大表嫂的脾胃我也看得眞。只有你是個丈二金剛，使我摸不着頭腦。」

老杜笑了起來，把李毓靈輕輕一推：

「毓少爺，回到菊花亭去和大家熱鬧熱鬧，不要纏着我老花子，免得過你一身窮氣，過你一身虱子。」

李毓靈只好下樓。未到菊花亭，就聽到姚春蘭唱「刺湯」，悲悲切切，廻腸盪氣。他奇怪怎麼今天晚上她偏唱悲劇？

他走到亭邊時姚春蘭剛好唱完。他笑着對大家說：

「今兒晚上我的耳福眞不淺！在這兒聽了姚姑娘的戲，在那邊又聽到老杜的簫。眞是此曲只應天上有，人間那得幾回聞？」

「喲！表弟居然抖起文來了？」唐錦心取笑他。

老太太和唐蕙菁她們都笑了起來。唐卓人奇怪地說：

「老杜也會吹簫？」

「三表哥，他比你吹的好得多！」李毓靈說：「連靑雲觀裡那個道人都比他不上。」

「奇了，眞有這回事兒？」唐卓人說。

「眞的，我從前也沒有聽過。」林鳳儀說。

「嫂嫂，叫他過來吹給大家聽聽。」唐卓人說。「我們家裡幾位高手，未必都不如他？」

「大表嫂，不行。」李毓靈搖搖頭。

「怎麼不行？」林鳳儀問。

「我請過他，他說簫如隱士，不是蓮花落，不宜在大庭廣衆中吹。」李毓靈說。

「那他倒眞是個知音的人！」唐卓人說。

「這樣看來，老杜眞不簡單。」老太太說。「我們不要糟蹋了人。」

「是，老祖宗。」林鳳儀說：「我可沒有把他當作下人，我始終把他看作客卿。」

「老太太，」姚春蘭說：「我看杜老前輩眞是個奇人！要不是您和少奶奶兩位知人善任，那就留不住他了。」

「四川猴子河南人牽。」老太太笑着說：「老杜能在舍下一躭三四年，我都有點兒奇怪！莫非彼此有緣？」

「老祖宗，是您洪福齊天。」林鳳儀笑着說：「什麼好事兒都趕到我們家來。」

「鳳兒，娘就喜歡這個調調兒，」唐蕙菁笑着說：「這一下妳眞拍個正着！」

大家都笑起來。老太太又笑得前仰後合。菊花兒連忙把她扶住。

月兒慢慢爬上中天，格外明亮，鳳凰谷的夜色美得令人着迷，大家都不想去睡。連唐曼青也帶着王姨娘出來，坐在綠蔭亭裡靜靜欣賞了。

第七二章　老杜潛城擒首賊　春蘭投地謝深恩

老杜爲了寬寬姚春蘭的心，離開鳳凰谷之前，還特地來向她報告：

「姚姑娘，我去打聽老太太的下落，妳有什麼吩咐？」

姚春蘭正和林鳳儀下棋，連忙停手，站起來說：

「老前輩，大熱天不必出去海底撈針。家母要是眞的逃出城來，自然沒有危險，要是還在王公覇手裡，你去也無益。」

「妳的話固然不錯，」林鳳儀說：「我們也要盡心。或者機會湊巧，老杜就可以把她帶到鳳凰谷來，讓妳們母女相會，大家不是更高興了？」

「少奶奶說的是。」老杜馬上幫腔。

「昨兒晚上要是伯母在座，老太太會更高興。」林鳳儀說。

「既然如此，那就只好麻煩杜老前輩了。」姚春蘭說。

「說不上麻煩，」老杜回答。「一來我可以散散心，二來我也可以探聽南軍什麼日子攻城？」

「老杜，要是再見到姚老太太，你可別錯過機會。」唐卓人說。

「要是眞有上次那種機會，我不惜開開殺戒。」老杜回答。

「老前輩，你可別船頭上跑馬？」姚春蘭連忙說：「要是有個三長兩短，我母女兩人都承擔不起。」

「姚姑娘，妳放心，我去了。」老杜拱拱手，一笑而別。

他和林鳳儀演的這齣雙簧，姚春蘭一點也不知道。她坐下來繼續和林鳳儀下棋。

她的棋沒有林鳳儀好。林鳳儀自小在家琴、棋、書、畫、詩、詞、歌、賦樣樣都學，樣樣都有根底。她人又聰明，往往青出於藍，她父親都不是她的對手。嫁到唐家之後，她丈夫也不是她的對手，唐卓人也輸給她，只有唐曼青在這些方面不弱於她。但唐曼青身體不好，又礙於公媳名分，沒有和她下過棋。姚春蘭下棋完全是剽學的，看了人家下一盤棋她就會下，但練習的時候不多，又沒有研究過棋譜，所以功力不夠，這是相棋。圍棋她就完全不會了。

林鳳儀的棋力雖然可以讓她雙馬或雙炮，但她怕影響姚春蘭的自尊心，所以一子未讓。而唐卓人又不時參謀參謀，等於兩人對一個，因此也能撐持一下。

看棋的還有李毓靈和唐錦心。他們兩人完全中立。李毓靈的棋力比唐卓人還高。唐錦心經過林鳳儀的指點和熏陶，棋力也不弱。李毓靈看了一會之後，就對大家說：

「老杜走了，我去魁星樓看看王大牛。」

「毓少爺，你怕他跑掉是不是？」姚春蘭笑着問他。

「害人之心不可有，防人之心不可無。」李毓靈回答。「要是他趁機溜走，那不白費老杜一番心血，壞了大事？」

「毓少爺眞是人小見識多。」姚春蘭讚了他一句。

李毓靈順手拿了一包五香瓜子，來到魁星樓。王大牛本來躺在竹床上休息，看見李毓靈上來，翻身坐起，笑臉相迎。他已經脫下袈裟，換上老杜的衣褲，更像個鄉下人。

李毓靈把瓜子遞給他，他說了聲「多謝」。李毓靈問他：

「你怎麼不和老杜一道出去？」

「昨天咱白跑一趟，今天派不上用場。」王大牛回答。

「多一雙耳目不是更好？」

「咱兩天不歸隊，他們會起疑心。」王大牛說。「萬一碰上他們，咱就很難脫身。如果他們把咱當反叛辦，咱的腦袋瓜子就保不住；就算說咱吃裡扒外，咱也吃不消。何況瘦皮猴的事咱也無法交代，所以咱還是躲在鳳凰谷好。」

「你看老杜今天進城能不能找到姚老太太？」李毓靈問。

「這可說不定。」王大牛支吾地說。

「她一向住旅館客棧，除非王公覇把她關起來，沒有找不到的。」

「或許她逃出來了呢？」

「你別把我當姚姑娘，」李毓靈看了王大牛一眼說：「除非她長了翅膀，不然休想出城。我大表嫂的話不過是安姚姑娘的心。」

「小少爺，你是個聰明人，咱可不會說謊。你要是不告訴姚姑娘，咱就對你實說。」

「你說吧，我不會告訴她。」

於是王大牛一五一十地告訴李毓靈，李毓靈大吃一驚說：

「那老杜進城不是又白跑一趟？」

「他出去本來是哄姚姑娘的，不一定進城。」王大牛說，隨後又問：「小少爺，你看見過砍頭沒有？」

「我娘不許我看。」李毓靈說。

「從前在家咱也沒有看過，也不敢看。」王大牛賣弄地說：「吃糧以後，咱看的可多了。」

「你不怕？」

「起初也怕，後來越看膽子越大。小少爺，當劊子手可眞不簡單啦！」

「你當過沒有？」李毓靈好奇地問。

「咱用槍子兒斃過人，當劊子手可不夠格。」王大牛老實說。

「當劊子手還講資格？」李毓靈好生奇怪，望着王大牛說。

「小少爺，當劊子手可要懂得刀法，不是亂砍。我比給你看──」王大牛一面說一面比劃，然後手肘猛然向李毓靈一拐：「咔嚓一聲，像削瓜一樣，乾淨利落。」

李毓靈駭了一跳，怔怔地望着他。隨後他又謙虛地一笑。

「剛才咱不過是比給你看，咱可沒有那麼大的本事。此外，劊子手還有一樣絕招兒。」

「什麼絕招兒？」李毓靈又好奇地問：

「挖人心。」

「挖人心幹嘛？」

「下酒。」

「怎麼挖法？」

「用刀尖兒在胸膛一剮，腳尖兒在背後一踢，心就蹦了出來，還會跳呢！」王大牛飛着口沫說。

「劊子手怎麼這樣狠心？」

「他們說吃了人心膽子更大，殺人時手不會顫抖。」

「什麼事兒不好幹？偏要幹這種斷子絕孫的事兒！」

「小少爺，三百六十行，行行都有人幹。說穿了還不是爲了吃飯？」王大牛說：「小少爺，你托祖上的洪福，加之你們貴地又是魚米之鄉，你怎知道世上有賣兒賣女，人吃人的事兒？」

李毓靈生下來就席豐履厚，錦衣玉食，根本不知道飢寒是怎麼一回事？也想不到有人爲了吃飯殺人？這眞是奇聞！他楞頭楞腦地望着王大牛，好像王大牛是來自另一個世界的人。

「小少爺，別這樣看人。」王大牛向他一笑：「咱講的可是實話，杜老前輩的閱歷比咱多，不信你可以問他。」

「老杜是個怪人！」李毓靈說：「他肚子裡的典故比我外婆的還多，就是不肯對我講眞話！」

「小少爺，大概杜老前輩怕你的嘴不牢？」王大牛說。「剛才咱告訴你的事兒千萬別對姚姑娘講，不然杜老前輩會怪咱的！」

「放心，我不是長舌婦。」李毓靈像大人一樣說話：「不過我怕紙包不住火，他的謊話總有一天會揭穿。」

說完以後他就下樓，又回到林鳳儀這邊。她們還在下棋，姚春蘭士相不全，馬又陷在河那邊。林鳳儀架着當頭炮，連環馬已經攻入腹地，她的樣子十分悠閒。

李毓靈打量姚春蘭一眼，覺得她還蒙在鼓裡，暗自同情。她的棋又岌岌可危，想不出對策，他忍不住說了一句：

「飛炮打馬，拚車。」

這是一着殺手，破釜沉舟，不然沒有幾步好走。姚春蘭果然照走，棋路就活了。

林鳳儀抬頭望望李毓靈，展顏一笑：

「真是士別三日，刮目相看。表弟，你可以當軍師了。」

「大表嫂，妳才是女諸葛呢！」李毓靈笑着回答：「我們幾個人同心合力也不是妳的對手。」

「毓少爺，多謝你的指點。」姚春蘭望着他說：「王大牛在不在魁星樓？」

「在。」李毓靈點點頭。

「你看他會不會溜？」

「他已經騎上了老虎背，不能溜。」李毓靈說：「妳們安心下棋好了。」

她們繼續下棋，蘭花兒站在林鳳儀後面替她打扇，梅花兒也站在姚春蘭後面替她打扇。唐卓人捏着白紙扇輕輕搖動。天氣很熱，蟬兒叫得十分起勁。簷前的畫眉却一聲不響。林鳳儀寵愛的大黑貓躺在廊下睡懶覺。

這是一盤和棋，林鳳儀可贏不贏。下完以後林鳳儀回頭對蘭花兒說：

「去把井裡的西瓜撈起來，大家解解暑。」

蘭花兒應了一聲是，隨卽去井邊撈起一個撫州大西瓜，有二三十斤重。她雙手抱着很吃力，梅花兒趕去帮忙。兩人抬過來，林鳳儀一分兩半，叫梅花兒送一半過去給老太太吃。

「太多，老太太她們一頓吃不了。」梅花兒說。

「吃不了留着晚上再吃。」林鳳儀說。「西瓜脹不壞人。」

林鳳儀把西瓜切成一片片，每片厚薄大小十分勻稱。姚春蘭讚美她的刀法，李毓靈却想起王大牛講的劊子手砍頭如切瓜的話，加之瓜瓤又是紅紅的，他心裡不是味兒。當別人都拿起一片片西瓜往嘴裡送時，他却袖手旁觀。林鳳儀好生奇怪，笑着問他：

「表弟，這西瓜是沙瓤的，好得很，你怎麼不吃？」

「今天胃口不好，不想吃。」他支吾地說。

「眞是稀奇事兒，」唐錦心啃了一大口西瓜，嘴邊紅紅的，邊吃邊說：「表弟會不吃西瓜？」

李毓靈看了她紅紅的嘴唇，彷彿滿嘴是血，忽然反起胃來，哇哇作嘔。姚春蘭連忙問：

「是不是中了暑？」

李毓靈搖搖頭，在一旁坐下，不看他們吃。大家都很奇怪，但誰也想不出是什麼原因？

姚春蘭忽然想起老杜，心裡過意不去，禁不住對林鳳儀說：

「這樣的大熱天，我們在屋裡吃西瓜，杜老前輩却在大太陽底下趕路，我眞怕他中暑？」

「這你倒可以放心，」林鳳儀說：「他不像表弟，這麼嬌嫩，他寒暑不禁。」

「杜老前輩眞非常人，」姚春蘭又想起那天晚上牆頭的人影：「不知道他是怎麼練的？」

「俗話說：只要功夫深，鐵杵也磨成針。」林鳳儀說：「練武比學文更難，半點兒也不能僥倖。」

「老杜練了這身功夫，沒有上馬殺敵，救國救民，反而作了一個花子，落在我們家裡，投閒置散，實在可惜。」唐卓人說。

「二叔，好漢不提當年勇，他過去的事兒我們不知道，我們不能以花子看他。」林鳳儀說。

「少奶奶說的對，我們不能以成敗論英雄。」姚春蘭說：「我總覺得杜老前輩已經看破紅塵，爐火純靑，現在好像是遊戲人間？」

「姚姑娘，我也有同感。」林鳳儀說：「人要修到生死榮辱置之度外，很不容易。何況是奇才異能之士，熱血男兒？」

「大嫂，老杜就是老杜，花子就是花子，沒有什麼稀奇，妳們怎麼越談越玄了？」唐錦心忽然插嘴。

「錦心，妳還年輕得很！」林鳳儀向她一笑：「世道艱難，人生如夢，你閱歷不深，自然覺得老杜沒有什麼稀奇。歷來壯志未酬的英雄豪傑之士，或披髮佯狂，或遯跡深山，不知道有多少？老杜未必不是此道中人？他落在我們家裡，豈為衣食？我們又給了他多少好處？」

「嫂嫂說的是良心話，」唐卓人說：「老杜在我們家裡，除了三餐一宿，沒有任何報酬。」

「這倒不是我不給，是他不要。」林鳳儀說：「所以你要他行刺王公覇，我期期以為不可。」

「大嫂，這個大熱天，妳又為什麼要他去打聽姚老太太的下落？」唐錦心反問。

「錦心，這是周瑜打黃蓋，一個願打，一個願挨。」林鳳儀回答：「何況這沒有什麼危險。」

「要是被北軍逮住，還不是把他當探子辦？」唐錦心說。

「真的，以後還是不要麻煩杜老前輩。」姚春蘭說。

大家吃吃談談，半個西瓜快吃完了。林鳳儀看看還有三塊未動，便說：

「大家都吃過了，還三塊正好留給表弟、老杜、王大牛三人吃，有反對的沒有？」

自然沒有人反對，林鳳儀便叫蘭花兒保存起來。李毓靈却要一起送到魁星樓去，林鳳儀說了聲「得罪」，便讓他用托盤端了過去。

晚飯後，老杜還沒有回來，大家都有些奇怪。前兩次都是晚飯時回來的。

林鳳儀悶在心裡，不形於色。姚春蘭生怕他被北軍逮住當探子辦，有些坐立不安。她為了急於知道母親的下落，更希望老杜早些回來。

可是老杜這時正泡在城外兩三里地的一個小茶館裡。

原來他離開鳳凰谷後，並未急於進城。他沿途打聽南軍的消息，察看動靜。茶館九流三教都有，耳報神又多，他逢茶館就進去坐坐，聽聽別人談話，看看三教九流人物。起先那兩家茶館，沒有什麼收穫，茶客談的都是捕風捉影的新聞，傳奇的故事，和寡婦偷人，閨女懷孕之類的野話。來到這家之後，坐了不久，就進來了一個年輕的賣瓜客人，他和主人打了一個招呼，就交頭接耳。老杜看他不像賣瓜的，不免生疑。他去茅房，老杜也尾隨而去。他在小解時，老杜在他肩上輕輕一拍。他一驚，回頭瞪了老杜一眼：

「你這個老花子怎麼這樣無禮？」

「老弟，恕我老花子冒失，」老杜向他一笑：「我請問你，你是南邊的，還是北邊的？」

「你別胡扯！」他一面繫褲子一面瞪着眼睛回答：「我什麼也不是，我是個賣瓜的！」

「老弟，眞人面前不說假話，你不要騙我。」

他上下打量老杜一眼，反問老杜：

「你是幹什麼的？」

「我是個要飯的。」老杜笑着回答。

那人一聲冷笑，眼睛一橫，劍眉一豎：

「你找錯了戶頭！要飯的怎麼找我這個賣瓜的？」

「老弟，我是個眞要飯的，你是個假賣瓜的。我有點兒困難，或許你能帮個小忙？」

「你要是眞餓了，我可以給你一個香瓜充飢，別的忙我可帮不上。」

「老弟，我看你有點來歷，這個忙你可以帮得上。」老杜堆着笑臉說。

「見你的活鬼！你别和我窮囉嗦！」那人手一揚，想把老杜打進糞窖裡去。

老杜舉手一格，那人彷彿打在鐵柱子上，痛得叫了起來。老杜笑着對他說：

「老弟，别隨便動手打人，萬一把我打進糞坑，那不臭死我老花子？」

那人啼笑皆非，一臉驚恐。老杜又笑着對他說：

「老弟，你說實話，我老花子沒有惡意，決不會害你。」

「你既無惡意，何必多管閒事？」

「我說了我有困難。」

「你有什麼困難？不妨說說看？」

「我有個朋友，受了寃枉，關在牢裡，我想救他出來。」

「這比登天還難！」

「那倒不見得！」老杜輕鬆地一笑：「如果你是北軍，可以替我行行方便。」

「我不是北軍！」那人用力搖頭。

「如果你是南軍，也可以帮我刼獄。」

「我也不是南軍。」那人又搖搖頭。

「老弟，你這就不老實了！」老杜笑着取下他的破草帽，指着他說：「像你這樣的白面書生，也

冒充賣瓜的？如果進城，那不白送了性命？」

那人臉色青一陣、白一陣。老杜又說：

「如果你說了實話，幫了我的忙，我老花子對你多少也有點兒用處。」

「如果你肯發誓，不洩漏我的身份，我纔告訴你。」

「我老花子說話算話，不慣發誓。」老杜回答：「如果你說實話，我決不洩漏天機；如果你不說實話，我就請你進糞窖去。」

那人害怕，連忙對老杜說：

「我說，我說——」

他欲言又止，老杜指着大糞窖說：

「如果你不想說，那就自己跳進去，免得我費手腳。」

那人想起自己的手還在隱隱作痛，看看糞窖，又髒又臭，便哭喪着臉說：

「我是南軍。眞倒楣！第一次幹這勾當就碰上了你！」

「老弟，算你命大。」老杜拍拍他。「幸好是遇上我，要是碰上北軍的偵緝隊，你的腦袋瓜子就要分家。我再問你：茶館老板是什麼人？」

那人吞吞吐吐，老杜又說：

「我說了我無惡意，只是想借你們的大力，幫幫我的忙。」

「老板是小站長，他蒐集北軍情報。」那人說：「你要是肯供給他消息，他會重用你。」

「我老花子不要他重用。」老杜說：「他要是肯幫我的忙，我自有報答。公平交易，他決不會吃虧。」

「那你自己去和他講。」

「可要你作個引線。」

那人只好和他一道走進茶館，恰巧沒有別的客人，那人向老板輕輕地說明原委，老板用鷹眼打量了老杜一眼說：

「借一步說話。」

老板走進後面一個小房間，老杜跟了進來，賣瓜的在前面把風。

「我這個樁子既然被閣下識破，那我們不妨打開天窗說亮話。你有什麼要求？儘管提出來。」老板說。

「老板，我可不是故意要挾。」老杜說：「我也是受人之託，忠人之事。」

「什麼事？閣下不妨直說。」

「有一個人關在牢裡，我想劫獄，但是沒有幫手。你們人多，可不可以助我一臂之力？」

老板猶豫了一會，面有難色地說：「現在時機還未成熟，不好打草驚蛇。」

「你看什麼時候可以動手？」

「還得幾天。」老板持重地說：「我們也有不少人關在裡面，萬一劫獄不成，反而提前送了他們的性命。」

「那我們合夥幹這件事兒，時間由你決定。」

「你住在那兒？我怎麼通知你？」老板機警地問。

「我遠在天邊，近在眼前。」老杜回答。「我會隨時來這兒請教。」

「你就是一個人？」

「我一向獨來獨往。」

「你手無寸鐵，怎能刼獄？」老板懷疑地望望老杜。

「我老花子替你們搖旗吶喊，壯壯膽也是好的。」老杜故意裝蒜。

「好吧！」老板無可奈何地說：「只要你不掀我們的底，一有機會我就告訴你。」

「放心！」老杜笑着拍拍他的肩，他的身子突然矮了下去，差點雙膝跪地，老杜三個指頭挾着他的上衣往上一提，他又站了起來，老杜從容地說：「我老花子再窮，也不會出賣你們。」

老板又驚又喜，抱歉地說：

「恕我有眼不識泰山。」

老杜淡然一笑，邁步出來。

一位四十來歲，穿着灰色紡綢長衫，搖着紙扇的人走了進來。一看見老板就說：

「奇聞，奇聞！眞是奇聞！」

「趙先生，城裡又出了什麼稀奇古怪事兒？」老板堆着笑臉問。

「李老板。」姓趙的把紙扇一收，指着他說：「唱老旦的也私通南軍，送了性命！」

老杜聽了一怔，隨即在姓趙的對面坐下。老板倒退一步，笑着說：

「趙先生，你別嚇唬人！唱戲的人怎麼會私通南軍？」

「王公覇出了堂堂的佈告，城門樓上掛了人頭，我還騙你不成？」姓趙的一屁股坐在躺椅上，身子向後一靠：「泡盅龍井，來盤包子，眞倒楣！以後沒有戲看了！」

「難道戲園子關了門不成？」老板問。

「不關也得關！」姓趙的憤憤地說：「前幾天，跑了臺柱姚春蘭，現在又殺了獨一無二的老旦，去了這母女兩人，還有什麼戲好看？」

「趙先生，你知道姚春蘭是爲什麼跑的？」老板問。

「有人說她愛上了一個小白臉，有人說她是南軍的內線，究竟是怎麼回事兒？我們臺下的人怎麼知道？」姓趙的兩手一攤。「不過我看不到她的戲總是事實。」

「說不定母親是受了女兒的累，未必眞的私通南軍？」老板說。

「天知道是怎麼回事？」姓趙的說：「現在人心變了，今天同時斬的，還有一個魚販子。」

「反正都不與他王公覇沾親帶故，他愛殺誰就殺誰。」老板說。

老杜想一看究竟，悄悄走了出來。賣瓜的跟在後面，問他到什麼地方去？他說進城。

「老前輩，你可不能放水？」賣瓜的牽着老杜的衣袖惶恐地說。

「老弟，你看我可是那種人？」老杜又好氣又好笑地回答。

「老前輩，不是我怕死，是我怕壞了大事。」

「你放心，我不會壞你們的事，我倒希望你們早日成功。不知你們什麼日子攻城？」

「老前輩，這我也不知道，不過瓜熟了自然會摘。」

「好，回頭見，我去去就來。」

老杜一口氣走到城外，老遠他就望見城門樓上掛着兩顆人頭，一男一女，女的頭髮繫在竹桿上，不是像男的用鐵絲穿着耳朵。他走近一看，的確是姚老太太。他想把頭摘下來，帶回去讓姚春蘭見一面，然後安葬，免得無人收屍，作個孤魂野鬼。但是現在正夕陽西下，天還未黑，衆目昭彰警衛森嚴之下，不能下手。他希望做得人不知鬼不覺。他望望人頭，覺得需要一點東西包裹，不能提在手上走路。本來他不想進城，但是現在不能不進去。

他在城裡一家布店裡買了五尺黑大布，又匆匆趕出城，他打聽清楚要到九點鐘才關城門，他又回到茶館來等。

那個姓趙的客人和賣瓜的都走了。老板看見他來馬上笑臉相迎。老杜對老板說：

「李老板，我還有一點事兒要辦，要多打擾一會兒，請你拿兩盤包子充充飢。」

老板親自給他端了兩盤熱包子過來。老杜一口一個，老板坐在他旁邊，一面看他吃，一面和他搭訕：「老前輩有什麼緊要的事兒要辦？」

「比起你們來倒不算是什麼大事兒，」老杜回答：「不過今兒晚上我一定要辦好。」

「要不要兄弟帮忙？」

「這種小事兒我一個人還辦得了，多謝美意。」

「老前輩不要見外，只要兄弟能夠辦到，你只管吩咐好了。」

「李老板，真要你帮忙時，我一定會來找你。」老杜喝了一口茶說：「我們一回生，二回熟。希望你不要像那個賣瓜的小老弟一樣多心。我是你們的朋友，不是敵人。」

「是，以後還請老前輩多多關照。」老板站起來恭恭敬敬鞠了一躬。「北洋軍閥不是我們幾個人可以打倒的。」

「本來我是野鶴閒雲，」老杜抹抹嘴說：「可是現在却和王公覇有了糾葛，不能置身事外了。」

老板聽了喜形於色，正想問他，有客人進來，老板便笑着和客人打招呼去了。

直到茶館打烊，客人星散，老杜纔離開。這時到城裡的路上已經斷絕行人，他估計城門已經緊閉，却耽心月色如銀，不易隱蔽。幸好東邊天上湧起一陣烏雲，他躲在一棵大楊樹後面等待機會。那塊烏雲終於慢慢爬了上來，遮住月亮。他在路邊撿起兩個鵝卵石，迅速地跑近城下，隱隱約約望見那兩顆人頭還掛在竹桿上，他原先以爲有衞兵在城頭守望，結果沒有發現。他丟下石頭便像壁虎一樣爬了上去。想不到剛爬上城垛，一個衞兵揹着槍從城樓裡走了出來，沒有發現他，他却併着中指食指照準衞兵的玉枕骨一指，衞兵哼都沒有哼一聲，倒了下去，他取下姚老太太的頭，縱身一躍，飄下城牆，急行兩三里路，纔展開黑布，把頭包好，這時他纔發現姚老太太的眼睛沒有閉上。

一陣急雨之後，烏雲又漸漸散開。他提着人頭，行走如飛，趕到鳳凰谷口，碉堡裡有人喝問，一看是他，便走了出來。正想和他說話，老杜却先開口：

「對不起，我有急事，明天再談。」

他便一溜烟地跑了進來。

魁星樓下的大門已經緊閉，他這才想起提着人頭進去很不吉利，他便繞到馬房那邊，把人頭掛在楓樹枝上，然後縱上圍牆，跳了進來。

林鳳儀、姚春蘭、唐卓人他們還沒有睡，正在焦急地等待老杜，生怕他出了岔子。

老杜突然進來，他們三人一躍而起。驚喜交集，圍了過來。林鳳儀問：

「老杜，有什麼好消息沒有？」

「少奶奶，事出意外。」老杜回答，臉色凝重。

「老前輩，莫非我娘——？」姚春蘭哭喪着臉問。

「姚姑娘，」老杜拍拍她：「不要傷心，令堂歸天了。」

姚春蘭啊的一聲，暈倒過去，老杜托住她，唐卓人連忙把她抱住，過了一會纔哭出聲來。

老杜敍述經過，長話短說，然後向林鳳儀告罪：

「少奶奶，爲了成全姚姑娘一片孝心，我斗膽把姚老太太的頭取了回來，掛在楓樹上，請少奶奶發落。」

「老杜，百行孝爲先，你作得很好。」林鳳儀說：「我們先去看看。」

姚春蘭哭得十分傷心，聽老杜說把她母親的頭取了回來，連忙向他雙膝一跪，磕了一個響頭。老杜連忙把她拉起：「姚姑娘，不必如此。義之所在，我老花子就是粉身碎骨也在所不計。」

「老前輩，我代亡母叩謝大恩。」姚春蘭哭着說：「我結草啣環也要圖報。現在請您帶我去吧！」

老杜帶着他們三人，來到楓樹底下，把黑布包裹取了下來。姚春蘭搶上去把包裹抱在懷裡，雙膝跪地，痛哭失聲。她一邊哭一邊把包裹打開，看見姚老太太睜着眼睛望着她，她心頭一驚，悲從中來，又暈了過去。

林鳳儀看見那雙睜大的眼睛，瘦骨嶙峋的臉，也哎呀一聲，轉過頭去，不敢再看。

唐卓人把姚春蘭抱在一邊，過了一會纔甦醒過來，又要搶過去，被唐卓人和林鳳儀拖住。林鳳儀一面吩咐驚起的喜兒：

「快去我房裡拿紙錢來燒！」

喜兒很快拿來一綑紙錢，却不敢走過去。老杜接了過去燃燒起來。

姚春蘭哭着膝行過去，接過紙錢，一張一張地燒，邊哭邊說：

「娘，女兒不孝！害得您身首異處，難怪您死不瞑目！我們母女流落江湖，相依爲命，受盡委屈。您想多賺點兒錢養老，女兒也癡心妄想擇人而事。想不到我們母女兩人都是黃連命，又偏偏遇到了煞星，落個這樣的下場！您不瞑目，女兒又怎能安心？……」

姚春蘭一字一淚，終於伏地痛哭起來。

林鳳儀唐卓人也站在旁邊落淚。老杜揉揉眼睛說：

「姚姑娘，別哭了。我們同是天涯淪落人，妳們母女的心情，我老花子最能體會。天氣炎熱，妳還是暫時節哀，看看怎樣料理令堂的後事吧？」

姚春蘭慢慢抬起頭來，擦擦眼淚，望着林鳳儀說：

「少奶奶，我們母女兩人都打擾您，現在又是這樣措手不及，我方寸已亂，不知如何是好？」

「姚姑娘，天氣炎熱，我看伯母入土爲安。」林鳳儀說。

「嫂嫂，我們趕快去買個壽材，把伯母收殮起來。」唐卓人說。

「三更半夜，那兒去買？」林鳳儀搖頭一笑：「一波未平，一波又起，如果張揚出去，準會惹禍上身。」

「嫂嫂，那怎麼辦？」唐卓人着急地說。

「老太太倒有一個上好的壽材，我看我們兩人去向老祖宗商借一下，如果老太太應允，就連夜安葬，神不知，鬼不覺，免得張揚出去。」林鳳儀說。

「少奶奶，我重孝在身，恕我不能去見老太太，」姚春蘭哭着說：「您就說我求老太太開恩，日後我縱然賣身，也要還她一副更好的壽材。」

「姚姑娘，言重了。」林鳳儀說：「我一定盡力而為。」

唐卓人走過來，拍拍姚春蘭說：

「不要說這樣的話，妳的事就是我的事。我縱然放棄這萬貫家財，隨妳跑江湖賣唱，也要借到老太太的壽材。」

「二少爺，我拖累了你。」姚春蘭又哭了起來。

「春蘭，六親同命，我們兩人禍福不分。」唐卓人低下頭去對她說：「以後不要再分彼此了。」

「姚姑娘，二少爺說的是。」老杜也安慰她：「別說你們兩位禍福不分，連我老花子也有了糾葛。有福我雖然不敢同享，有禍我一定同當。妳放心好了。」

「姚姑娘，妳順變節哀要緊，大熱天不要傷了身體。」林鳳儀也安慰她。「伯母的後事暫時草率一下，王公覇一旦滾蛋，我們要好好地超度她。以後的事兒妳就更不必就心了。」

姚春蘭聽見大家這樣說，暫時止住哭泣。林鳳儀對唐卓人說：

「二叔，事不宜遲，我們去見老太太。」

唐卓人連忙跟着林鳳儀走。

院子裡靜悄悄的。唐步青夫婦和丫鬟等都已入睡。唐卓人的母親也已入睡，只有他父親房裡燈還亮着，飄出一陣陣鴉片香味。

他們走到老太太這邊來，老太太也已入睡。林鳳儀在窗口叫醒菊花兒，菊花兒起來開門，他們進來又把老太太叫醒，老太太和女兒唐蕙青一床睡，結果兩人都起來。老太太看他們兩人半夜來叫她，就知道有不尋常的事兒，她先問林鳳儀：

「是不是出了紕漏？」

「婆婆，您老人家不要驚慌，」林鳳儀輕輕地說：「姚老太太歸天了。」

「吓？」老太太一屁股跌坐在太師椅上。唐蕙青也目瞪口呆。

林鳳儀源源本本報告老太太。老太太聽完便說：

「天氣炎熱，趕快收殮！」

「我和二叔正為此事來請示您老人家。」林鳳儀說：「為難的是一時找不到壽材？」

老太太沉吟了一會，便說：

「也是姚老太太有福，你們就把我那副壽材送給她吧！」

「多謝老祖宗！」唐卓人馬上抱拳作揖。

「娘，您那副壽材是二十年前從柳州謀來的，得來不易，您也不考慮考慮？」唐蕙青說。

「蕙青，棺材過得六月，死人過不得六月。」老太太說：「姚老太太死得好苦，如果姚姑娘不是和老二的關係，她就用不着挨這一刀！我們送她一副好壽材也是應該。如果我眞有福氣，你們再給我準備一副更好的也來得及，大概我一年半載還能挨。」

「老祖宗，您積德延年，日後就是要金棺銀棺，我和春蘭也要辦到。」唐卓人說。

「這是後話。」老太太對唐卓人說：「你們辦不辦得到，我兩眼一閉，什麼也不知道。你們還是趕快料理姚老太太的後事吧，最好今兒晚上全部辦好。」

「葬在後面山上行不行？」林鳳儀問。

「姚太太算是客卿，不宜喧賓奪主，葬在祖坟右邊好了。」老太太說：「她要是能佔到一點兒風水，也是應在姚姑娘身上，將來還是落在我們家裡。」

「要不要先報告爹和二叔一聲？」林鳳儀說。

「免得節外生枝，」老太太說：「今兒晚上你們悄悄地辦好，一切由我擔承。」

於是他們叔嫂兩人把長工馬伕統統叫起，囑咐他們禁聲，悄悄地把一具紅漆大棺材抬了過來。又囑咐姚春蘭不要哭。

老杜把姚老太太的頭重新包好，放進棺材。姚春蘭撫棺飲泣。林鳳儀忽然想起她房裡有一罐檀香末，拿了過來，洒在姚老太太的頭上。馬房裡有一擔石灰，也挑了過來，倒進棺材裡面。入殮完畢，長工馬伕把棺材抬上山，林鳳儀他們送到墓地。她遵照老太太的指示，指揮長工在祖坟右邊一箭之地挖掘墓穴，這一帶林葱木茂，地形氣勢很好，據說唐家高祖葬到了靈穴，子孫就發達起來。

墓穴挖好，老杜和長工小心地把棺材放了下去，隨即掩上泥土砂石，泥土砂石落在棺材蓋上發出咚咚的響聲，姚春蘭又搥胸頓足號啕大哭。唐卓人扶着她，林鳳儀在旁勸解。

大家七手八腳終於堆起一座新坟，這時已經月落星沉，天色反而比先前黑暗。

姚春蘭跪下去燒紙錢，火光照得人影幢幢，紙灰到處飛揚。燒完紙她又磕了幾個頭，哭着說：

「娘，我害了您！您等着吧，我要討回這筆血債！」

第十三章 施巧計老杜行險 報深仇春蘭痛心

姚春蘭因為身在客中，不敢身穿重孝，只是自己做了一個白絨球，戴在鬢邊。可是她心裡十分哀痛，很想復仇，但她又不敢明講，怕唐卓人、老太太和林鳳儀他們反對。她約老杜陪她上坟，悄悄地把自己的意思告訴老杜。

「姚姑娘，妳的孝心我很瞭解。」老杜說：「可是妳是一個女流，手無寸鐵，要殺王公覇談何容易？」

「老前輩，解鈴還是繫鈴人。」姚春蘭說：「王公覇因為沒有得到我纔殺我娘，我準備自己送上門去找機會殺他。」

「姚姑娘，妳這不是送肉上砧？」老杜搖搖頭說。

「老前輩，古人說不入虎穴，焉得虎子。我不這樣做，怎能報仇？」

「姚姑娘，現在時機不對，王公覇不會那麼蠢。妳想想看：他未殺令堂之前，妳逃走了；他殺令堂之後，妳又自投羅網，這不是別有用心是什麼？難道他連這一點也看不破？」

「或許他色迷心竅，天要助我滅他也說不定？」

「不能盲目冒險，」老杜用力搖頭：「妳這是肉包子打狗，有去無回。」

「老前輩，不出此下策，怎能報這血海深仇？」姚春蘭哭了起來。

「姚姑娘，君子報仇，三年不遲，不可冒失。」

「老前輩，我娘因我慘死，我寢食不安。」姚春蘭抹着眼淚說：「我恨不得馬上取下王公覇的首紉，在我娘坟前祭奠。」

「姚姑娘，妳這樣作不但成功的機會很少，妳和二少爺的事兒又如何交代？這豈不是沖槓挑水，兩頭失塌？」

「老前輩，如果我幸而能保全清白，我自然是二少爺的人；如果萬一失身，那只有和他再結來生緣了！」姚春蘭又傷心落淚。

老杜沉吟了一會兒，嘆口氣說：

「姚姑娘，古人說殺父之仇，不共戴天。妳殺母之仇，自然也是一樣。妳既然有報仇的決心，我也不便阻擋。不過你要考慮兩件事：一是要想出一個能使王公覇信得過的理由妳纔能進城去；二要使二少爺和老太太她們能成全妳的孝心，讓妳走。然後再考慮成敗，最少不能白送性命。這是我老花子的愚見，不知道妳意下如何？」

「老前輩年到力到。」姚春蘭說：「我也知道在家母慘死之後我突然進城接近王公覇，他一定會生疑心，可是我一時又想不出一個妥善的主意，不知道老前輩有什麽高見？」

「姚姑娘，妳這一下倒難住我了！」老杜抓抓蓬亂的頭髮苦笑。「我們兩人共同動動腦筋如何？」

姚春蘭點點頭，隨即跪在母親坟前禱告：

「娘，您死得好慘，女兒一定要爲您報仇，您如有靈，請給女兒出個主意？」

姚春蘭跪了半天，還沒有得到啓示，倒是老杜忽然靈機一動，馬上對姚春蘭說：

「姚姑娘，妳起來，我倒想了一個餿主意，妳看怎樣？」

姚春蘭連忙爬起，急切地說：

「老前輩，那一定是個好主意了？」

「姚姑娘，談不上好。」老杜回答：「不過除了這個餿主意之外，我眞想不出別的辦法。」

「老前輩，您快點兒講吧！」姚春蘭輕輕跺腳。

「我想到綁票。」

「綁票？」

老杜點點頭。

「綁誰的票？怎麼綁法？」

「姚姑娘，王公覇綁不到，自然是綁妳的票。」

「是你綁我？還是別人來綁？」

「姚姑娘，這是個將計就計的法子。」老杜說：「那天妳逃出城時，王公覇不知道。令堂也一定沒有吐實，不然王公覇不會宰她。」

「有理。」姚春蘭點點頭。

「現在不說妳是逃，要說妳被綁票。」

「王公覇怎麼會相信？誰又有這麼大的本領？」

「他損失了一個偵緝隊員，失蹤了兩個偵緝隊員，城門樓上丢了一顆人頭，又死了一個衞兵，他就不能不相信有能綁走妳的人。」老杜說：「何況他整船的軍火都被炸掉，在這種兵慌馬亂的時候，什麼事兒不會發生？」

「可是綁我又有什麼作用？我不過是個唱戲的，又不是什麼要人。」姚春蘭說。

「姚姑娘，妳要記住妳是個紅坤伶。」老杜特別提醒她。「每月包銀兩三千大洋，這還不是個肥羊？」

「可是那也只能向我娘勒索，扯不上王公霸，何況根本沒有人向我娘勒索？」

「第二天我不是去找了令堂？他們知道我和令堂說些什麼？妳不可以說我勒索？」

「王公霸把你當作綁匪那怎麼辦？不是又要砍頭？」

「自古道，強盜當中也有好人。妳不可以說我只是遞風報信，而且暗中救了妳的性命，把我說成個大恩人？」

「這倒使得。」姚春蘭點點頭說：「事實上您也是我的大恩人。」

「戲是這麼唱，恩怨不談。」老杜淡然地說。

「老前輩，把您說成個大恩人又怎樣？」姚春蘭問。

「這是一個伏筆，或許妳用得着我老花子。」

「老前輩，把你捲進去我實在不安。」

「姚姑娘，我老早就捲進來了。」老杜向她一笑：「現在我並不想臨陣脫逃。」

「多謝老前輩！」姚春蘭向他雙腳一跪：「沒有您我眞有點兒心慌，恐怕到了那種節骨眼兒反而不能成事！」

「姚姑娘，快起來！」老杜雙手把她拉起：「我縱然拚了老命，也不能不成全妳。」

「老前輩，我母女兩人眞不知道怎樣報答您？」姚春蘭簌簌落淚。

「姚姑娘，我老花子作事從來不圖人報，還在妳們母女身上打什麼算盤？別俗套了，我們繼續商量吧。」

「老前輩，我們是不是早點兒進城？」姚春蘭說。

「慢來，慢來，這不是小孩兒辦家家酒，沒這麼簡單。」老杜笑着搖手。

「還有什麼過節？」

「多呢！」老杜回答：「第一，要用綁匪的口氣，寫封信給王公覇，說明綁架妳的原委，還要敲他一竹槓，這纔像那麼回事兒。妳還得寫封親筆信向他求援，他就會信以爲眞了。」

「我寫信沒有問題，綁匪的信誰寫？」姚春蘭說。

「由我代筆。」老杜指指自己。

「老前輩，打熱趁鐵，我們就在這兒把草稿擬好，回去抄一遍就是，免得回到唐府商酌不便。」

「沒有紙筆怎麼起草？」

「我有鋼筆。」姚春蘭隨手在衣襟上取下一枝鋼筆遞給老杜，又指指地上的錫箔錢紙說：「將就一下如何？」

「我老花子還沒有用過這新鮮玩藝兒，不知道如何寫法？」老杜望着鋼筆一笑。

姚春蘭教他寫，老杜說了聲「眞巧！」便在地上拾起幾張錫箔，半跪在地上，放在膝頭，反過來寫：

公覇司令麾下：

紅坤伶姚春蘭已被我們綁架多日，我們曾向姚母要求贖金一萬銀洋，交易尚未談妥，閣下竟將姚母問斬，斷了我們財路，眞是豈有此理！頃據姚女供稱：閣下原有意納伊爲小星，已許身價銀子兩萬，交易未成，伊已落入我們手中，彼此彼此，既往不咎。閣下如仍欲納姚女為小星，只須付身價銀子一萬兩，人貨兩訖，原璧歸趙。交款時間七月十三日戌時，地點城外十里關帝廟，只准一人騎馬來洽，如用伏兵，當即撕票，並小心閣下腦袋！

老杜寫時，姚春蘭蹲在旁邊看。他寫到這兒，突然停筆問姚春蘭：

「妳看行不行？」

「老前輩設想周到。」姚春蘭點點頭。

老杜把草稿往口袋一塞，把筆交給姚春蘭說：

「現在妳寫，注意我們兩人的話要前後相符，不能有一點兒破綻。」

姚春蘭點點頭，也撿起幾張錫箔，蹲在地上起草：

公覇司令大人：

弱女春蘭不幸，落入虎口，本有生還侍奉大人希望，怎奈大人不察，誤斬家母，贖金無着，徒喚奈何！叨在大人往日垂青，曾許家母重金納聘。現彼輩僅索一萬大洋，望　大人如期携款來贖，以解倒懸。一萬大洋，不但可充弱女身價銀兩，亦可贖大人誤斬家母前愆，一舉兩得，原璧歸趙。事不宜遲，望　大人三思！

弱女姚春蘭襝衽

「姚姑娘，妳寫是寫得很得體，只怕有些字王公覇不認識？」老杜打趣地說。

「老前輩，反正他有軍師。」姚春蘭說。「萬一他不上鉤那又怎麼辦？」

「妳說了他色迷心竅。」老杜說。「我看他會派人來。」

「萬一不來呢？」

「那就再想辦法。」

「如果他上了鉤那又怎麼辦？」

「那我陪妳去，助妳一臂之力。」

「有老前輩暗中維護，我就膽壯多了。」姚春蘭把草稿塞進懷裡。忽然又想起那一萬塊銀洋，禁不住問老杜：「老前輩，我拚着一死，那一萬塊銀洋又有什麼用？」

「姚姑娘，本來我想獅子開大口，要王公朔兩萬，又怕他不肯上鉤；這一萬大洋却大有用處。一半給老太太修墓，一半我另有支使，有錢能使鬼推磨，妳明不明白這個意思？」

「多謝老前輩提醒，不然我眞糊塗了！」姚春蘭連忙點頭：「到底我們女人智短！」

「姚姑娘，不是女人智短，是妳當局者迷。」老杜說。「我們第一步計劃到此爲止，下山去吧。」

姚春蘭連忙把錫箔紙錢燒掉，磕了兩個頭，就和老杜一道下山。

姚春蘭一回來，林鳳儀就問她：

「姚姑娘，妳怎麼悄悄地上坟？不叫我陪也該叫二少爺陪。」

「少奶奶，昨兒晚上折騰了你們一個通宵，怎麼能再打擾你們？」姚春蘭回答：「我請杜老前輩陪我去了。」

「以後要去上坟，先告訴我和二少爺一聲，好陪妳去。」林鳳儀說。

「少奶奶，上坟的事兒以後恐怕要偏勞二少爺了？」姚春蘭說着不禁眼圈兒一紅。

林鳳儀機警，聽她話中有話，不禁一怔，連忙問她：

「姚姑娘，此話怎構？」

「少奶奶，我要報仇。」姚春蘭哭了起來。

「姚姑娘，冷靜一點。」林鳳儀拍拍她：「雞蛋怎麼能碰石頭？」

「少奶奶，家母死得太冤太慘。」姚春蘭說：「此仇不報，我一輩子也不得安寧，麻煩您請二少爺過來，我要當着他的面，把我的計劃講清楚，免得虧負他。」

林鳳儀一面打發蘭花兒去請唐卓人，一面勸她：

「姚姑娘，伯母已經不幸，不要再造成不幸。再說，妳是二少爺的紅粉知己，二少爺對妳是一片眞心，現在雖然妳重孝在身，不便馬上辦喜事，但遲早要完成大禮，妳應該特別珍重纔是。」

「少奶奶，多謝您的指點。剛纔杜老前輩也對我講過這類的話，但這個險我不能不冒。還希望您在二少爺面前方圓幾句，免得他想不開。」

「姚姑娘，生死事大，兒女情長，我怎麼能向二少爺啓齒？」林鳳儀苦笑：「更何況老太太還指望妳接續唐家的香煙呢！」

「少奶奶，如果我有此福，亡母在天之靈會保佑我馬到成功；如果我無此福，縱然和二少爺天長地久，也未必能續府上的香煙？」

林鳳儀只好嘆氣，也無話可說。恰好唐卓人和蘭花兒匆匆趕來，望望她們兩人，連忙問：

「找我有什麼事兒？」

林鳳儀把姚春蘭的意思告訴他，他一把抓住姚春蘭說：

「春蘭，妳不想想妳到鳳凰谷來到底是爲了什麼？妳不能船頭上跑馬！」

「二少爺，我何嘗沒有想到？我比你更難過！」姚春蘭哭着說：「但我沒有想到弄巧反拙，送了娘的性命！」

接着她把她和老杜商量的計劃全盤告訴他。唐卓人說：

「我倒不躭心王公覇不上鈎，我躭心的是羊入虎口怎麼辦？」

「杜老前輩自然會有第二步計劃。」姚春蘭說。

「他不是諸葛亮，難道還有什麼錦囊妙計不成？」唐卓人說。又吩咐蘭花兒：「叫老杜來！」

「二少爺，杜老前輩是古道熱腸，你可不能責怪他？」姚春蘭拉着他說。

唐卓人點點頭。老杜一進門，他就問老杜：

「老杜，姚姑娘要冒險報仇，你也贊成？」

「二少爺，姚姑娘是一片孝心。我老花子怕的是她肉包子打狗，有去無回，所以纔出這個餿主意。如果你能勸住姚姑娘，那是最好不過，我老花子也樂得在魁星樓風涼幾年，何必去上刀山？」老杜不瘟不火地回答。

唐卓人啞口無言，轉過來勸姚春蘭打消報仇的念頭。姚春蘭說：

「二少爺，我既然蒙你錯愛，就請你替我設身處地想想。不管成敗如何？我既然來了鳳凰谷，活是你唐府的人，死是你唐府的鬼，沒有第二條路走。何況家母已經長眠在鳳凰谷？」姚春蘭哭了起來。

唐卓人也不禁落淚。

「二叔，」林鳳儀對唐卓人說：「姚姑娘的話已經說得明明白白，我們還是去報告老太太，讓她裁決吧。」

唐卓人點點頭，輕柔地對姚春蘭說：

「我們到後面去吧，看老祖宗怎麼說？」

姚春蘭順從地跟着他走。老杜不動。林鳳儀回頭對老杜說：

「老杜，你一言九鼎，你也來。」

老杜這纔跟在她的後面。

老太太昨兒晚上沒有睡好，那件意外的喪事也使她心神不安。她正躺在安樂椅上養神。菊花兒一手替她打扇，一手搖着安樂椅。唐蕙菁坐在她的旁邊陪她。李毓薇坐在她對面吟誦唐詩給她聽。老太太看見這麼多人一道來，老杜也在裡面，便知有事，連忙以手向菊花兒示意，叫她不要搖。自己隨即坐正，慈祥地向姚春蘭招招手，叫菊花兒端隻小櫈讓她在身邊坐下，摸摸姚春蘭的頭髮，勸她不要難過，她反而傷心地哭了。老太太把她摟在懷裡，安慰她說：

「不要難過，善有善報，惡有惡報，惡人不會有好下場的。」

「老太太，」姚春蘭抬起頭來揩擦眼淚說：「老天不管人間的事，我要自己報仇。」

老太太聽了一怔，望着她半天不作聲，然後笑問林鳳儀：

「鳳兒，這是怎麼一回事兒？」

「老祖宗，您既然問起，那我就對您實說了吧！」林鳳儀說。

老太太點點頭。

林鳳儀便源源本本地告訴她，一枝一節不漏，講得有條有理，清清楚楚。她不插嘴，林鳳儀講完以後她也不作聲，只是摸着姚春蘭的頭髮，慢慢地眼圈發紅，慢慢地滾出兩滴老淚。很久纔問老杜：

「老杜，少奶奶的話可是眞的？」

「是，老太太。」老杜肅立回答。

「老祖宗，春蘭進城是羊入虎口，您千萬不能答應她！」唐卓人急着說。

老太太摸摸姚春蘭的頭髮，又望望唐卓人，嘴唇顫動了幾下，纔慢慢開口：

「老二，姚姑娘唱戲演的是忠、孝、節、義，現在眞的臨到她自己的頭上，她要盡孝，我怎好阻擋？何況這裡面更有爲民除害的大義存在，她說了生是我唐家的人，死是我唐家的鬼，你還不知足？她識大體，明大義，你讀聖賢書所學何事？你不能太自私，辱沒了我們書香門弟。」

老太太這番話完全出人意料，說得唐卓人額上冒汗。姚春蘭仰起頭來看她。別人都不敢插嘴。隨後她又對老杜說：

「老杜，我知道你是個俠骨丹心的男子漢，我一向看重你，決不隨便指使你。這次你既然見義勇爲，我就不得不特別拜託你小心照顧姚姑娘。她年輕，又是個女流，這次羊入虎口，全靠你保駕了。」

「老太太，這件事兒我老花子既然承擔下來，自然萬死不辭。您老人家不講，我也明白。」老杜回答。

「那你就照計劃行事好了。你們走時，我要好好地爲你們餞行，壯壯你們的膽氣。」老太太說。

老杜鞠躬而退，又回頭對姚春蘭說：

「姚姑娘，請妳把信抄好，我好去打點一下。」

「老杜，你是準備單刀赴會，還是另有埋伏？」老太太問老杜。

「老太太，不瞞您說，昨天我和南軍的一個暗樁子搭上了線，不然我還不敢出這個餿主意。」老杜回答。

「好，薑是老的辣！有你出馬，我就放心多了。」老太太高興地說。

姚春蘭也起立告辭，老太太又安慰她幾句。

唐卓人林鳳儀都跟着她到前面來。唐卓人一直跟到她房裡，看着她用毛筆謄信。他想不到她還能寫出這樣的文字？又是一番驚喜，一番憐惜。

「春蘭，剛纔老祖宗教訓我，我固然無話可說，可是憑良心說，我實在捨不得妳去冒那麼大的風險！」唐卓人說。

「三少爺，天若見憐，祂會助我一臂之力，讓我回來和你長相廝守的。」姚春蘭紅着眼圈兒說。

「王公覇力大如牛，爪牙又多，我眞替妳躭心。」

「你忘記了有杜老前輩替我保鑣？王公覇縱有一身蠻力，那是他的對手？」姚春蘭破啼爲笑說：「說不定他還會找到帮手呢？」

「話雖是這麼說，虎豹窩裡到底總沒有鳳凰谷安全。」唐卓人說。

「你忘了古人說的不入虎穴焉得虎子這兩句話兒？」她望着他一笑說：「鳳凰谷裡只能撿鳳凰蛋，孵出一窩窩小鳳凰。」

「可惜我手無縛鷄之力，不然應當是我護妳去。」唐卓人說。

「三少爺，你這就錯了！」姚春蘭說：「你縱有天大的本事，一出面就會露出了馬腳。王公覇再蠢，也不會相信你是綁匪，更不會相信你是我的什麼恩人。他的妬嫉心大得很，更討厭白面書生，說不定一見面他眼裡就會冒火，掏出傢伙把你斃了，豈不是白送性命？」

「原先我們逃出虎口，實指望天長地久；現在妳又一個人自投羅網，萬一變生不測，我一個人活着又有什麼意思？」

「三少爺，你不比我，我是江湖賣藝的苦命人，你是王孫公子，唐府的命根兒。不問我吉凶如何？你可要千萬珍重！不然又加深我的罪過，那我就萬劫不復了！」

姚春蘭說着眼圈又紅了起來。

老杜忽然站在門外，輕輕地問：

「姚姑娘，膽好了沒有？」

姚春蘭點點頭，連忙折好交給老杜說：

「老前輩，您要小心了。」

「姚姑娘放心，最遲明天一定會到王公覇手裡。」老杜邊說邊退。

「老杜，天色不早，你什麼時候回來？」林鳳儀趕出一步問：「免得大家掛念。」

「少奶奶放心，無牽無掛，日落之前一定到家。」

老杜騎了一匹快馬，直奔出鳳凰谷口。他已經打好主意，直接去找南軍的暗樁子——茶館的李老板。這件事他需要和李老板合作，他相信李老板更需要他的幫助。

快到茶館時，他看見幾個野孩子在一棵大榕樹下玩泥巴，辦家家酒，邊玩邊唱：

七月初十鬼門開，
孤魂野鬼進城來；
冤有頭，債有主，
王公覇魂在望鄉臺。

他有點奇怪，不知道這支歌兒是誰編的？又是怎麼唱出來的？他聽了却暗自高興，打王公霸的主意的人一定不少，況他的人自然更多。這些小孩子也許不明白歌兒的意義？却順口溜了出來。

來到茶館門口，他把馬拴在茅房旁邊一棵大白楊樹下，走了進來，李老板一看見他，連忙笑臉相迎，吩咐泡茶。老杜走近他的身邊，悄悄地說：

「借一步說話。」

李老板馬上把他帶進後面的小房間，問：

「老前輩有什麼吩咐？」

「李站長，」老杜拍拍他的肩，沒有用力。「有件事兒需要我們兩人聯着手兒辦，你的好處多，我老花子可以說沒有丁點兒好處，你願不願意？」

「老前輩，你說說看？」李老板說：「只要兄弟使得上力，一定効勞。」

「如果你使不上力，我自然不會找你。」老杜坦率地說，同時掏出那兩封信遞給李站長：「你先看看這兩封信再說。」

李站長看完了兩封信，神色大變，尷尬地說：

「老前輩，我眞想不到你是綁票的？」

「李站長，別緊張！」老杜向他一笑：「我老花子是個善良百姓。俗話說：捨不得孩子套不住狼，這只是一個小計。」

「老前輩，我知道姚春蘭逃走的事，却不大清楚底細。」李站長說。

「李站長，我和你長話短說。」老杜說：「姚姑娘逃走是實，王公霸殺了她母親之後，現在她又決心自投羅網了。」

「那又何苦？」

「報仇嘛！」

「她如花似玉，手無寸鐵，能動得了王公覇一根汗毛嗎？」

「李站長，你看我老花子如何？」老杜笑問。

「如果老前輩出馬，自然手到擒來。」李站長連忙陪笑。

「我老花子決定拔刀相助，陪姚姑娘去臥底。」

「老前輩，那兄弟要先謝了！」李站長拱手彎腰一揖：「不瞞你說，我也計劃過這麼一招，可是總找不着機會，也找不到你這樣的高手。」

「李站長，現在你可以坐享其成了。」老杜說。「我只要你給我們掩護方便，王公覇如果上鈎，那一萬大洋你可以先得五千。」

「那怎麼好意思？」李站長笑着推辭。

「沒有什麼不好意思，你也要打點打點。」老杜說：「其餘五千，不是我要，是給姚老太太修墓，這點請你原諒。」

「姚老太太的頭都不見了，還修什麼墓？」李站長一笑。

「李站長，不瞞你說，姚老太太的頭是我老花子取走了，要修的就是這個墓。」

李站長聽了目瞪口呆，半天纔說：

「老前輩，那麼高的城牆，你是怎麼弄下來的？」

「李站長，這你不必過問。」老杜也向他一笑。

「這樣說來，城門樓子上的衞兵也是你打死的？」

老杜點點頭。

李站長一把抓住他，說：

「老前輩，你要是再取下王公覇的腦袋，那功勞簿上第一個就是你！」

「李站長，升官發財一概歸你。我老花子兩肩一口，要什麼功勞？」老杜說：「現在第一件事是請你把這兩封信在兩天之內送到王公覇的手裡，你辦不辦得到？」

「可以。」李站長點點頭。

「第二件事是十三那天戌時以前，請你派幾位化了裝帶着傢伙的手下在十里崗關帝廟等我，一方面提那五千大洋，一方面準備應變。」老杜說。

「那天我親自出馬。」李站長說。

「那就更好。」老杜說。「你們拿了錢之後就呼嘯而去，不要管我，讓我跟姚姑娘進城。」

「以後我們又怎麼聯絡？」李站長問。

「姚姑娘以前住在悅來客棧，進城以後還會住在那邊。」老杜說：「你們在城裡有什麼眼線，請先打個招呼，我也好去聯絡。」

「正巧！」李站長說：「悅來客棧的帳房先生就是我們的人，你有什麼事可以直接找他，特別通行證他都能弄到。」

「好，我們一言爲定！」老杜握握李站長的手說：「十三那天戌時以前在十里崗關帝廟見。」

第十四章 年少不明天地大 人老方知冰雪寒

老杜走後，林鳳儀姚春蘭他們一直有些耽心。他們不知道他怎樣把那兩封信送到王公覇的手裡？

唐曼青知道昨天晚上的事和老杜又離開鳳凰谷之後，很不高興，悄悄地把唐卓人叫過去訓斥一頓。

「我一向不大管你，總以爲你不會出什麼紕漏。想不到這次你的紕漏可出大了！」唐曼青剛抽過大烟，精神很足，手指在兒子的鼻尖上說：「前幾天那兩個假和尚闖上門來，你不對我講；昨天晚上那樣的大事你也瞞着我；剛才老杜又跑出去，這種兵荒馬亂的年頭，你有福不納福，你想翻船是不是？」

「爹，你一向享慣了清福，沒有誰敢打擾您，所以那些事兒都不敢叫您煩心。」唐卓人回答。

「你別給我和稀泥！」唐曼青跳了起來：「你出了這麼大的紕漏，也把我蒙在鼓裡，你眼睛裡還有我嗎？」

「爹，這些事老太太件件知道。」唐卓人說。

「怎麼？你把老天牌壓我？」唐曼青虎上前來，很想打兒子一個耳光，又中途忍住。王姨娘連忙把他拉過去，按在太師椅上坐下。

「老爺，你何必生這麼大的氣？」王姨娘勸他：「三少爺不告訴你其實是一片孝心，你不要會錯了意？」

「哼，孝心！」唐曼青鼻子裡哼了一聲：「分明是他的翅膀硬了，上面又有老太太護着，他就把我這個老子當紙紮人兒了！」

「爹，昨兒晚上的事我和嫂嫂都問了老祖宗要不要稟告您和二叔，老祖宗說半夜三更不要驚動您們，也不能張揚出去，所以我不敢講。」

「那老杜又跑出去幹什麼？你怎麼不告訴我？」

唐卓人不敢講，唐曼青追問，他纔吞吞吐吐說：

「爹，這件事兒我也不大贊成，老太太還訓了我幾句。」

「吓？是什麼神聖事兒？」唐曼青問。

唐卓人忽然靈機一動，想借父親的力量，把這件事兒打消，便源源本本告訴唐曼青。唐曼青聽了之後腳一頓，又指着兒子罵：

「你這個畜牲！姚老太太屍骨未寒，看樣子姚姑娘又會陪上一命！說不定連老杜那個老花子也會送命！我們一家人都會毀在你手裡……」

唐曼青氣得臉色發青，身子發抖。王姨娘馬上向唐卓人使了一個眼色：

「二少爺，老爺要休息了，你還不走？」

唐卓人乘機溜了出來，受了一肚子悶氣還不敢讓姚春蘭知道，只悄悄地告訴林鳳儀。

「二叔，爹只希望風不吹，草不動，過他的太平日子。」林鳳儀說：「自太平天國以來，鳳凰谷就是個安樂窩，我們家裡更得天獨厚，爹自然想躲過這場風暴。現在這個風暴吹到我們家裡來了，爹自然憂心，你也不能怪他。」

「奇怪，老太太都不怕事，爹是個男子漢，怎麼膽小如鼠？」唐卓人說。

「二叔，像老祖宗這樣的女流也不多。」林鳳儀向唐卓人一笑：「何況老祖宗是我們家裡的舵手，她怎麼能慌了手腳？」

唐卓人看她平日處事舉重若輕，昨夜也不慌不忙，禁不住說：

「嫂嫂，妳也是女流，妳也沒有像爹那樣怕事。」

「我是禿子跟着月亮走，沾了老祖宗一點兒光。」林鳳儀說：「我不能失她的面子。」

「這樣說來，我們家裡的男人都不成器了！」

「二叔，話也不是這麼說。船到橋頭自然直，祖上的餘蔭尚在，你們自然樂得享福了。」

「嫂嫂，妳看春蘭的意思有沒有辦法打消？」唐卓人調轉話頭。

「二叔，姚姑娘是個孝女，外柔內剛，何況老杜已經把信送出去了，騎上了老虎背就很難下來。」

「希望老杜打個回票。」唐卓人說。

「奇怪，老杜怎麼還不回來？」林鳳儀望望外面谷裡已經不見太陽。「不要又發生了意外？」

忽然傳來一陣得得的馬蹄聲，由遠而近。林鳳儀雙眉一展，自言自語：「大概是老杜回來了？」

唐卓人連忙趕到大門外來望，果然是老杜。老杜未到旗桿邊就先下馬，唐卓人趕上一步問：

「老杜，那兩封信怎麼處？」

「已經交出去了。」老杜回答。

「唉！」唐卓人拍了一下大腿。「我真希望你打回票，怎麼你就交出去了？」

「二少爺，我快馬加鞭就是爲送這兩封黑信，怎麼能打回票？」老杜懷疑地望着唐卓人：「莫非姚姑娘改變了主意不成？」

「倒不是姚姑娘改變了主意，是我剛纔挨了爹一頓訓。」唐卓人說。

「奇怪，大老爺向來不管事兒，怎麼現在又關心起來？」老杜說。

「爹怕樹葉兒掉下來打破頭。」

老杜聽了一笑，隨後又說：

「這也難怪大老爺。他風不吹，雨不打，享慣了清福，我們這種玩兒命的事兒他怎麼不怕？三少爺，要不是為了你和姚姑娘，我老花子也不願摻這一手。」

「老杜，我是惹禍的根苗！」唐卓人自譴地說：「既有今日，何必當初？」

「三少爺，冤有頭，債有主，這也不能完全怪你。」老杜說：「既然禍已上身，天塌下來也得頂。姚姑娘生死榮辱尚且置之度外，你挨大老爺幾句罵算得了什麼？更別說我老花子為你們賣命了。」

老杜這幾句話說得唐卓人滿面通紅，他連忙向老杜一揖：

「老杜，你說得對！我並不是後悔，只是挨了爹的罵，心裡氣悶。我不敢對姚姑娘講，希望你也一字不提。」

「我當然不會，」老杜說：「反正大老爺的話兒不能作準。幸好你們府上有兩位女中丈夫，不然我也不會留在鳳凰谷。」

「老杜，說來慚愧，我們家裡不能沒有兩位女丈夫，也不能沒有你。」唐卓人歉仄地說。

「三少爺，你言重了。」老杜向他一笑：「剛纔我說的是直話，可沒有別的意思。」

「好吧，你辛苦了，快點兒休息休息。」唐卓人說。

老杜把馬牽到馬房去。唐卓人逕自進來，林鳳儀姚春蘭都向他探問消息。

「老杜作事，還不是快刀切豆腐，一刀見底？」唐卓人回答。

「謝天謝地。」姚春蘭說：「但願日後也馬到成功。」

老太太打發菊花兒來請他們吃晚飯，唐卓人也跟了過去。老太太問林鳳儀：

「老杜回來沒有？」

「剛到。」唐卓人回答。

「他辛苦了，請他過來一道吃飯。」老太太一面說，一面吩咐菊花兒去請老杜。

菊花兒在馬房找到老杜，笑着對老杜說：

「老杜，老太太請你過去吃飯。」

老杜一楞，望了菊花兒半天纔說：

「菊花兒，妳聽錯了話找錯了人吧？」

「我又不聾，怎麼會聽錯了呢！」菊花兒回答。

「菊花兒，妳別和我老花子開玩笑，沒有這個規矩。」

「老杜，規矩是人興的，也是人廢的。」菊花兒說：「老太太看得起你，叫你去，你就去，何必拘禮？」

「菊花兒，坐在老太太席上，我會頭暈，」老杜笑着回答：「我是賤命，沒有這個福氣。」

「老杜，你怎麼也婆婆媽媽起來？」菊花兒望着他又好氣又好笑：「要是老太太請我坐首席，我也敢坐！」

「菊花兒，妳是初生之犢，我是老朽，胆子可沒有妳大。」老杜笑瞇瞇地說。

「嗨！你這人怎麼這麼不痛快？」菊花兒急得跺脚：「你到底去是不去？」

「菊花兒，就算妳沒有聽錯，妳看我這一身臭汗，坐上去也不相配，老太太他們吃進去了也會嘔出來，豈不罪過？」

「這樣說來你是不去了？」菊花兒打量他說。

「菊花兒，麻煩妳說我老花子心領就是。」老杜亦莊亦諧地說：「人生如戲，我老花子演什麼角色就要像什麼角色，當家院就不能充員外，這是我的原則。」

「我管你什麼圓窄扁窄！」菊花兒腰肢一扭，大辮子一晃，邊走邊說：「我就告你個倚老賣老，不識抬舉！」

「菊花兒，這玩笑可不能開！」老杜急得直叫。

「老花子，有種你就別來！」菊花兒回頭一笑，碎步跑開。

老杜十分尷尬，不知如何是好？

菊花兒回到後邊，老太太問她老杜怎麼沒有一道來？她屈屈膝說：

「老太太，老杜彷彿是皇宮內院出來的，禮數兒可大呢！也說不定是我的面子不夠？看樣子他是不會來的。」

「娘，是不是您和鳳兒把他寵大了？」唐曼青問。

「你不要錯怪了他，」老太太搖頭一笑。「老杜就是這些地方可敬。他知輕重，懂分寸，不亢不卑，恰如其份。他不來一定有道理，不是托大。」

「我去請他。」林鳳儀站起來說。

「少奶奶，不必妳勞駕，我去請杜老前輩。」姚春蘭也站起來說。

「妳坐下！」林鳳儀把姚春蘭一按：「我去最好。」

「對，四川猴子服河南人牽，鳳儀有這個本事。」老太太笑着說。

林鳳儀過來時，老杜正對着馬槽用冷水冲頭洗臉。他看見林鳳儀過來，連忙用腰布把水擦乾，笑臉相迎。

「老杜，是不是菊花兒講錯了話，冒犯了你？」林鳳儀笑問。

「沒有。」老杜欠身回答：「少奶奶，菊花兒好一張利口，眞會講話。」

「老太太好意請你過去吃飯，你怎麼不去呢？」林鳳儀說。

「少奶奶，一來沒有這個規矩，二少爺平時都不上老太太的桌，我怎麼能去；二來我一身汗臭，怕你們聞了作嘔。」老杜回答。

「現在洗過臉了，跟我一道去。」林鳳儀說。

「少奶奶，興個規矩可不容易，壞一個規矩倒不費吹灰之力，你考慮過沒有？」老杜問。

「這是老太太的好意，又不是天天如此，你不必顧忌。」林鳳儀說。

「下人很多，我怕別人看了不順眼，說我往高處爬，大家爭功邀寵，以後您就難得治理了。」老杜說：「既然您這麼說，我就僭越一次。」

林鳳儀帶着他來到老太太這邊，他先向老太太一躬，又向大家欠欠身子。老太太對他說：

「老杜，難爲你，你隨便坐。」

他看看八仙桌，坐得很稀疏，便選在姚春蘭和李毓靈之間坐下。

需卓人已經把老杜交出那兩封信的事告訴老太太，但老太太不知道他交給誰？因此又當面問他：

「老杜，那兩封信你是怎麼交出去的？」

「我交給南軍的暗樁子。」老杜回答。

「靠不靠得住？」老太太又問。

「十分可靠。」

「你是怎麼和他們搭上線的？」

「老太太，我是唬出來的。」

「吓？」老太太一怔，又笑着說：「暗樁子還能唬出來？」

老杜把原委告訴她，大家聽了都好笑。老杜又說：

「這也難怪，初出茅蘆的年輕人自然沒有那麼老辣，何況我是有心人，不然也找不出碴子。」

「如果人家不碰上杜老前輩這樣的高手，也不會吐實。」姚春蘭說。

「姚姑娘，還有一層：就是他們看出我老花子毫無惡意。說句不客氣的話，甚至想利用我。一個鍋要補，一個要補鍋，彼此彼此，所以今天一拍卽合。」

「你雖然安排了香餌釣鰲魚，不知道王覇公會不會上鉤？」老太太說。

「這要看王公覇那小子命該不該絕？」老杜說。

「如果他埋伏一連人，那不是甕中捉鱉？」唐卓人躭心地說。

「二少爺，行船跑馬三分險。」老杜說。「作什麼事兒都有點冒險，何況這種玩命的事？不過，我老花子也不作毫無把握的事。」

「你有什麼把握？」唐卓人又問。

「兵法上說：虛則實之，實則虛之。」老杜說。「王公覇是派一連人還是一排人來，或是一個人來？現在我還不敢講。但是他同樣不知道我們有多少人？」

「你們明明兩個人，他怎麼不知道？」唐錦心一知半解，冒冒失失地說。

「小姐，我玩了一點巧。」老杜向唐錦心一笑。「信裡的我是綁匪，不是一個老光桿。既然以匪自居，就不止三個兩個；既然能在城裡把姚姑娘綁出來，這個匪也就神通廣大。何況他為了姚姑娘損兵折將，城頭上又丟了人頭，死了衛兵，他王公覇就是吃了豹子胆，也會膽寒，妳以爲他眞的不要腦袋？」

「薑是老的辣，老杜眞是老謀深算。」老太太讚賞地說。

「還有一層，他不知道南軍什麼時候攻城？他晚上緊閉城門，作縮頭的烏龜，就是一個怕字——怕南軍乘虛而入。他知道我們是假綁匪，還是眞南軍？萬一靑石板甩烏龜，硬碰硬，他們就回不了城！」

「有理，有理。」林鳳儀和唐蕙靑頻頻點頭。

「所以在這種渾水的時候，最好摸魚；姚姑娘這粒香餌，是最好的疑陣。」老杜說。

「要是他不派人來呢？」唐錦心又說。

「不來那就再想辦法。」老杜說。

「王公覇是貪嘴的貓兒，不會不派人來。」姚春蘭說。

「姚姐姐，妳不怕那個凶神惡煞？」唐錦心天眞地問。

「從前我怕他，」姚春蘭回答：「現在我恨不得吃他的肉！」

「姚姐姐，我看妳還是先向老杜學幾下殺手。」唐錦心說：「免得事到臨頭，手忙脚亂，打蛇不着，反被蛇咬。」

「錦心，妳隔靴抓癢，只有這一下抓着癢處。」林鳳儀笑她。

大家都好笑。唐錦心也笑着說：

「大嫂，誰叫妳瞞着我？事先絲風不透？」

「錦心，這又不是什麼喜事兒，妳不知道更好。」姚春蘭黯然地說。

「姚姐姐，可惜我的武藝沒有學成，不然我一定替妳去取下王公霸的腦袋！」唐錦心說。

「不要看得那麼容易，」姚春蘭淒然一笑：「連杜老前輩也不敢冒失。」

「傻丫頭，這麼大的人了還懵裡懵懂。」老太太笑着罵唐錦心。

「老太太，錦心小姐如果是個男子漢，一定是個慷慨悲歌見義勇為的壯士。」老杜說。

「她這樣有口無心，那就要看她有幾個腦袋？」老太太望望孫女兒愛憐地說。

「娘，我看我們家裡眞有點兒陰盛陽衰？」唐蕙青說。

「姑姑，鳳凰谷的靈氣都被老祖宗拔盡了，別人自然分不到多少。」林鳳儀打趣兒。

「鳳兒，妳又貧嘴？」老太太笑着罵她。

林鳳儀笑着叫大家吃飯。老太太特別關照姚春蘭和老杜多吃菜。姚春蘭心裡難過，只是作作樣子，飯菜原封未動，老杜特別提醒她：

「姚姑娘，大仇未報，努力加餐，現在不是感傷的時候。」

「多謝老前輩指點。」姚春蘭強作歡笑，吃了一口。

「姚姑娘，我說了蓋是老的辣，妳該多聽老杜的話，吃飽睡足。報仇之後，妳哭三天三夜，我也不勸妳。」

「多謝老太太的金言。」姚春蘭點點頭：「不然我眞想不開。」

「姚姑娘，我們女人就是眼淚太多，所以成不了大事兒。」老太太說：「丈夫有淚不輕彈，所以男人能成氣候。」

「老祖宗，您這幾句話兒眞比孔夫子的『惟女子與小人爲難養也，近之則不遜，遠之則怨。』還高明。我們女人受了再大的寃屈也只會一哭、二餓、三上吊，寃屈未伸，自己先死，還能成什麼氣候？像姚姑娘這樣有點兒剛性的女人都很少有。」

「少奶奶，我實在是逼上梁上，不得不如此。」姚春蘭含淚說：「但願天可憐見，讓我娘瞑目。」

姚春蘭終於忍不住哭了出來，老杜輕輕地對她說：

「姚姑娘，如果妳不能忍住眼淚，到了那個節骨眼兒，心腸一軟，白送性命，那妳不如不去。」

「老前輩，上刀山，跳火坑，我也要去。您不必躭心。」

「姚姑娘，我知道妳不怕死。」老杜說：「不過，現在我打開天窗說亮話：我老花子危險的事兒可幹過不少，和娘兒們同生死共患難這可是第一遭。」

「老前輩，一切全憑指教。」姚春蘭恭敬地說。

「姚姑娘，指教不敢當。」老杜謙虛地說：「不過我比妳多吃幾盤飯，覺得行險僥倖的事兒要沉得住氣，喜、怒、哀、樂不形於色，這一點年輕人不容易辦到，年輕的女人更不容易辦到，不知道妳有沒有這份涵養？」

「老前輩，我的道行自然不深，不過我一定學個鎮定。」姚春蘭回答：「此外還要注意些什麼？」

「此外該笑的時候笑，該哭的時候哭，不想笑也得笑，不想哭也得哭。」老杜一面說一面打量姚春蘭：「姚姑娘，妳的戲唱得好，當然也唱過貂嬋這個角色，我想這點妳一定辦得到。」

「老前輩取笑了。」姚春蘭靦覥地說。

「姚姑娘，這決不是取笑。」老杜一臉正經地說：「對付王公覇這小子，用得着這一套，妳不妨學個笑裏藏刀。」

「姚姑娘，老杜的話對。」老太太說：「妳和王公覇要鬪智不鬪力。」

「多謝兩位的金言。」姚春蘭連忙點頭。

「現在請妳把這盌飯吃完。」老杜指指姚春蘭的飯盌說。

林鳳儀乘機給她加菜，她勉強把盌裡的飯菜吃完。平時她也只能吃一盌，在城裡唱戲時只吃半盌。

飯後老杜先告辭。老太太留大家聊天，免得姚春蘭獨自傷心。

李毓靈不愛聽女人談話，他跑過來找老杜。這一晝夜之間的變化太大了，他一直不明底細，想打破砂鍋問到底。

他到「魁星樓」來找老杜，王大牛說他洗澡去了。他到浴室看看，老杜也不在，他想老杜一定是到鳳凰溪洗去了。他知道老杜冬天也不洗熱水澡，更不願意悶在小房間裡面。他一口氣跑到鳳凰溪邊。

鳳凰溪離唐府有一里多路，溪這邊是一大片稻田，溪那邊是一大片草原，牛羊的牧場，唐家的馬白天也在那邊草原放牧，吃得膘肥肉壯。

李毓靈跑到溪邊時，老杜正泡在月下清溪中載沉載浮。溪水清可見底，河床都是光光的鵝卵石，但也有四五尺深，尤其是夏天，水位比較高。老杜把頭都浸在水裡，他那一頭亂髮，如果不在這種清水裡泡泡，那眞會生蝨。

李毓靈拾起一塊鵝卵石向他身邊一扔，咚的一聲，激起一團水花。老杜伸出頭來，笑問：

「毓少爺，你來幹什麼？」

「找你。」李毓靈回答。

「找我幹嘛？」

「我有話問你。」

「有話不會在家裡問？一個人跑到溪邊來不怕鬼？」老杜故意唬他。

他又向老杜扔了一塊石頭，逼老杜起來，老杜還是泡在水裡不肯起來。

「老杜，你再不起來，我把你的衣服拿回去，要你出醜。」李毓靈捲起老杜的衣服，作狀欲走。

老杜沒有想到他有這一招，便笑着對他說：

「毓少爺，鳳凰谷是禮義之邦，你可不能開這個玩笑？俗話說：醜了媒人，醜了小姐。我老花子不怕醜，就怕丟了你外婆家的臉。」

「那你乖乖起來？」李毓靈要挾地說。

「你把衣服放下，轉過頭去，向前走七步，我就起來。」老杜說。

李毓靈照做。老杜悄悄地起來，迅速穿好衣服，拍拍他的肩膀，他纔知道。

「老杜，你到底是人是鬼？」李毓靈笑着問老杜。

「毓少爺，你發什麼獺？」老杜笑着在草地上坐下，同時把李毓靈往下一按，李毓靈一屁股跌坐在草地上。「我老花子明明是人，怎麼會是鬼？」

「你從溪裡上來我怎麼一點兒也不知道？」李毓靈說。

「你又不是什麼老實人，讓你知道了我不出醜？」老杜笑着回答。

「老杜，說正經話。」李毓靈一臉正經地說：「這一晝夜之間，出了這麼大的事兒，你怎麼把我蒙在鼓裡？」

「你小孩子少管閒事。」老杜訓他。

「姚老太太殺了頭，怎麼你又要陪姚姑娘去報仇，人命關天，怎麼是閒事？」

「你大樹底下好遮蔭，反正天塌下來也不要你頂，關你什麼事兒？」

「聽說大舅二舅都不高興你和姚姑娘去。」

「爲什麼？」

「一來怕你送掉老命，二來怕惹禍上身。」

「又不是我花子攬着這筆生意做，他們怎麼不去對老太太講？」

「他們不敢冒犯老太太。」

「那不得了？你何必向我講這些廢話？」老杜嗤他。

「老杜，說眞的，」李毓靈向老杜陪個笑臉：「我看過七俠五義、小五義，我對歐陽大俠他們佩服得很，你是怎麼冒險來的？」

「喝，你原來是尋我老花子開心哪？我以爲你眞有什麼正經事兒呢？」老杜望着他說。

「這是正經事兒嘛！難道你辦的不是正經事兒？」李毓靈反問他。

「不管是不是正經事兒，我老花子爲人一向是作了不說，你休想套我的口供。」老杜封住他。

「老杜，你別端狗屎架子，」李毓靈故作生氣地說：「說良心話，我一來是替二表哥和姚姑娘難過，他們兩人情投意合，又愛皮黃這個調調兒，可以說得上心心相印。姚姑娘再進虎口，準是有去無還，不但他們兩人一場空，連我也白跑了腿。」

「你怎麼知道姚姑娘有去無還？」老杜問他。

「老杜，不管你有多大的本事，你能從老虎口裡拖豬不成？你能保證姚姑娘活着回來？」

「毓少爺，你可不能要我開保單？」老杜似笑非笑地說：「天有不測風雲，人有旦夕禍福，何況這本來就是船頭上跑馬的事兒？」

「既然你不能保險，那不成了棒打鴛鴦？」李毓靈瞪着老杜說。

「這是姚姑娘自願的事兒，可不是我慫恿她的。」

「你要知道我雖不殺伯仁，伯仁由我而死。如果你不壯着她的膽，或許她不敢去？」

「你以爲姚姑娘像你一樣說着玩兒的？」老杜嗤的一笑：「如果我不保駕，她眞會陪了清白，送掉性命。」

「以前我要你去刺王公覇，你怕死，不敢去。怎麼現在又自告奮勇？」

「毓少爺，你嘴上無毛，懂個球！」老杜笑着在他肩上一拍：「此一時也，彼一時也，我這叫做捨命陪君子，你知不知道？」

「萬一你也被王公覇宰了呢？」

「砍掉腦袋也不過盌口大個疤，」老杜摸摸頸子一笑：「我已經活了五十多歲，現在死也不算短命鬼？」

「看樣子你倒視死如歸？」李毓靈望着他笑。

「我老花子命賤，今天死不早，明天死不遲，從來不爲這件事兒躭心。」老杜也笑着回答：「不像你公子哥兒命貴，而且花未開，果未結，死了可惜。」

「姚姑娘也只開花，沒有結果，要是死了不更可惜？」

「當然可惜！如果眞的不幸，我老花子會第一個掉眼淚。」

「那你不讓她去不是更好？」

「褲腰帶兒打了死結，這是沒有辦法的事兒。」老杜說。「你二表哥都不能阻止她，何況我老花子？」

「我眞不明白，姚姑娘平日金枝玉葉兒的，溫柔得很，那天她看見人頭駭得花容失色，她怎麼也敢去殺人？」

「毓少爺，你不明白的事兒還多得很呢！」老杜摸摸他的頭說。「世界太大，你太小。等你活到我這一把年紀，就知道甜酸苦辣了。」

「老杜，我大舅也和你差不多的年紀，他怎麼不像你這個老古怪？」李毓靈問。

「你大舅是花房裡養大的，栽在缽裡。他子曰詩云比我唸得多，那像我老花子久經風霜？湯裡火裡都去過，吃葱、吃蒜、又吃薑？因此他怕事怕死，我老花子四大皆空，一切都無所謂，所以自由自在，可不是古怪。不說別的，我敢在鳳凰溪裡洗澡，你大舅就不敢。」

「我大舅愛面子。」李毓靈笑了起來：「不像你不怕出醜！」

「我老花子頂多出出小醜，可不出大醜。」老杜坦然地說。

「什麼叫小醜？什麼叫大醜？」李毓露問。

「現在你還分不清楚，我也不必對牛彈琴。」老杜笑着回答。

李毓靈氣得把一個鵝卵石往水裡一扔，老杜笑着對他說：

「毓少爺，你可別搞渾了水！我老花子就喜歡這一條清溪。現在有很多人就故意把水搞渾。」

「如果你不賣老，我就不會扔這個石頭。」李毓靈說：「可惜我沒有把水搞渾！」

「你現在火候不夠，自然搞不渾水。」老杜說：「一旦成了氣候，那就難保了。」

「不和你瘋言瘋語，我要回去。」李毓靈站起來拍拍屁股。

「毓少爺，你不怕鬼？」老杜笑着嚇唬他：「昨兒晚上我就把姚老太太的頭掛在楓樹上，說不定她陰魂未散？」

李毓靈駭得身上起鷄皮疙瘩，頭皮發冷，連忙挨着老杜不走。

「毓少爺，你怎麼不回去了？」老杜笑着問他。

「你陪我回去。」李毓靈用力拉老杜，可是老杜像釘在地上一樣。

「這兒的風水很好，我還想多坐一會兒。」老杜故意逗他。

李毓靈又用雙手推老杜，老杜還是紋風不動，反而哈哈大笑說：

「毓少爺，你快回去吃幾口奶再來。」

李毓靈啼笑皆非，在老杜肩上捶了一下：

「你這是什麼鬼？是不是千斤墜？」

「毓少爺，這是我老花子跑江湖、討飯吃的玩藝兒，可不能告訴你。」老杜笑着回答。

「老杜，你不回去，難道想在這裏投水？」李毓靈生氣地問他。

「毓少爺，我不能言而無信，姚姑娘的事兒還沒有辦好，我怎麼能投水？」老杜仍然嬉皮笑臉。

「老杜，你再不走，我要拔你的黃鬍子了！」李毓靈看着他那一寸多長的黃鬍子說。

「毓少爺，身體髮膚，受之父母，你可不能亂來？」老杜用手護着黃鬍子，用眼睛瞟着李毓靈說。

「你老命都不要，還要鬍子？」李毓靈瞪着他說。

老杜看他又氣又怕的樣子，心裡好笑，拉着他往下一按說：

「不敢回去就陪我老花子多坐一會兒，或許我陪姚姑娘自投羅網之後，你再也見不到我老花子了？」

「怎麼你也心虛了？」李毓靈幸災樂禍地說。

「不是心虛，」老杜笑着搖搖頭：「天下的事兒難說的很，謀事在人，成事在天。當年滿清政府要是眞有周全的準備，義和團如果不失敗，就不會喪權辱國，也不會有二十一條和北洋軍閥了。」

「老杜，你怎麼又談到義和團，你和義和團有什麼關係？」李毓靈奇怪地問。

「毓少爺，我六親無靠，和誰都沒有關係。我不過當故事講給你聽，哄你多坐一會兒。」老杜拍拍他說。

溪水很淸，溪邊很靜，稻田裡的流螢特別多，飛來飛去，像一盞盞小燈籠，搖搖晃晃，月亮已經爬過對面的山頭，照在溪上，溪水更閃着銀鱗般的光亮，使人心曠神怡。可是蚊蟲和螢火蟲一樣多，李毓靈又吵着要回去，老杜只好起來，笑着對他說：

「回去容易，我可不在路上等你？」

「怎麼？你想飛？」

「我又沒有長翅膀，怎麼會飛？」

「那我跟在你屁股後面好了。」

「好吧，我老花子先走一步。」

老杜說着轉身就走。身子輕飄飄，如行雲流水。李毓靈急得大叫，他纔停下來等。李毓靈跑上來氣吁吁地說：

「老杜，你是怎麼練成這雙飛毛腿的？」

「毓少爺，現在告訴你也無妨。」老杜神定氣閒地說：「有的人是綁鐵沙袋，我可穿的是石屐。」

「石頭怎麼可以做木屐？」

「把石頭雕成木屐形狀，上面可以塞進鞋子就行。起先是五斤重一隻，後來十斤、二十斤加上去，別人加到三十斤就不再加，我加到五十斤纔停止。」

「乖乖，那怎麼能走路？」李毓靈伸伸舌頭。

「走不動也得走，」老杜說。「朝如斯，夕如斯，十年下來，石屐一脫掉，自然變成神行太保了。」

「難怪你那天跟在奔馬的屁股後面不落後，一腳把王大牛踢出一丈多遠！」

「毓少爺，那兩脚我只用五成勁，不然王大牛那會有命？」

「老杜，我可不可以練？」

「毓少爺，你吃不了那個苦。」老杜搖搖頭。「還是讀書好，何況現在有洋槍大砲，你縱然練到我老花子這個地步，又有什麼出路？」

「不管出路不出路，」李毓靈說：「姚姑娘要想報仇，還是非你不可。我要是有你這個本事，那就用不着你去了。」

「好了，我們別在這兒講廢話，回去吧！」老杜說。

李毓靈搶上前一步，笑着對老杜說：

「現在讓我先走一步。」

「你的心眼兒可眞不少。」老杜看了好笑，牽起他的手說：「不要駭掉了魂，我牽着你走吧！」

老杜牽着他走，他的膽子就壯了起來，可是脚步跟不上，總是踉踉蹌蹌。

李毓靈回到後面，老太太還在和姚春蘭林鳳儀他們聊天，說說笑笑，氣氛很好。

李毓靈進來，打斷了大家的談話，隨後老太太笑問姚春蘭：

「姚姑娘，剛才我說到那兒了？」

「老祖宗，」林鳳儀搶着說：「您前三皇，後五帝，東邊一聲鑼，西邊一聲鼓，完全要我們沒有見過世面的土豹子，誰知道您扯到那兒去了？」

大家都笑了起來，老太太也笑着對姚春蘭說：

「姚姑娘，妳作見證，妳看她是怎樣尖嘴利舌，欺我老糊塗？」

姚春蘭知道她們祖孫兩人是逗她歡笑，沒有作聲，只抿着嘴兒微笑。

第十五章 杜花子身入虎穴 王公霸色令知昏

姚春蘭不敢把自己內心的悲痛掛在臉上，以免破壞唐家的歡樂氣氛。所以白天她總是強顏歡笑，或是悄悄地爬上山去在母親墳前痛哭一場。可是晚上更深人靜時，她却暗彈珠淚，輾轉不能成眠。偶一合眼，就看見她母親瞪着兩隻眼睛望着她，使她心神不安，無限歉咎。昨天晚上還作了一個惡夢，夢見母親一身是血，怒目戟指着她說：

「妳這個不孝的東西，娘爲妳死得好苦……王公霸把大洋堆在我的面前，我沒有吐實；把槍口指着我的胸口，我也沒有吐實；拖我去陪斬，我還是沒有吐實。因此他眞的把我斬首，害得我屍首不周全。……」她突然把頭取下來，放在梳粧台上，屍身不見，斷頭却憤憤地說：「妳還不快去替我報仇？快去把屍身找回來！」

她一驚而醒，整天怔忡不安。今夜又不能入睡，一合眼又看見她母親的頭，要她報仇。

鷄叫以後，她悄悄起來。又像初來鳳凰谷的那天晚上，站在窗口朝外望。她急於希望看見老杜在圍牆上出現，她想和他談談，也希望他教她幾手絕招兒。

她站了一會，還不見老杜的影子。她悄悄開門出來，來到院中散步。平時她沒有這麼大的膽子，可是現在復仇的火燒得她熱血沸騰，生死已經置之度外，什麼她都不怕了。

忽然她看見一條人影從魁星樓竄了出來，她輕輕叫了一聲「杜老前輩」，去到牆角的人影又折了回來，飄身下地，站在她的面前說：

「姚姑娘，妳怎麼知道是我？」

「老前輩，除了你以外誰有這個能耐？」姚春蘭說：「何況我不是第一次看見您在圍牆上來去如飛。」

「吓？」老杜一驚，望着姚春蘭說：「那我的行藏早已敗露了？」

「老前輩不要見怪，我也是無意中發現的。」姚春蘭陪着笑臉說，同時把那次發現他的經過告訴他。

「姚姑娘，妳沒有告訴別人吧？」老杜問。

「沒有。」姚春蘭點點頭。

「姚姑娘，說老實話，眞人不露相，我更不願驚世駭俗。這次爲了妳母女兩人，我老花子不得不獻醜，希望以後能無聲無聞老死鳳凰谷。」

「老前輩，眞對不起，我拖累您了！」姚春蘭抱歉地說：「多謝您古道熱腸，爲我母女拋頭露面，赴湯蹈火。」

「好了，別客氣！」老杜又安慰她說：「或許我老花子前世欠了妳母女一筆債，今生來還也說不定？」

「老前輩言重了！應該說是我母女欠了您的。」

「姚姑娘，天亮還早，妳怎麼不睡？」

「老前輩，我一合眼就看見我娘，我睡不着。」

「日有所思，夜有所夢，妳想得太多了。」

「老前輩，印象太深，我沒有辦法抹掉我娘的影子，她頻頻托夢，要我報仇！」姚春蘭輕輕哭了起來。

「姚姑娘，不要難過，」老杜安慰她：「仇自然是要報的，不然我老花子何必插手？」

「老前輩，我怕髒了你的手，我要親自下手，纔能出這口冤氣。」姚春蘭說：「因此我想請您教我幾手絕招兒，以防萬一。」

「姚姑娘，就是到了那個時候，也不可以輕舉妄動。」老杜說：「不是我不肯教妳，是臨時抱佛腳不行。火候不到，絕招兒也不管用；火候一到，招招都絕。妳練過把式，應該懂得這個道理？」

姚春蘭點點頭。雖然自己練過把式，練過腰腿功夫，在舞臺上表演很好看，可是不大管用，對付王公霸那樣的男人，她自知不敵。

「姚姑娘，妳先進去好好地睡一覺。」老杜說：「明兒晚上好戲上場，要隨時小心纔是。」

「老前輩，您也進去休息休息，養精蓄銳。」姚春蘭說。

「妳別躭我的心！」老杜一笑。「胖子不是一口吃大的。我數十年如一日，天天如此，三幾個晚上不睡覺也沒有關係。」

姚春蘭只好回到房裡，可是仍然睡不着覺。她又躭心明天晚上的事。萬一王公霸不派人來，那老杜不是白費心血？如果王公霸事先派人埋伏，那鹿死誰手也未可知？她翻來覆去，直到天亮。

天亮時老杜又像平常一樣陪唐步青、唐錦心、喜兒，練拳，練棍，練凳。唐步青知道姚老太太的事，可是在姚春蘭面前他裝迷糊。他也不像唐曼青那樣怕事，他還是過他的快樂逍遙日子。

早飯時，老太太特別交代林鳳儀，要她準備一桌酒席，晚上替姚春蘭和老杜餞行。姚春蘭一再辭謝，老太太纔說：

「姚姑娘，妳來時我沒有好好地接風，心裡一直過意不去。今天妳再進城，一定要餞行。這有兩重意思：一是替妳壯壯膽；二是對老杜表示一點兒敬意。他在我們家裡的身份地位不高，平時我們不好單獨抬舉他，可是他作人很有分寸，作的事兒更令人起敬。俗語說：千軍易得，一將難求。像老杜這種能人，從前是宮內院也很難得。關雲長掛印封金，也不過是個義字。他爲妳赴湯蹈火，冒死犯難，同樣是個義字。如果我不備一桌酒席，怎麼說得過去？」

「老太太這樣說，我就不敢推辭了。」姚春蘭說。

「姚姑娘，妳本來不必推辭。」林鳳儀親切地說：「不是外人，何必客氣？」

「少奶奶，但願我能平安回來。」姚春蘭紅着眼圈兒說：「我要好好地孝敬你們兩位。」

「唷，姚姑娘，」林鳳儀一驚說：「我們是平輩，情同姊妹，我可不敢當。」

「長兄如父，長嫂如母，何況妳對我母女非比尋常？」姚春蘭說：「就怕我福薄命蹇，不能回來。」

姚春蘭不禁落淚。老太太連忙安慰她：

「姚姑娘，不要講喪氣的話。妳年紀輕輕的日子還長遠得很呢！如果妳不見怪，我要說句放肆的話，我正等着抱曾孫啦！」

「老太太，但願托您的洪福。」姚春蘭羞澀地說。

飯後，姚春蘭要上坟祭奠，林鳳儀叫蘭花兒提出一綑錢紙，讓唐卓人陪她去，她自己藉口有事，向姚春蘭告了罪。她存心給他們兩人一個單獨相處的機會。

唐卓人提着錢紙，和姚春蘭一道上山，坟墓還是一堆黃土，連一塊碑石也沒有，和唐卓人的祖坟那種高大的碑石，四周用青石圍砌成一個太師椅形狀，坟前鋪的青石板地，進口又有一對大石獅子把守的氣概相比，顯得格外寒傖悽涼，姚春蘭一看見母親的坟墓就心酸落淚。她一面跪在地上燒紙，一面哭泣。唐卓人向姚老太太的坟墓磕了頭，就半跪半蹲在姚春蘭身邊幫她燒紙，同時安慰她說：

「我一定要把伯母的坟墓修得和我家祖坟一樣，讓她老人家安心。」

「如果王公霸那五千塊錢的贖金拿到，務必扣下老太太的壽材錢，多餘的纔可以用在家母坟上，最重要的是先立一塊碑石。」姚春蘭說。

「不談那筆錢的事，我一定要盡半子之責，修得一模一樣。」唐卓人說。

「不必鋪張，更不能喧賓奪主，能慎終追遠就行。」

「現在不必操心，等妳回來以後再動工不遲。」

「娘要是有靈，她會保護我回來；她要是不靈，那就完全仰仗你了。」姚春蘭又哭了起來。

「不管怎樣，妳要回來。」唐卓人說：「我們多磕幾個頭，求她老人家在天之靈多多保佑。」

唐卓人領先磕頭。姚春蘭一面磕頭一面禱告：

「娘，女兒晚上就去替您報仇，望您常在我的左右，多多保佑。女兒個人生死事小，只是唐老太太、少奶奶待女兒恩重如山，二少爺……」

「我和春蘭心心相印，老祖母希望早抱曾孫……」

「娘，」姚春蘭又接着說：「願您大顯威靈，助女兒報仇，保佑女兒平安回來，女兒也好早晚掃墓燒香，盡盡孝心。」

黃土寂然無聲，大松樹上的蟬兒却叫得十分熱鬧。姚春蘭望着一根草兒也沒有的光光的黃土，一點聲音也沒有的黃土，又不禁悲從中來，滾着淚珠兒說：

「娘，您怎麼不答應我？女兒向您告別，您應該有靈，答應女兒一聲……」

唐卓人把她拉了起來，勸慰她說：

「伯母在天之靈一定會保佑妳。」

「我眞奇怪，晚上娘頻頻入夢，現在却一聲不應……」姚春蘭抹抹眼淚說。

「生死異路，陰陽兩途，白天陽氣太足，妳又不在夢中，伯母怎會入夢？」唐卓人說。

「俗話說鬼怕惡人，」姚春蘭說：「但願娘不怕王公霸纔好。」

「王公霸殺氣太旺，別說伯母一個女流，很多男人見了他都會退避三舍。」唐卓人說。

「杜老前輩沒有見過王公霸，不知道他會不會膽怯？」姚春蘭說。

「老杜見過世面，藝高自然膽大，諒想不會膽怯。」唐卓人說。

「說眞個的，我們今兒晚上進城，只許成功，不許失敗。」姚春蘭黯然地說。

「不管成敗，妳都要回來。」唐卓人說。

「但願天從人願。」姚春蘭說。

唐卓人扶着她下山，她頻頻回頭看看她母親的那堆黃土，又不禁落淚。她哀傷地對唐卓人說：

「萬一不幸，我不能活着回來，也希望你看在我的面上，逢時過節，上山祭掃一下。」

「別說喪氣話，」唐卓人堵住她：「我一定會當作自己的母親看待。」

「這樣我死也瞑目了！」姚春蘭又激動地哭了起來。

唐卓人覺得這不是一句吉利話兒，心裡也有幾分悽楚，但不知道怎樣說好？

老杜爲了謹愼起見，又單人匹馬去和李站長聯繫了一下，察看了關帝廟的動靜。回來時正好趕上晚飯。

晚飯菜很豐富。老太太特別讓出首席給姚春蘭和老杜坐，她自己坐在主人的位子。姚春蘭和老杜都不敢坐，再三謙虛。老太太說：

「你們不用客氣，我活了八十歲，這種事兒還是第一次碰到。算起年齡來，你們兩位都是我的晚輩，今天我不是敬你們兩位，我敬的是一個孝字，一個義字。你們就代表那兩個字兒坐在首席，不算越禮。」

林鳳儀聽老太太這麼說，便按着姚春蘭坐下，又指着姚春蘭旁邊的席位對老杜說：

「老杜，你也坐吧，老太太的禮數不會錯的。」

「却之不恭，受之有愧，我老花子告罪了。」老杜抱拳向老太太一揖。

老太太叫他坐，他纔坐下。老太太又對他說：

「老杜，姚姑娘年輕，你是長輩，我把她交給你了。」

「老太太您放心，我老花子既然插了手，千斤擔子我也會挑下去。」老杜回答。

「你出去了一趟，看到有什麼埋伏沒有？」老太太問。

「沒有看出什麼可疑的地方。」老杜回答：「不過到時候我會小心。」

老太太又囑咐了他一番話，然後對姚春蘭說：

「有老杜陪妳，妳不必膽怯。不過這件事兒非比尋常，妳要時時提防，處處小心，我們女人不比男人……」

「老太太，您不說我也明白。」姚春蘭說：「生死事小，失節事大，但願托您的洪福，報仇之後，清白歸來。」

「春蘭，不管怎樣，妳一定要回來！」唐卓人說：「我不是冬烘，妳明白我的意思嗎？」

姚春蘭默然不語，眼圈兒却慢慢泛紅。林鳳儀故意打岔說：

「二叔，有話待會兒在路上再談，我們還是勸姚姑娘努力加餐吧！」

「少奶奶的話對。」老杜馬上附和：「今兒晚上我們要士飽馬騰，餓着肚子辦不了事兒，姚姑娘，快吃吧。」

老太太也故意說些風趣話兒，勸姚春蘭和老杜多吃菜。空氣馬上輕鬆起來。

飯後休息了一盞茶工夫，喜兒就過來說：

「馬已經準備好了，是不是現在就動身？」

老太太看他滿臉竭烟，起先不知道是誰？聽他報告之後纔恍然大悟，打趣地說：

「他這模樣兒倒像個小土匪。」

「經老太太一品題，我老花子也放心多了。」老杜高興地說，又望望姚春蘭：「姚姑娘，我們走吧！」

姚春蘭忽然百感交集，眼圈兒一紅，向老太太雙脚一跪，哽咽地說：

「老太太，晚輩告辭了……我這一去，不問死活，生是您唐家的人，死是您唐家的鬼，沒有第二條路走……」

老太太也不禁眼圈兒一紅，連忙拉起她，替她擦擦眼淚說：

「我知道妳是個好女兒。一切都往好處想，吉人自有天相。我正等著妳回來替你們圓房呢！」

「是呀，姚姑娘！」林鳳儀接嘴：「老祖宗還等着抱曾孫呢！」

「少奶奶，只怕我沒有這樣的福份！」姚春蘭擦着眼淚說。

老杜一面安慰她，一面催她上路。老太太也起立相送，姚春蘭不肯，老太太說：

「我陪妳到大房裡二房裡辭個行。」

林鳳儀會意地向唐卓人一笑。唐卓人就怕父親不高興，現在有老祖宗護駕，他便如釋重負了。

菊花兒已先來大房通風報信，梅夫人立刻從靜室走了出來，唐曼青也連忙放下烟槍，先到廳堂候駕。他一看見林鳳儀和唐卓人扶着老太太踏上台階就趨前迎接，恭敬地說：

「娘有什麼教訓，通知一聲我就過去，何必勞駕過來？」

「我無事不登三寶殿，今天特地陪姚姑娘來辭個行，討你幾句吉利話兒。」

唐曼青搓着雙手，尷尬地苦笑。姚春蘭趨前向他們夫婦兩人行了個禮兒說：

「大老爺，梅夫人，晚輩打擾多日，萬分感激。今兒晚上進城，特來辭行，不知道有什麼教訓？」

「沒有，沒有。」唐曼青窘迫地笑着：「祝妳一帆風順，馬到成功。」

「姚姑娘，孝能動天，我會求觀音菩薩保佑妳平安無事。」梅夫人說。

「多謝大老爺，多謝梅夫人。」姚春蘭又行了一個禮。

老太太打趣地說：

「姚姑娘，有他們兩位的金口玉言，妳可以放心了，我們到前面去吧！」

於是他們又一陣來到前面。唐步青夫婦站在門口迎接，客套過後，唐步青問姚春蘭：

「姚姑娘，要不要我助妳一臂之力？」

「多謝二老爺，有杜老前輩一人足夠了。」姚春蘭回答。

「老杜。」唐步青笑着對老杜說：「一切拜托你了。」

「遵命。」老杜欠身回答。

馬伕六指兒已經把五匹特別挑選的快馬牽到魁星樓前面來了，他自己也抹了一臉鍋烟。馬在門前噴鼻嘶叫，姚春蘭他們聽見就走了過來。

老杜領先騎上前面的馬，姚春蘭騎上第二匹，唐卓人騎上第三匹，六指兒騎上第四匹，喜兒殿後。老杜向老太太他們揚揚手，隨即兩腿一夾，馬兒一聲長嘶，洒開大步跑了。

姚春蘭的馬也跟着起跑，她連忙回頭向老太太和林鳳儀揮手，差點兒摔了下來，幸好她的腰腿功夫不壞，一個鯉魚挺身又坐了起來。

五匹快馬一溜烟衝出了鳳凰谷，直奔關帝廟，在離開關帝廟一里多路的路邊有棵五爪大樟樹，老杜突然勒住馬頭，走到樟樹下面，對姚春蘭他們說：

「我先去探探虛實，諸位在這兒休息一下。如果半個時辰之內，我沒有回來，那一定有變，你們就趕快回去。」

「師父，我陪你一道去。」喜兒說，他身上有槍，六指兒也有槍，這兩枝短槍是王大牛和瘦皮猴的。「萬一有變，我也好帮帮忙。」

「你不必去。」老杜笑着回答：「萬一變卦，你也帮不了多少忙，反而碍手碍脚。」

「老前輩，你單刀赴會，可要小心了。」姚春蘭說。

「姚姑娘，妳放心，我老花子向來獨來獨往。」老杜撥馬上路，又回頭對大家說：「你們倒要機警一點兒，我一個人去，一個人回來，回來時會吹口哨。如果沒有這個信號，或是情形不對，你們就趕快溜回去。」

說完，他在馬屁股上拍了一掌，馬就如脫弦之箭，竄了出去。在朦朧的月夜看來，如一縷輕烟。

老杜很快跑到關帝廟，山門前不見動靜，也看不到一匹馬，他向兩棵大榕樹上打量了一眼，知道樹上有人，他若無其事地把馬栓在榕樹下面，走了進去。

大佛殿裡點了兩枝大紅臘燭，燭影搖曳，闃無一人，他在殿中擊了三下手掌，李站長便從一丈多高的關公像後閃了出來，他也是一臉的鍋烟，一身黑短襖。老杜知道是他，因爲這是他們先前約定的暗號。

「老前輩，你手下和姚姑娘怎麼沒有來？」李站長問。

「來了。」老杜回答。「你的人佈署好沒有？」

「全佈署好了。」李站長回答。

「王公覇眞的沒有埋伏？」

「老前輩，他沒有埋伏，我裡裡外外倒有埋伏。」李站長指指兩邊大佛像後面說：「這都是我的人。沿路我還有眼線，風吹草動我都知道。」

「好，」老杜點點頭。「我馬上帶人來。」

李站長從懷裡摸出一包鍋烟，遞給老杜說：

「老前輩，我看你也摸一點好，這樣我們大家一般黑，纔不惹人生疑。」

「我來得匆忙，你不提起我差點兒忘了。」老杜突着抓起一把鍋烟，在臉上摸了幾下。看不出眞面目來。

走出山門，老杜故意露一手兒給李站長和樹上的人看。他輕輕一躍，飛上馬背，猿臂一伸，把韁繩抓在手裡，說聲「再見」，便一去如飛。

李站長怔怔地站在山門口，樹上的人對他說：

「站長，這個老花子眞是個奇人，你可要小心。」

「放心，他對我們有益無害。」李站長回答。「如果他不只是為姚春蘭報仇，肯替我們出力，那用處就大得很。」

「站長，像他這樣的奇人，你駕御得了？」

「用人一定要用比自己高的人纔行，漢高祖如果用的是比自己不如的草包，不用蕭何韓信，他怎麼能一統江山？」李站長回答。「我就是看中了老花子是個奇人，不是草包，所以我纔和他聯手。」

李站長說完就退了進去，隨後又探出頭來對樹上說：

「你們要特別小心，如果情況不對立刻通知我。」

樹上的人答應了一聲「是」就寂然無聲。

這時老杜已經來到大樟樹底下，姚春蘭他們驚疑地打量他，老杜哈哈一笑說：

「眞是忙中有錯，我囑咐喜兒摸過鍋烟，自己倒忘了，如果不是李站長仔細，險些露出馬脚。」

隨後，他把剛纔的情形告訴唐卓人和姚春蘭。姚春蘭聽了很高興，轉身對唐卓人說：

「看樣子杜老前輩第一步計劃成功了一半，你回去吧！」

「既然沒有埋伏，我就送妳到關帝廟。」唐卓人說。

「二少爺。」老杜馬上接嘴：「古話說：送君千里，終須一別。這件事兒無論如何你不能露面，你在這兒等一會兒吧，我們走了。」

唐卓人看姚春蘭要走，連忙拉住她的馬韁，沉痛地說：

「春蘭，說良心話，我實在不願意妳去，妳懸崖勒馬吧？」

姚春蘭和老杜都一怔。姚春蘭紅着眼圈兒說：

「二少爺，將心比心，我明白你的意思。如果不是爲了娘，我自己又何嘗願意送肉上砧？」

「二少爺。」老杜又接着說：「自古道：兒女情長，英雄氣短，你和姚姑娘的情感我老花子也不是不知道。不過現在箭在弦上，不能不發，龍潭虎穴我老花子先闖，姚姑娘不會有什麼危險。」

「你放心，有杜老前輩在，王公霸不會吃掉我。」姚春蘭聽老杜那樣說，自己也膽壯起來，反而來安慰唐卓人。

唐卓人無可奈何，也只好放手。望着他們四人急馳而去。

他們把馬拴在山門前的大榕樹下。老杜領先進來，對關公像後面說：

「李站長，我們到齊了。」

李站長笑着走了出來，把他們帶到後面方丈室來。方丈室一燈如豆，陰陰森森，有兩個和尚綑在椅子上，耳朵嘴巴塞了棉花，姚春蘭看了十分驚奇，李站長在她耳邊輕輕地說。

「姚姑娘，這是權宜之計，暫時委屈他們一下。不然我們不像土匪。」

然後他把他們帶進對面的客房，房裡點了一根小蠟燭，燭淚流下很多，結在蓄著作的臨時燭台上，燭影搖紅，光圈黯淡。房內只有一張床，一張破竹椅，李站長對老杜說：

「老前輩，我看你和姚姑娘就藏在這兒，姚姑娘是肉票，你是看守。待會兒我把銀洋分給他們兩位之後，就一哄而散，你們兩位好自爲之。」

「李站長，城裡你打點好沒有？」老杜問。

「統統打點好了。」李站長回答：「不但悅來客棧的帳房關照過了，別的暗樁子也通了消息。」

「多謝你，李站長。」姚春蘭說。

「姚姑娘別客氣，我們的敵人都是王公覇，彼此目標一致。」李站長一面說一面打量姚春蘭，隨後抱歉地一笑：「姚姑娘，爲了達到目的，我看妳最好還是委屈一下。不然像是作客，不像肉票。」

「李站長，你的意思是要上綁？」老杜問。

李站長點點頭。

「姚姑娘，妳看怎樣？」老杜笑着問姚春蘭。

「捨不得孩子套不住狼。」姚春蘭冷靜地對李站長說：「李站長，請上綁吧！」

「姚姑娘，妳眞是個角色！」李站長肅然起敬地說，同時取出棕繩，走到她的面前，身子一躬：「得罪了！」

他把姚春蘭反綁在床架上，耳朵嘴巴也塞了棉花。然後帶着六指兒喜兒到大佛殿來，要他們躲在自己身邊。

老杜怕姚春蘭難受，又把她耳朵嘴巴的棉花取了出來，握在手上，準備隨時塞進去。

「看樣子李站長是個行家？」姚春蘭輕輕地說。

「不然他怎麼能和北軍鬭法？」老杜說。

「但願今兒晚上不要演鐵公鷄才好？」

「李站長耳目靈通，我看鐵公鷄演不起來。」

忽然山門外的大榕樹上傳來「咕——咕——」的鷓鴣叫聲，姚春蘭說：

「奇怪，又不變天，晚上怎麼會有鷓鴣叫？」

「我看這是個假鷓鴣，」老杜一笑。「八成兒是個暗號。」

「莫非是王公霸的人來了？」姚春蘭說。

「或許是——」老杜把棉花塞進她的耳朵嘴巴。

不錯，是王公霸的人來了。他派來的是偵緝隊副隊長余秉忠。單人匹馬，帶了兩布袋銀洋來。他離關帝廟五六十公尺時，樹上的人就作鷓鴣叫。他騎着黑緞兒似的大洋馬，的得的得地走到廟門口，慢慢下馬。他也是個大塊頭，人可不笨。他看左邊樹下栓了四匹好馬，打量了一下，便把自己的馬栓在右邊樹下。然後取下兩袋銀洋，一手拎一袋，看樣子很沉手。他一步步地走進大山門，右脚踏上廟石門檻，突然停步，探頭東張西望。大佛殿裡燭影搖紅，一丈多高的關公像威嚴無比，關平周倉手持大刀侍立兩旁，更顯得神聖不可侵犯。兩廂的丈二金剛，個個面目猙獰，他的頭皮不禁發痲，背脊不禁發冷。他躡手躡脚地走了進來，來到大佛殿中央，把布袋輕輕放下，向四周掃視一遍，然後向空發話：

「是那路的英雄好漢？請到大佛殿來見個面。兄弟是王公霸王司令派來贖人的，單人匹馬，手無寸鐵，請諸位放心。」

李站長和喜兒六指兒從關公像後走了出來。他手一拍，兩邊丈二金剛後面的人也紛紛出來。余秉忠回頭一望，大門口也站了兩個人，他被團團圍住。

李站長吩咐手下把布袋打開看看，全是一包一包的銀洋，每包五十塊。然後他提了一袋交給六指兒，揮揮手叫他走，六指兒和喜兒匆匆跑出來，騎上馬，一人後面再帶着一匹，直奔鳳凰谷。

余秉忠看李站長叫人拿了一袋銀洋走了，又叫人來拿第二袋，便問：

「請問唱戲的姚老板在什麼地方？」

「在後面客房裡。」李站長粗聲粗氣地用手向後一指。然後一聲呼嘯，大家紛紛作鳥獸散。

余秉忠連忙趕到後面客房，果然發現老杜和姚春蘭，他認識姚春蘭，姚春蘭也認識他，故意掙扎向他求救。余秉忠伸手向懷裡一摸，掏出一枝小手槍，指着老杜，姚春蘭連忙搖頭，老杜作出一副可憐相，向他作揖，哭喪着臉說：

「請饒我老朽一命！我是逼上梁山的，不是惡人。」

余秉忠過來搜他，看他身上沒有武器，就不管他，過來給姚春蘭鬆綁，取出耳朵嘴巴的棉花。姚春蘭雙膝一跪，倒頭便拜：

「多謝余副隊長救命大恩！倘若再遲一步，他們就要撕票了！」

「是不是這個狗東西要撕票？」余秉忠指着老杜說。

「不，不，不，」姚春蘭連忙搖手：「他是個好人，如果不是他暗中維護，我娘一死他們就撕票了！」

「吓？想不到強盜當中眞有好人？」余秉忠歪着頭打量老杜。

老杜把臉上的鍋烟用袖子一擦，現出本來面目，佝僂着腰身對余秉忠說：

「官長，我孤老兒實在沒有辦法，無依無靠，我餓怕了，所以纔誤上賊船，他們搶了銀子就不管我。官長，請你饒老朽一命，可憐可憐我吧！」

「少廢話，你滾吧！」余秉忠雙手扠腰說。

「余副隊長，他不但救了我的命，也保住了我的清白。」姚春蘭說：「我想賞盌飯給他吃，讓他跟我當個聽差，使喚使喚。」

「姚老板既然願意收留他，我還有什麼話說？」余秉忠笑着回答。

「如果司令不錯斬了我娘，我也用不着別人照顧。」姚春蘭埋怨地說。

「姚老板，這眞是陰錯陽差！」余秉忠說。「你可別怪司令，他接到了妳的信後，眞後悔得很！」

「余副隊長，不是我怪司令，」姚春蘭說：「你想想看，我一個月賺兩三千包銀，嫁了司令又是榮華富貴，我爲什麼要跑？何況你們都認識我，我一個人插翅也難飛，怎麼出得了城？」

「姚老板，這兒不是談話的地方，」余秉忠機警地說：「我們快走，前面有人接應，那時再談。」

他牽着姚春蘭出來，老杜緊跟在姚春蘭後面。走到門口一看，馬不見了，他想找，老杜說：

「官長，那班土匪心狠手辣，馬一定是他們騎走了，你不必浪費時間，萬一他們再轉頭來，我們三個人一個也跑不了。」

余秉忠聽了一怔，連忙拉着姚春蘭跑，老杜故意裝作跟不上，氣喘吁吁。他們一口氣跑了兩三里路，余秉忠也累得上氣不接下氣，姚春蘭嚷着要休息，他也只好在路旁樹邊坐下。一邊喘氣一邊說：

「姚老板，說來眞丟人！南軍的奸細搞得我們暈頭轉向，眞想不到半路兒又殺出程咬金，土匪綁了妳的票。司令還以為妳投了南軍呢！」

「這真是莫須有的事兒！」姚春蘭哭着說：「我一個唱戲的管什麼南軍北軍？土匪綁了我的票，他不但不能保護我，還說我投了南軍，狠心殺了我娘，怎不叫人傷心！」

她越說越傷心，真的嚎啕大哭起來。

「姚老板，求求妳，妳別哭，免得招神惹鬼。」余秉忠急得連連作揖：「司令是氣暈了頭，不分青紅皂白。憑良心說，殺錯了的又何止老太太一人？」

「余副隊長，」姚春蘭擦擦眼淚說：「他這樣亂殺，那我也不敢進城？」

「放心，他殺盡天下人也不會殺妳！」余秉忠說。「實在是南軍的奸細太厲害，不瞞妳說，我們栽了不少筋斗！」

「這我怎麼知道？別人還以為他是張獻忠投胎的呢！」姚春蘭說。

「姚老板，我們走吧，前面就有接應。」余秉忠站起來：「有話進城去慢慢談，要是在這兒再遇上土匪，綁了妳的票，我的腦袋瓜子就保不住了！」

姚春蘭慢慢爬起來，老杜也蹭蹭蹬蹬地爬起，還反過手來捶捶背，自己咒罵自己：

「唉，真他媽的！人老了，骨頭也硬了！真是風前燭，瓦上霜，早死少受罪。」

余秉忠看他這樣老態龍鍾，便對姚春蘭說：

「姚老板，我看這老傢伙聽不了什麼差，不如打發他算了！」

「余副隊長，縱然他派不了什麼大用場，我也不能忘恩負義。」姚春蘭說。「反正我也沒有什麼粗活兒，打打洗臉水，買買針線，倒倒痰盂，傳傳話兒總可以。」

忽然傳來一陣急促的馬蹄聲，姚春蘭和老杜不知道是怎麼一回事？都往路邊退。余秉忠却不慌不忙，往路中間一站，向急衝過來的人馬說：

「我是副隊長，不要橫衝直撞。」

人馬到他面前，急忙勒住，爲首的人說：

「副隊長，我們眞怕你出了岔子！哦，你的馬呢？」

「岔子是沒有出，馬可被土匪騎跑了。」余秉忠說。

「要不要去追？」

「不必，」余秉忠搖搖頭：「土匪神出鬼沒，我們人地生疏，恐怕再出紕漏。」

一共來了八匹馬，人人有槍，爲首的看看余秉忠沒有馬，先下馬來，後面的人也跟着下馬。余秉忠對爲首的說：

「張班長，我們三個人沒有馬，你騰出三匹馬來讓我們騎，你們斟酌擠一擠。」

張班長把自己的馬讓給余秉忠騎，又騰出兩匹交給姚春蘭和老杜。交給老杜時還特別打量他一眼，又問余秉忠：

「副隊長，怎麼多出一個老傢伙？這是怎麼回事兒？」

「不必多問，以後我再告訴你。」余秉忠說。

大家都騎上馬，余秉忠一馬當先，直奔城裡，很快地就抵達城門口，城樓上的衛兵看出是他們，連忙通知下面打開城門。進城之後姚春蘭要住悅來客棧，余秉忠只好把她送到客棧門口。

帳房先生看見姚春蘭和老杜進來，迅速地打量了他們一眼，便笑臉相迎，姚春蘭問他：

「我和我娘的房間空不空？」

「姚老板，房間空着，我們不敢租人。」帳房先生鞠躬如也地回答，同時拿出兩把鑰匙，走出櫃臺：「我帶妳去看。」

姚春蘭和老杜一道上樓，余秉忠也帶了一個士兵跟上來。帳房先生把房門打開，姚春蘭一走進母親的房間，不禁悲從中來，眼圈兒一紅，滾下幾顆淚珠兒。余秉忠頤指氣使地吩咐帳房先生：

「好好地伺候姚老板，不能再有半點差錯，否則小心你的腦袋！」

「是，是，是！」帳房先生低頭彎腰回答。

余秉忠馬上換了一個臉色，滿臉堆笑地對姚春蘭說：

「姚老板，妳受驚了，歇一會兒，我去稟告司令一聲，免得他掛念。」

「余副隊長，你辛苦了！」姚春蘭也笑着回答：「承你救我出來，我一定要在司令面前全力保舉你。」

「多謝姚老板美意！」余秉忠連忙雙腳一併，做了個立正姿勢說：「如果日後我有半點起發，我也決不會忘恩負義。」

「放心，我一定要司令先在功勞簿上記你一筆。」姚春蘭說。

「多謝姚老板！」余秉忠向她必恭必敬地鞠了一躬。然後命令那個跟他上來的士兵說：「你好好地守在樓梯口，保護姚老板，到時候自然會有人來換班。」

余秉忠走後，帳房先生悄悄地對姚春蘭和老杜說：

「兩位以後有什麼事兒，儘管吩咐我。」

「魯先生，我母女兩人的事兒你都知道了？」姚春蘭問。

帳房先生點點頭，隨後又嘆口氣說：

「如果妳們早先和我有聯絡，我可以把老太太弄出城去。」

「你眞人不露相，我們怎麼知道？」姚春蘭流着眼淚說：「以後我和杜老前輩可要請你多多關照。」

「杜老前輩是個奇人，兄弟佩服得很！」帳房先生笑着對老杜說。

「魯先生，現在我是姚姑娘的聽差，請你把我當聽差看待。」老杜說。

「這我知道。」帳房先生笑着回答。「上兩次你來這兒時，我就覺得有些蹊蹺，那個跟蹤你的偵緝隊員一去不回，我心裡就明白個八九分了。現在一切我都淸楚，我自然會助兩位一臂之力。」

「多謝多謝。」老杜向他拱拱手。

「彼此彼此。」帳房先生也拱拱手。

「魯先生，你能不能先替我們弄兩張特別通行證？」姚春蘭問。

「行。」帳房先生點點頭。

「大概什麼時候可以到手？」

「最多三天。」

「魯先生，夜長夢多，」姚春蘭說：「我希望三天以內下手。」

「姚老板，我一定盡力而爲。」帳房先生說：「不過妳可不能打草驚蛇。」

「魯先生，我不會放生。」老杜說。

「老前輩，有你這句話兒我就放心了。」帳房先生寬慰地一笑。「姚老板到底是個女流，白刀子進紅刀子出的事兒未必拿手？姚老板，我說直話，請別見怪。」

姚春蘭說了句「多謝直言」，帳房先生就笑着告辭。

姚春蘭檢查母親的房間，發現手飾箱子裡空空如也。金鐲、玉鐲、鷄心金項鍊、寶石戒指、翡翠耳環……統統不見，存摺私章也不見了，存摺上還有三百五十塊現洋。她不知道這些東西誰拿走了？她想問帳房先生，老杜馬上搖手說：

「姚姑娘，錢財身外之物，不必問了。說不定是王公霸手下拿走的，問了也追不回來；如果是茶房偷了，反而使帳房先生為難，誤了大事。不如啞子吃黃連，苦在心裡。」

姚春蘭一笑作罷，還自譴地說：

「真該死！我差點兒忘了自己是來幹什麼的？命都不要，還提那些身外之物則甚？」

她請老杜住她母親這個房間。她回到自己原來住的那個房間，她除了清出幾件換洗的衣服之外，連貂皮大衣的箱子也懶得打開看看。

她洗了澡，刻意打扮了一番，在大鏡子前面前後左右照照。前額留了一撮瀏海，後腦梳了一個腰子形狀的大髻，左鬢插了一朵白絨花。雪白的瓜子臉上塗了一層薄薄的胭脂。上身穿着高領、袖長及肘，鑲着黑緞寬邊的銀灰色的長僅及腰的緊身短褂，下身穿着百褶寬擺長及腳裸的黑府綢裙。身子一動，便如玉樹臨風，自己滿意了還叫老杜過來看看。

「老前輩，您看我這身打扮如何？」她站在鏡子前面對門口發問。

老杜打量了一會，點點頭說：

「姚姑娘，妳這一打扮，就是從前的皇上，看了也會神不守舍，更別說王公覇那小子了。」

「為了娘，我不得不犧牲一點兒色相。」姚春蘭說，又招招手請他進來。

老杜猶豫了一下，終於進來，叮囑姚春蘭說：

「從現在起，我們可要改口了，不管人前人後，妳叫我老杜，我叫妳姚老板，切記切記！」

姚春蘭點點頭，輕輕地說：

「不知道王公覇今兒晚上會不會來？」

「那有貓不吃魚的？」老杜一笑。「何況他色迷心竅？」

「來了我又怎麼應付？」

「隨機應變，可不能讓他先佔便宜！」

樓下傳來馬靴聲，老杜連忙回到自己房裡。

王公覇帶着一個馬弁和余秉忠一道上來，樓梯口的衛兵大聲喊着「敬禮！」他喜揚揚地走了過來，把手向余秉忠和馬弁一揮，叫他們走開，然後走到姚春蘭的房門口站住，望了姚春蘭一眼，這一下他可呆了。俗話說，若要俏，須戴三分孝，姚春蘭鬢邊的那朵白絨花使她更俏了。他感覺到彷彿站在半天雲裡。

姚春蘭一看見他就跑上前來雙膝一跪，抱着他的腿哭了起來。他這纔突然驚醒，伸手把她拉了起來，一脚跨進房內，坐在紅漆太師椅上，握着她的左手說：

「妞兒，妳受驚了？」

「我受驚事小，你怎麼不分靑紅皀白，斬了我娘？」她又哭了起來，越哭越傷心。

「妞兒，算咱錯！」他把她拉進懷裡，拍拍她說：「咱把妳贖了回來，將功抵罪如何？」

「你堂堂的城防司令，連我都保不住，還亂殺我娘。人死不能復生，你雖然贖回了我，却不能教我不傷心……」姚春蘭哭着說。

「妞兒，人已經死了，妳哭也無用，咱好好地超度妳娘就是。」王公覇說。

「我先問你，我娘埋在那裡？我要好好地替她安葬。」姚春蘭說。

「這個——」王公覇抓抓光頭，吶吶不能出口。

「這個什麼？」姚春蘭緊緊逼問：「難道我娘埋在那裡你也不知道？」

「妞兒，妳娘沒有人收屍，屍身大概埋在義山上的亂坟堆裡？明天咱命令手下去找就是。不過——」

「不過什麼？」

「不過妳娘的首級不知道被那個忘八羔子弄走了？那是找不到的。」

姚春蘭故作驚奇，倒退兩步，指着王公覇說：

「怎麼會有這等事？你的部下不是草包？」

隨後又蒙着臉哭了起來，邊哭邊說：

「娘，妳命苦！身首異處，女兒還找不到……」

王公覇驀地站了起來，抓着姚春蘭說：

「妞兒，妳別哭，越哭咱越煩！妳娘的首級不是南軍弄走了就是土匪弄走了，這是存心給咱好看！咱要抓着了那忘八羔子，一定抽筋剝皮！」

姚春蘭馬上止住哭泣，擦擦眼淚說：

「司令，我娘死得好苦，無論如何請你找到屍首安葬，才算你一片孝心。她生我養我，好處沒有得到，卻爲我送了性命，你說我怎能安心？」

「好吧！咱一定盡力去找。」王公霸說：「不過事隔多日，炎天暑熱，縱然找到，妳也難以辨認？」

「找不到首級總找得到屍身。當時是誰收的屍？是誰去埋的？一查不就明白了？」姚春蘭說：「只要找得到屍身，重新遷葬，我也好祭掃祭掃，盡盡孝心。」

「這倒可以。」王公霸點點頭，重新坐下。又把姚春蘭拉到他身邊說：「咱看這家客棧人多手雜，妳在這兒住着不便，萬一再發生綁票的事兒，那可不是玩的。這個人咱再也丟不起，咱早已找好一個公館，明天妳就搬過去住。」

「客棧茶水方便，我住慣了，最好不遷。」姚春蘭說。

「那邊自然有人服侍你，比客棧安靜多了。」王公霸說：「再說，咱來來去去，也比較方便。咱想擇個黃道吉日，咱們早點成婚。」

「房子我看了以後再說，成婚的事兒最好遲一步。」

「爲什麼？」

「現在我重孝在身，不能犯禁。如果照規矩行事，熱孝須滿三年；如果從權，最少也要過七七四十九天。」

「唉，你這不是叫咱望着樹上的雪梨兒掉口水？」王公霸愁眉苦笑。

「司令，這只怪你自己莽撞，做錯了事兒。」姚春蘭說：「不然就不會有這些周折。」

「好吧，反正肉爛在鍋裡，咱就耐着性子等一下。」王公霸望着姚春蘭的臉上笑。隨後又說：「余秉忠說妳收留了一個土匪，妳叫過來咱問問話。」

姚春蘭走到門口把手一拍，喊了一聲「老杜」，老杜就從隔壁房間出來，姚春蘭向他使了一個眼色，就退回房裡，在王公霸身旁站着。

老杜裝着十分膽怯窩囊的樣子，走到姚春蘭的房門口就止步，姚春蘭指着王公霸對老杜說：「這就是我時常向你提起的王司令，現在讓你見識見識。」

「啊，司令，小的向您請安。」老杜屈着一隻腿，慢慢跪了下去。

「起來，起來！」王公霸向他揮揮手。

「司令，老杜不但保全了我的性命，也保全了我的清白。」姚春蘭說：「他年邁力衰，在土匪窩裡也是個可憐蟲，所以我把他收留下來。」

「老頭兒，土匪窩在那兒？你說給咱聽，咱好派人去剿。」王公霸說。

「司令，土匪神出鬼沒，今天東，明天西，沒有固定的窩兒。」老杜回答。

「他們一共有多少人馬？」

「我知道的有七八十，實際上不止此數。他們分成好幾股，到處渾水摸魚。」老杜自編自話。

「他們有多少槍枝？」

「人人有槍。」

「槍是那兒來的？」

「向你們南北兩邊搶，兩邊賣。」

「難道他們敢和南軍開火？」

「他們裡面有飛簷走避的高手，衛兵的槍都能奪下來。」

王公霸吓了一聲，望望姚春蘭又望老杜說：

「莫非姚老太太的首級也是他們弄走的？」

「這我倒不大清楚，不過今天余副隊長的馬確是他們騎去的。」

「南軍爲什麼不剿他們？」

「他們出賣你們的情報給南軍，所以南軍不剿他們。」

「這班忘八羔子給咱逮住了要一個個地砍頭！」王公霸生氣地說。

「司令，聽說你錯殺過他們的人，所以他們也專門和你爲難，」老杜說：「我聽過他們說要給你好看。」

「放屁！」王公霸跳了起來，指著老杜罵：「你他媽的胡說八道！他們敢拔老子一根鳥毛！」

老杜戰戰兢兢。姚春蘭馬上把王公霸按下去，埋怨他說：

「司令，你就是這麼個火爆栗子！老杜的話就是情報，你不感激他反而兇他，誰還肯替你做工作？」

王公霸又望望老杜，老杜更裝出一副可憐相。王公霸說：

「你好好地服侍姚老板，咱每月發你一個上等兵餉就是。」

「多謝司令。」老杜深深一鞠躬，一步一步倒退離開。

王公霸也站了起來，在姚春蘭臉上摸了一把說：

「明天咱派人來領你去看看公館。上次咱什麼都準備好了，想不到妳突然被人綁票。眞是命裡有時終須有，現在還是該妳住。」

姚春蘭送他出來。余秉忠和馬弁連忙走了過來，姚春蘭乘機說：

「余副隊長從龍潭虎穴裡把我救出來，你應該大大地提拔他。」

「明天賞他五百大洋，升他一級。」王公霸說。

「謝謝司令！」余秉忠連忙向王公霸敬了一個禮。又向姚春蘭一鞠躬說：「謝謝姚老板。」

「別客氣，」姚春蘭向他一笑：「這是你自己的汗馬功勞。」

「咱是有功必賞，有過必罰。」王公霸得意地說，領先走了。

姚春蘭把他送到樓梯口，王公霸叫她留步，又對立正站着的衛兵說：

「小心保護姚老板，如果出了紕漏，咱要摘掉你的腦袋瓜子！」

第十六章 王公霸藏妓金屋 姚春蘭哭訴無門

自從城門樓上失了姚老太太的頭，打死了一個衛兵之後，城裡的謠言更多，說南軍有天兵天將幫助，城裡出了俠客等等，不一而足。街頭巷尾小孩子還順口溜着許多對北軍不利的童謠。北軍營房裡還有「鬧營」的事兒，大街上夜晚也有「過陰兵」的騷動。姚春蘭老杜住進悅來客棧的這天晚上就遇着這件怪事兒。

天氣熱，晚飯後，家家戶戶都搬出竹床在街沿乘涼，通宵也就睡在街沿上。半夜時大家都已入睡，幾里路長的大街中間闃無一人，連一隻過街的貓也沒有。這時街上忽然響起擦擦擦的腳步聲，整齊劃一，是齊步行進的步伐，像白天軍隊整隊在大街上行進完全一樣，就是看不見人，只聽見聲音。大家從夢中驚醒，喊聲「過陰兵」，就搬起竹床往店鋪裡躲，全城為之騷動，悅來客棧的旅客也都驚醒。守在樓梯口的衛兵，退到姚春蘭的房門口來。姚春蘭以為是南軍攻城，連忙推開窗子問衛兵：

「到底是怎麼回事兒？」

「這地方奇得很，又鬧陰兵。」衛兵回答。

老杜打開房門，走了出來，望望外面說：

「該不是南軍攻城吧？」

「不像，沒有槍聲。」衛兵說。

「或許是天兵天將呢？」

「未必天意也順着南軍？」衛兵說。

「老天像人一樣，也是勢利眼。」老杜說：「牆倒衆人推，我見得多了。」

「這地方陰陽怪氣，事兒越出越奇。」衛兵說。

「老總，還有什麼稀奇事兒？」老杜說。

「我們營房裡也鬧鬼，一夜兩三次，通宵不得安靜。」衛兵說。

「是不是有鬼？」老杜走近一步問。

「鬼可多呢！」衛兵壓低嗓門說：「前天晚上有人看見操場整整齊齊站着一團人，像豆腐乾一樣整齊，眞他媽的可就是沒有頭！連站在司令台上的官長也沒有頭！你說奇怪不奇怪？」

「喲！眞駭人！」姚春蘭輕輕驚叫一聲。

「這還不奇，」衛兵越說越起勁。「有天晚上我回營房，前面有一輛黃包車，上面坐着一個女人，在大校場下車，車伕要她給錢，她給了十個大銅板，車伕一眨眼就不見人，再看手上的大銅板，原來是疊錢紙灰，車伕一聲驚叫：『有鬼！有鬼』車子也不要，拔腿就往大街上跑，我也駭了一跳！老頭兒，你知不知道大校場是個刑場？」

老杜故意搖搖頭。衛兵又說：

「那兒天天殺人，我都看寒了心。」

「你們司令殺了這麼多人，不怕報應？」老杜說。

「他們作大官兒的或許不信邪？不過我們倒眞有點替他躭心。」

「你替他躭什麼心？」

「現在奇事多得很，」衛兵向四周掃了一眼，看見沒有人，纔向老杜說：「連城門樓上的人頭都丟了，還打死了衛兵，你說這是不是稀奇古怪？」

「除非天兵天將下凡，誰有那麼大的本領？」

「現在謠言多得很，有的說是天兵天將下凡，有的說是出了俠客，還有一首『七月初十鬼門開，孤魂野鬼進城來』的歌兒咒我們司令。總之，這地方有點兒邪門，難弄得很！」

客棧的掛鐘噹噹敲了兩下，時間已經很晚，老杜對衛兵說：

「你辛苦了，到我房裡睡一會兒吧！」

「那怎麼成？」衛兵睜大眼睛望着老杜：「萬一姚老板有個三長二短，我的腦袋瓜子不要搬家？」

「不要緊，」老杜搖搖頭說：「客棧早已關了大門，這兒又是樓上，誰有那麼大的本領搶走姚老板？」

「高人多得很，這可說不定。」衛兵說。

「果真有那樣的高人，你也守不住。」姚春蘭插嘴。「我看你還是去睡一會兒吧，司令面前我替你承擔就是。」

「多謝姚老板，縱然我守不住，我也不敢睡。衛兵睡覺，那還得了？」衛兵說。

「想不到你們的規矩還麼嚴？」姚春蘭一笑，又對老杜說：「老杜，我們睡吧，這地方稀奇古怪的事兒多，小心中了邪。」

「是，」老杜欠身回答，故意補上兩句：「別的我倒不怕，就是怕無頭鬼。」

衛兵看着老杜把門關上，背脊一陣陣發冷。

夏天四點多鐘就天亮了。老杜雖然不能像在鳳凰谷一樣練功，醒來得還是很早。他在床上盤膝打坐了一個多鐘頭，纔聽見姚春蘭起來。他打開房門看看，衛兵已經站到樓梯口去了。他趁送洗臉水之便，和姚春蘭交談了幾句。姚春蘭問他：

「如果王公覇一定要我搬，那怎麼辦？」

「既然是公館，那就是藏嬌的金屋，不是衙門，說不定比旅店客棧更好行事？搬又何妨？」老杜回答。

「可是如果住進他的金屋，我就不能阻止他進房了。」

「就是住旅店客棧，他還不是要進就進？誰能阻止他？何況不入虎穴，焉得虎子？妳不讓他過夜就不會出什麼紕漏。」

衛兵從樓梯口踱了過來，向姚春蘭問好，和老杜打了一個招呼。老杜端着洗臉水出來，又和他攀談了幾句。

帳房先生親自爲姚春蘭送來一盤精美的早餐：香椿拌豆腐，松花皮蛋，木耳炒豬肝，蓮子稀飯。他要老杜和他一道下樓吃飯。另外替衛兵準備了一套燒餅油條豆漿，衛兵臉不洗，口不漱就吃了起來。

老杜和帳房先生在小房間裡單獨吃，不和客人茶房一道。老杜把王公覇要姚春蘭搬的事告訴他，問他有什麼意見？帳房先生說：

「不妨將計就計，自然會有人照顧你們。」

「人心浮動，我準備隨時下手，特別通行證如何？」

「隨時弄到我隨時給你。」

「另外還要請你掩護我們兩人逃走。」

「只要你們能幹掉王公霸，就別愁逃不出去，一切我們自有安排。」

「好，全仗大力。」老杜說。

「彼此彼此。」帳房先生回答。

老杜吃過早飯上樓來，王公霸已派來馬弁接姚春蘭看房子。馬弁站在姚春蘭的房門外，等她化粧。

衛兵已經換了一個。

姚春蘭化粧完畢，便叫老杜同她一道去看房子。他們來到樓下，走近櫃台，姚春蘭笑着和帳房先生打了一個招呼。

「魯先生，我和老杜去看房子，一切拜托。」

「姚老板，請放心，我會小心照顧。」帳房先生回答。

姚春蘭從前包用的黃包車已經姚老太太辭掉。王公霸為了討好姚春蘭，特地將他自己私用的黃包車撥給她用。姚春蘭從「悅來客棧」出來，那輛黃包車正停在門口等她。

姚春蘭認得這輛黃包車是王公霸的，車伕也認識姚春蘭，他一看見姚春蘭出來，就欠身笑臉相迎：

「姚老板，請上車。」

「司令不用了？」姚春蘭問。

「從今天起，司令撥給你用了。」車伕回答。「以後我完全聽姚老板調遣。」車伕很會說話，是個精明人，三十多歲，體格很壯，卻無半點傖氣。姚春蘭暗自就心，王公霸把自己的車子撥給他用，明是討好，暗是監視，她以後不是動彈不得？她遲疑了一下不肯上車。客氣地對車伕說：

「司令公事要緊，不必讓我佔着車子，你還是回去伺候司令吧！我出門時可以隨時叫車。」

「姚老板，司令看得起妳，所以把車子撥給你用。」馬弁也說。「除了妳，誰也別想坐他的車子。」

「是呀，人家師長旅長也別想我拉他一下。」車伕說。

帳房先生也笑着走了出來，對姚春蘭說：

「姚老板，司令的好意，妳卻之不恭，放心坐吧！」

姚春蘭望望帳房先生，帳房先生使了一個眼色，她這纔安心地坐上去，對車夫說了一句：

「以後麻煩你了。」

「姚老板妳何必客氣？小的吃了司令的糧餉，理所當然，何況是一家人？」車夫說着拉起車子就走。

王公霸的車子人人認識，何況後面又跟着他的馬弁？姚春蘭失蹤多日突然在大街上出現，又坐着王公霸的車子，因此路人更側目而視。

店舖雖然照常營業，可是生意清淡。街上有士兵巡邏，看見王公霸的車子也行注目禮。

老杜和馬弁一左一右地跟在車子後面跑，老杜故意裝出十分吃力的樣子。馬弁一邊跑一邊擦汗，他却絲汗不出。

王公霸的藏嬌金屋是劉翰林的府第，是城裡數一數二的深宅大院，座落在一條深長僻靜的巷子裡。劉家後人多半在南京、上海、漢口等地經商，小兒子却是個革命黨，這座大房子只有一個老管家和一些閒雜人住。王公霸看中了這個房子，便把那些人統統趕了出去，粉刷一新。

車子在大門口停下，門口已經站了一個衛兵。姚春蘭一下車衛兵就向她敬禮。

王公霸看姚春蘭進來，便走出廳堂，步下台階迎接。姚春蘭碎步上前，向他行了一個禮兒。王公霸笑吟吟地牽住她的手走進客廳。立刻有個嬷嬷端上茶來，王公霸指着嬷嬷對姚春蘭說：

「她就是特地請來服侍妳的。燒茶、弄飯、洗衣、倒馬桶，一切女人活兒妳都可以叫她做。」

姚春蘭打量這個嬷嬷一眼，不過三十五六，細皮白肉、乾乾淨淨，不像普通鄉下人。

「妳看合不合意？」王公霸問姚春蘭：「不合意咱再請一個，三塊大洋一月，沒有什麼了不起。」

「不必，」姚春蘭笑着搖搖頭。「她很討人歡喜。」

「此地的娘兒們水色很好，」王公霸說：「比咱們北方强。弟兄們很想討她們，偏偏她們不肯嫁吃糧的。」

「此地是魚米之鄉，女人享福，她們自然不願嫁外鄉人。」姚春蘭說：

「如果咱們總司令統一全國，咱在這兒久坐江山，不嫁也要她們嫁。」王公霸說，隨即站了起來：「咱帶你前後看看，咱有事不能久陪。」

他先帶姚春蘭參觀新房，新房是在第二進，是一個很大的房間，全部雕花窗櫺，紅漆家具、櫸木床、珠羅蚊帳，床頭還裝了鏡子，牆壁天花板上裱着粉紅色的囍字壁紙，完全是新房的氣氛，房間裡還裝了一部專線電話。

「妳看，這間房子不比悅來客棧好？」

「可是我重孝在身，未必相宜？」姚春蘭說。

「沖沖也好，何必拘禮。」王公覇說。

「我有話在先，不過七七你不能在這兒過夜？」姚春蘭說。

「咱過來坐坐聊聊天總可以？」王公覇笑着說。「妳總不能不讓咱進房？」

姚春蘭怕斷了他的路把事情弄僵，便笑而不答。王公覇却十分得意，又挽着她參觀別的部份。房屋一共三進，中間兩個大天井，前面一個花園，寬敞安靜，總共纔住這麼三四個人，要是平時，實在覺得冷靜，現在却正好。因此王公覇要她把客棧的東西搬過來，她便點頭同意。

王公覇打了一個電話要副官派人去客棧搬東西，姚春蘭要帶老杜去照顧，王公覇只好點頭，隨後又說：

「妳去一趟也好，免得丟了東西。以後妳只要茶來伸手，飯來張口，坐着享福。」

「我是黃連命，只怕享不得這個福。」姚春蘭似笑非笑地說。

「福又不是這種人家專享的，」王公覇說：「現在朝代變了，咱要妳享福妳就享福。」

「眞是風水轉了向，想不到我沾你的光？」姚春蘭笑着說，隨後又臉色一黯地問：「我娘的事你派人去辦了沒有？」

「不必操心，妳快去把東西搬來。」王公覇揮揮手說。

姚春蘭又帶着老杜回到悅來客棧。衛兵揹着盒子炮跟在後面保護，到了悅來客棧又守在大門口。王公霸派的人還沒有來。帳房先生跟姚春蘭上樓，姚春蘭把經過情形告訴他。帳房先生說：

「妳搬過去很好！車夫是我們打埋伏的，新請的嬤嬤也是我們的人，外面也安排了人手接應，只有衛兵是他的。」

「一個衛兵容易對付。」老杜說。

「姚老板，眞想不到王公霸會把包車撥給妳用！」帳房先生說：「這着棋子我們下了很久，原先指望他暗殺王公霸，一直沒有機會下手，想不到現在移花接木，他是活擋箭牌，最好帮助你們逃走。」

「或許王公霸眞的惡貫滿盈？」老杜說。

一陣雜遝的腳步聲走上樓來。姚春蘭連忙裝着收拾東西，老杜帮忙，帳房先生站在旁邊觀看。副官帶了兩個士兵過來，站在門口向姚春蘭敬禮。姚春蘭認識他，笑着對他說：

「梁副官，偏勞你了。」

「不敢當，還是我們份內的事。」梁副官一腳跨了進來，指揮兩個士兵搬東西。

搬了幾次纔把箱子搬完。姚春蘭對梁副官說：

「你們先走，我隨後就來。」

梁副官敬了一個禮，轉身就走。

姚春蘭老杜和帳房先生商議了一陣纔下樓來，回來時王公霸已經走了。梁副官對姚春蘭說：

「司令有急事走了。他說今兒晚上要擺幾桌酒席請妳，一方面替妳壓壓驚，一方面把喜事兒公開。」

我也要先走一步，還有很多事兒要辦。」

姚春蘭沒有留他，她不願意拋頭露面，更不願意王公霸把她公開。她問老杜：

「你看這事兒怎麼辦？」

「照說這是他抬舉妳？」老杜說。

「可是事情一公開，以後對二少爺的面子上就不大好看。」姚春蘭說。

「他要公開妳又有什麼辦法？」

「我不想去。」

「那事情不是弄僵了？」

「我討厭那些大老粗，不想和他們應酬。」

「城裡是他們的天下。俗語說：站在人家屋簷下，不能不低頭。何況妳是有所謂而來？公開了對妳或許更方便？」

「那以後我對二少爺又怎麼交代？他是名門世家，本地人誰不知道？將來人家說他討了王公霸的七姨太作兩頭大，那多不光彩？」

「妳的話自然有理，可是也得分個輕重緩急，依我看來，很難兩全，爲了報仇，也顧不得二少爺的顏面了。」

姚春蘭聽老杜這樣說，楞了半天纔說：

「那我是非去不可了？」

「妳只當唱戲好了。」老杜笑着回答：「主角兒不登台，戲怎麼唱下去？」

「但願他今兒晚上喝個大醉，我好趁機下手。」姚春蘭說。

「要看準時間地點，不可冒失。」老杜說：「如果我不在妳身邊，又無別的幫手，最好按兵不動。」

「不知道酒席擺在什麼地方？」

「可惜先前沒有問問梁副官。」

「王公霸既然要公開，我想不是玉樓東就是翡翠閣，城裡以這兩家館子最大，菜也最好，大喜慶事兒都不出這兩家，他從前也請我吃過。」

「我可沒有上過這兩家大館子，不知道他肯不肯賞我一個座兒？」老杜自嘲地說。

「既然他當喜事辦，我自然也要他賞個臉兒。」姚春蘭說。

房裡的東西還沒有完全整理好，老杜自動替她整理一番，擺得整整齊齊，十分順眼。姚春蘭看了一笑說：

「你準備我住一輩子似的，這些東西還不知道好給誰呢？」

「那怕住一天兩天，也要裝作天長地久，好讓王公霸開心，說不定還能物歸原主呢？」老杜說。

「這場兵災不知道會糜爛成什麼樣子？我也不知道是王公霸死還是我死？還談什麼物歸原主？」姚春蘭黯然地說。

嬤嬤過來問姚春蘭中午吃什麼菜？姚春蘭客氣地對他說：

「自己人，不必客氣，湊合湊合就行。」

嬤嬤湊近她的身邊，輕輕地對她說：

「姚姑娘，以後妳叫我周媽好了。有什麼事兒妳儘管吩咐，我一定效勞。」

「以後請多照顧。」姚春蘭說。又指指老杜。「這位杜老前輩也不是外人。」

「久仰得很，」周媽望着老杜說：「但願這次托兩位的福，把他宰掉。」

「只要我們同心合力，諒他逃不了。」老杜說。

衛兵換班，到後面來看了一下，交班的衛兵指着姚春蘭對接班的衛兵說：

「這位是七姨太。」

接班的衛兵對姚春蘭行了一個禮。交班的衛兵又說：

「好好保衛七姨太，要是出了紕漏，可別想活。」

「不要躭心，這兒沒有閒雜人，比旅館保險多了。」姚春蘭說。又指指老杜和周媽，要他認識一下。「他們兩位出進，可用不着保鏢。」

「他們算老幾？」接班的衛兵望望他們兩人輕蔑地一笑，又回過頭來對姚春蘭說：「七姨太，我們只保護妳，可不保護老媽子聽差的。」

姚春蘭看這個衛兵輕視老杜他們，又左一個七姨太，右一個七姨太，心裡不是味兒。忍不住柳眉一豎，大聲喝斥：

「你別狗眼看人低！什麼七姨太八姨太的？你給我滾出去！我用不着你保護！你這樣沒有規矩，回頭我要司令摘掉你的腦袋瓜子！」

衛兵原以為她是個唱戲的，又是第七個姨太太，心理不免有點輕視，想不到她會有這麼大的脾氣，要司令摘他的腦袋瓜子，自然害怕起來。他知道王公霸喜歡摘人家的腦袋瓜子，自己是個小兵，如果她眞的告「枕頭狀」，腦袋準會搬家。他越想越怕，兩隻脚就軟了下來，跪在地上求饒：

「剛纔我說錯了話，請奶奶掌嘴，饒我一命吧！」

「滾出去！別打髒了我的手！」姚春蘭喝他出去，他爬起就溜。交班的衛兵也沒趣地跟着走了。

「何必跟這班奴才一般見識？」老杜說。「到了那個節骨眼兒再給他吃點苦頭不遲。」

「我一聽見他叫七姨太就生氣！」姚春蘭說：「不先給他一個下馬威他更會把你們當下飯菜！」

「我們不過是臨時客串一下，又不和他作親家，受點兒委屈何妨？」周媽說。

老杜笑着點頭。姚春蘭也不禁失笑，隨即自嘲地說：

「唉，我竟假戲眞做起來！眞想不開。」

下午五點鐘，王公霸過來。他換了一身筆挺的新軍服，腰上掛着指揮刀，頭髮剃得光光的，像個皮球，鬍鬚也刮得乾乾淨淨，長統黑馬靴擦得放亮，臉上喜氣洋洋，很像個新郎官的樣子。他要姚春蘭化粧成個新娘，穿上最好的衣服，姚春蘭照辦。但是最後她說：

「我說了要過七七纔能成婚，今天不過是虛應故事，免得掃你的興。」

「咱也是這個意思。」王公霸笑着說：「今天只是一個形式，讓妳和大家正式見見面，使他們知道咱娶了妳，以後也好來往，有個稱呼。」

「今天有些什麼客人？」姚春蘭問。

「都是有頭有臉的人物。」王公霸說：「除了咱的重要幹部之外，還有商會會長，重要士紳，沒有一個不是響噹噹的。」

「是在玉樓東還是翡翠閣？」姚春蘭問。

「比那兩個地方更好。」王公霸說。

「那是什麼稀奇地方？」

「去了妳就知道。」

「我帶老杜去好不好？」

「今天是什麼場合？」王公霸神氣地說：「他那副熊相怎麼能去？別惹大家作嘔！」

「他不去誰給我聽差？」姚春蘭撒嬌地說。

「聽差的多的是，男女都有，用不着他。」王公霸說：「妳叫他過來，我有話吩咐他。」

姚春蘭站在房門口叫了一聲老杜，老杜蹭蹭蹬蹬跑了過來，忙問什麼事？王公霸粗聲大氣地對他說：

「你給咱去把頭髮剃光！把鬍鬚剃掉！這兒是司令公館，不是土匪窩，你別給咱丟人！」

「是。」老杜恭敬地回答，一面倒退。

「你怎麼這樣粗聲大氣？」姚春蘭責怪地對王公霸說：「你別駭着了他！」

王公霸哈哈大笑，捏捏她的臉蛋說：

「乖乖，他又不像妳這麼嬌滴滴的，他土匪都當過，還怕咱粗聲大氣？」

「我說了他是個好人，又是我的救命恩人，你對他客氣一點好不好？」姚春蘭撒嬌地說。

「好，好，好！」王公霸笑着摸出一塊大洋，向老杜一拋說：「賞給你剃個頭，以後不要再是這副窩囊相，像個要飯的花子。將來這兒人來客往，咱身爲司令，自然要有點排場。」

「是，多謝司令的重賞。」老杜雙手捧着那塊銀洋說。

王公霸笑着帶姚春蘭出來，前呼後擁，好不威風。

擺酒席的地方叫做「柴桑賓館」，是王公霸招待貴賓，酒色徵逐，和開機密會議的地方，警衛森嚴，十分幽靜，平時很少有人在這兒經過。姚春蘭也不知道有這個地方，進來之後，她覺得如入龍潭虎穴。

「你為什麼要在這個地方請酒？」

「這是招待貴賓的地方，環境好，警衛強，不怕南軍的奸細，咱們可以安心吃喝玩樂。」王公霸說。

大廳當中已經擺好了五張大八仙桌，梁副官正指揮士兵在鋪紅桌布，擺酒杯筷子。大廳正中掛了一幅紅喜帳，喜帳正中貼了個金囍字，喜帳前面的條桌上擺了一對大紅蠟燭。王公霸帶她進來看看，梁副官連忙喊了個「立正」口令，恭恭敬敬向他們兩人行了個鞠躬禮，再指揮士兵工作。

隨後他又帶她到貴賓室，牆壁上掛滿了名人字畫，地上鋪着紅色的波斯地毯，牆壁周圍的太師椅上、茶几上，擺滿了賀喜的禮物。王公霸隨手打開一盒禮物給姚春蘭看，裡面放着一件頂好的織錦緞子衣料，還有一對大金鐲子。姚春蘭看了一笑說：

「這人真捨己！」

「這點小禮物，那在咱的眼裡？」王公霸不屑地說：「不過總算他們找到了一個拍馬的機會。」

隨後他又大聲喊梁副官：

「梁副官！客人快來了，把這些東西搬進房去，不要佔住座位。」

梁副官應了一聲「是」，就叫來三個十七八歲梳着大辮子的漂亮的大姑娘來搬禮物。姚春蘭心裡好生奇怪，輕輕問王公覇：

「她們在這種禁地幹什麼？」

「聽用的。」王公覇笑着回答。

禮物搬完，客人也陸續來到，王公覇大模大樣地坐在貴賓室，並不去接，由梁副官一個個領進來。客人見了王公覇都先行禮，左一句恭喜，右一句恭喜，司令長，司令短，叫得怪起勁的。姚春蘭不完全認識這些人，但這些人都認識她，對她也恭而且敬，口稱「太太」不絕。有幾位女眷，更貼近她身邊坐着，搶着奉承。

縣長最後來到，見了王公覇也一臉諂笑，行九十度鞠躬禮，還一再告罪：

「卑職因公遲到一步，請司令不要見怪。」

「今天是咱的喜慶日子，咱不怪你。」王公覇大模大樣地說：「如果是誤了錢糧公事，咱可要把你的紗帽摘下來。」

「卑職不敢。」縣長弓着背脊回答。

王公覇看看客人已經到齊，便大聲對梁副官說：

「梁副官！開席！」

「是，」梁副官遠遠應着：「酒菜已經準備好了，請司令、太太、和客人入席。」

王公覇說了一聲「請」，客人便紛紛站了起來，但沒有一個人敢先走一步，王公覇老實不客氣地牽着姚春蘭逕自走到當中那一桌首席坐下。

客人的位子已經安排好，有兩位女眷安排在姚春蘭旁坐下，她們兩人受寵若驚。

王公霸首先舉着杯子站起來，向大家說：

「今天是咱和姚老板的好日子，請諸位來喝杯水酒，作個見證，以後彼此稱呼也方便些。」他一邊說「邊拉起姚春蘭：「咱們兩人先敬大家一杯。」

王公霸一飲而盡，姚春蘭只在唇邊抿了一抿。客人們紛紛乾杯，說了許多「白頭偕老」、「天作之合」的吉慶話兒。姚春蘭心裡不是滋味，但她還是强顏歡笑。

吃過兩道菜之後，客人便紛紛過來敬酒，每一個人都想找機會高攀一下。王公霸的身體健壯如牛，酒量很好，看得上眼的他都乾杯，自己的直屬部下他也喝半杯。姚春蘭不會喝酒，又存有戒心，無論任何人敬酒，她都只用嘴唇抿一下，有的實在推不掉，就由王公霸和兩位女客代喝。

商會會長，也就是兼營戲園子的大老板，本來要姚老太太賠償損失，退還包銀，現在見了姚春蘭不但隻字不提，反而送了一筆重禮，又親自過來向王公霸和姚春蘭敬酒。王公霸喝了，姚春蘭推辭說：

「你知道我不會喝酒，也不能喝酒，饒我一招如何？」

「姚老板，今天是妳的好日子，現在妳貴爲夫人，不必登台，我們賓主一場，請妳賞我一個薄面，隨意喝一點，以後還要請多多關照呢！」

姚春蘭淺淺地喝了一點，然後對他說：

「眞對不起，我們的合約還沒有滿，我又不能登台，我看我還是先退包銀吧？」

「唉，小意思，小意思！不足掛齒。」他連忙搖手。「以後只要妳同司令口角春風，我就受益不淺了。」

商會會長敬過之後，縣長又來敬酒。縣長雙手舉杯，向王公霸和姚春蘭說：

「我代表本縣六十萬民衆，向司令和夫人敬酒，祝兩位白頭偕老，瓜瓞綿綿。」

姚春蘭眉頭一皺，連杯子也沒有碰一下。王公霸卻嘲笑他說：

「章縣長，我看你只能代表城裡二十五萬百姓，城外的錢糧你就不敢去要，你怎麼能代表他們？」

「秋熟馬上登場，請司令派一連人同我坐地催繳，保險大軍能吃三年。」章縣長回答。

「好，你誇下海口，到時候交不了差，咱可要摘你的紗帽？」王公霸似笑非笑地說。

「司令不必躭心，我說到做到。」章縣長說，又敬了王公霸一杯酒。

酒醉飯飽之後，客人要求姚春蘭唱一段戲助興。姚春蘭以爲這種地方不會有胡琴，便藉詞婉拒。想不到王公霸卻對梁副官說：

「梁副官，把胡琴拿來！」

梁副官應了一聲是，很快地把胡琴送了過來。姚春蘭奇怪地問王公霸：

「這種地方怎麼會有胡琴？」

「這兒孫總司令都住過，除了月裡嫦娥，地上的東西那一樣沒有？」王公霸驕矜地回答，隨後又問客人：「那一位會拉絃子？」

「我來湊個數兒。」商會會長自告奮勇地接過胡琴。又問姚春蘭：「姚老板，唱什麼？」

姚春蘭根本無心唱戲，沒有作聲。客人中有的點「三娘教子」，有的點「寶蓮燈」，有的點「武家坡」，有的點「御碑亭」，有的點「春秋配」，有的點「三進宮」，有的點「祭塔」，有的點「祭江」……都不合王公霸的意。王公霸搖搖手說：

「那天她唱玉堂春唱的實在好，可惜沒有唱完就碰上南軍的奸細炸船，掃了咱的興。接着她又被綁票，沒有再唱，咱看還是唱玉堂春好。」

大家馬上鼓掌。

姚春蘭無奈，只好對王公霸說：

「只唱一段玉堂春，下不為例。」

王公霸點頭。她便來了一個叫頭：

「苦——哇——」

聲音悽厲悠長，石破天驚，她也黯然落淚。

唱完以後，大家熱烈鼓掌，說了許多奉承話。兩位女客還對她說：

「唱得眞好！我眞想拜妳爲師呢！」

「什麼都好學，可不要學唱戲。」姚春蘭說。

女客自討沒趣，客人紛紛告辭。王公霸也不相送，只對梁副官說：

「梁副官送客。」

梁副官把客人送到大門口，也不再送。然後悄悄地對兩個衛兵說：

「從現在起，不准任何人進出！」

一位十七八歲的大姑娘過來對姚春蘭說：

「洗澡水預備好了，請太太洗澡。」

「我回去洗。」姚春蘭說。

「不必回去，在這兒洗一樣。」王公覇說。

「我換洗的衣服沒有帶來。」

「這兒什麼都有。」

姚春蘭只好跟着那個大姑娘去到浴室。這個浴室設備很好，只有上海南京那種大都市纔有。那個大姑娘把衣服、肥皂、香水，統統準備好了。還問姚春蘭：

「太太，要不要我替妳洗？」

姚春蘭連忙搖頭。隨後又好奇地問她：

「大姑娘，妳在這兒是幹什麼的？」

「太太，這是個兔子洞，妳是明白人，這還用問？」大姑娘頭一低，紅着臉回答。

姚春蘭哦了一聲，望着她半天沒有講話。

她關好門，獨自洗澡，心裡七上八下。她知道這不是一個尋常地方，她十分耽心自己能否脫離這個龍潭虎穴？如果不能脫離，那她這一輩子就完了。她又奇怪為什麼王公覇不要她直接搬到這兒來，要另外營個金屋？莫非這兒有什麼重大機密？想想警衛那麼森嚴，閒人止步的情形，又不止是兔子洞了。

她越想越煩惱，越想越害怕。老杜不在身邊，她就膽怯，六神無主。她穿着整齊之後纔走出浴室，直接找王公覇。王公覇仰在太師椅上抽烟，穿着馬靴的脚架在圓桌上。一位標緻的大姑娘站在旁邊替他打扇。

「洗過澡了，我要過去。」姚春蘭說。

「今天是咱們的好日子，這兒洞房都佈置好了，你別過去？」王公霸笑着回答。

「我說了熱孝在身，要過七七纔能成婚的！」姚春蘭說。

「妳那不是吊咱的胃口？」王公霸哈哈一笑。「妳想咱怎麼能等到七七四十九天？」

「這是老祖宗立下的規矩，你不能不遵守；你答應我的話也不能不算數。」姚春蘭說。

「妳別這麼迂！」王公霸把姚春蘭拉進懷裡，姚春蘭看旁邊站着一個大姑娘，用力掙脫，王公霸哈哈一笑說：「想不到妳還害羞？」

「妳既然娶我，就請你尊重我。」姚春蘭說。

「好，好，咱現在不動手動脚。」王公霸點頭一笑。「不過今天先入洞房再說，以後由妳。」

「司令，我熱孝在身，你小心撞了晦氣。」姚春蘭警告他。

王公霸哈哈大笑，把烟蒂摔在地上，用脚一踏一搓說：

「老子向來不信邪，還怕什麼晦氣？五殿閻王碰上了咱王公霸，也要碰他一鼻子灰！」

姚春蘭背脊發冷，不禁打了一個寒噤。王公霸對身邊那個大姑娘說：

「妳帶七姨太到新房去休息，我洗過澡就來。」

說着他還自走了。

姚春蘭楞了半天，那個大姑娘提醒她，她也只好跟着那個大姑娘來到新房。

這是一個很漂亮豪華的房間，一切設備俱全，比那個藏嬌的金屋還好得多。姚春蘭禁不住問那個大姑娘：

「這是不是專爲我佈置的？」

「不是，」大姑娘笑着搖搖頭：「這間房是專門招待大人物的。此外只有司令物色到了像妳這樣出色的姑娘時纔來住住。」

「司令另外替我準備了房子，我想到那邊去，妳看有沒有什麼法子？」

「除了司令放行，插翅也飛不出去。」

「妳也不能出去？」

「我進來之後就沒有出門一步。除了司令和梁副官、偵緝隊長外，誰也不能自由出入。」

姚春蘭倒抽了一口冷氣，從頭頂直冷到脚跟，她聽見王公綳走了過來，暗叫了一聲「娘呀！」便倒在床上啊啊地哭了起來。

第十七章 毒酒佳餚除惡霸 遺書明志出名門

姚春蘭一夜未歸，老杜一夜未曾合眼。城裡九點鐘戒嚴，他沒有特別通行證，不敢亂走一步。

第二天早晨周媽買菜回來，悄悄地塞給他兩張特別通行證，他嘆口氣說：

「要是昨天晚上到我手裡，或許能保全姚姑娘的清白！」

「女人幹這種險事兒，要想保全清白，眞比駱駝穿針眼還難。」周媽說。

「周媽妳不知道，姚姑娘不是幹你們這一行的，她還有心上人呢！」老杜說。

「那她是個孝女了。」周媽說。

「姚姑娘的犧牲太大了！」老杜重重地嘆了一口氣。

上午十點多鐘，姚春蘭纔回來。她一踏進房門就哭了起來，老杜連忙趕上一步，輕輕地說：

「姚姑娘，不可失態。」

「一着錯，滿盤輸，我眞沒有臉去見二少爺！」姚春蘭忍住眼淚說。

「這倒不見得！」老杜說：「鹿死誰手？還不知道。特別通行證我已拿到。」

「那很好！」姚春蘭破涕爲笑。「我約了王公霸來吃晚飯，我想今兒晚上就下手。」

「使得。」老杜點點頭，「是妳下手還是我下手？」

「我想先下毒，再動手。」姚春蘭說。「這樣就不會放生。」

老杜點點頭，姚春蘭要他把周媽請來，悄悄地對周媽說：

「周媽，麻煩妳買幾樣好菜，買兩斤好高粱酒，買包毒藥，王公霸要來吃晚飯，我準備下手。」

「毒藥不用買，我隨身帶着。」

「管不管用？」姚春蘭問。

「保險能毒死一條大水牛。」周媽笑着回答。

「另外還要請妳向魯先生關照一聲，準備晚上接應。」老杜說。

「這我知道。」周媽點點頭。

「妳去吧，一切拜托。」

周媽走後，姚春蘭和老杜還商量了一陣。姚春蘭忽然望着老杜的光頭光臉說：

「老前輩，你這副樣子今兒晚上或許大有用場？」

「我也這樣想。」老杜一笑：「所以我忍痛剃掉刮光。」

「老前輩，委屈您了！」姚春蘭抱歉地說。

「姚姑娘，妳說過捨不得孩子套不住狼，我剃頭刮臉算得什麼？」老杜故作輕鬆地說。

「您本是野鶴閒雲，我害您淌這趟渾水，冒生命危險，心裡總是不安。」

「姚姑娘，妳怎麼又說這種話來？」老杜奇怪地望着她。

姚春蘭沉默不語。老杜也不好再問，他怕露出馬脚。

老杜走後，姚春蘭關起房門流淚。她想起昨夜王公覇的輕薄、污辱，她就痛不欲生。她恨不得把王公覇千刀萬剮。她發覺王公覇不僅好殺，對女人的蹂躪也十分殘酷。她覺得他沒有一點人性，是個野蠻的畜牲。她覺得她再沒有面目見老太太和林鳳儀，再沒有面目見唐卓人，更沒有臉和他結婚，作唐家的媳婦。但她又希望長眠於母親身邊，免得她孤苦伶仃。想到母親，她更淚如泉湧，難道眞的鬼怕惡人？一點也不能幫助她？昨夜她是多麼希望母親顯靈？但她並沒有出現，一任王公霸爲所欲爲。

昨夜她就想死，但死後一定要葬在母親身邊，死前一定要報仇雪恨。因此她强裝笑臉邀王公霸到金屋來。王公霸食髓知味，高興的不得了。還得意地說：

「我早知道古人興的規矩敵不住乾柴烈火，妳不過是說說而已，果真不錯！」

姚春蘭一想起這幾句話，就感到無比的羞辱。馬上雙手合十放在胸前，喃喃地說：

「娘，今晚兒上您一定要顯靈，讓我替您報仇，替自已雪恨。然後我陪您長眠鳳凰谷，免得您冷冷清清。」

她禱告一番之後就給唐卓人寫遺書，邊寫邊哭。寫完又小心地塞進懷裡，納入小口袋中。

這樣她反而心無牽掛，十分坦然，格外平靜。

周媽從外面回來，買了一條大鱖魚、一隻大母雞、一個蹄膀、兩隻墨魚乾、兩斤黃鱔、一隻大鱉、兩瓶上好的高粱酒。她特別送給姚春蘭看，姚春蘭點點頭，切齒地說：

「讓他吃了去死吧！」

隨後又要周媽分點毒藥給她，周媽從懷裡摸了一小包給她，問：

「是妳下還是我下？怎麼個下法？」

「請妳準備兩隻四兩大小的酒壺，他的量大，第一壺不要下毒，第二壺再下，份量下重些，不然毒他不死。」姚春蘭說，又把手上的藥包放近鼻尖聞聞：「有氣味沒有？」

「無色無味。」周媽回答。

「妳身上還有沒有？」

「有。」周媽點點頭：「我下了妳就不必再下，這藥很毒，妳要小心，不要沾在手上，弄進口裡就沒有救。」

「我知道」姚春蘭點點頭，把藥包也塞進懷裡：「我怕它不毒！」

「我說了，可以毒死一條大水牛。」

「還有，妳和魯先生碰頭沒有？」

「放心，自然有人接應。」

「車夫也請妳關照一聲。」

「已經關照過了，我要他專門對付衞兵。」

「多謝妳費心！」姚春蘭拍拍周媽說：「菜再弄可口一點，成敗在此一擧。」

「放心，」周媽輕鬆地一笑：「我知道王公覇歡喜吃紅燒蹄膀，叫化子鷄，口味重一點，一切自然以他為主，不毒死也會脹死。」

周媽笑着提起菜籃走進廚房。

晚飯菜弄好之後，已經六點，王公覇沒有來。原來姚春蘭和他約好是六點吃飯的，心裡不免焦急起來。等到七點半還沒有消息，老杜、周媽、車夫也有點憂慮。他們怕的是洩漏了天機，不但不能殺掉王公覇，反而會被他一網打盡。車夫和周媽都暗藏了手槍，老杜沒有槍，他向周媽要了十幾塊銀洋放進口袋。周媽懷疑地問他：

「你想作買路錢是不是？」

「不，這就是武器。」老杜連忙解釋，怕她不信任，隨手拿出一塊銀元向牆上一擲，銀元完全嵌進牆中。周媽又驚又喜，又給他十幾塊銀元，老杜笑着搖頭：

「夠了，我只希望備而不用，不想殺生太多。」

「萬一王公霸派人把房子包圍了那怎麼辦？」周媽說。

「到時候再看，」老杜回答：「瓦片樹葉都可以殺人，不必銀洋。」

「他們正談話間，忽然聽見大門口衛兵大聲喊「敬禮」。他們輕輕吁了一口氣。

王公霸全身戎裝，腰間掛着指揮刀，臉上有一股殺氣，後面跟着馬弁，也是面如寒霜。老杜和周媽看了都一怔。姚春蘭從房裡走出來，笑臉相迎。王公霸看見姚春蘭，纔展顏一笑。

姚春蘭把他接進房裡，親手替他脫下上裝，把衣服、皮帶、指揮刀都掛在衣架上，然後撒嬌地說：

「你說六點來，現在快八點了，等得我好心焦。第一天就不守時，以後就不用說了？」

「真他媽的太不湊巧！」王公霸大手在桌上一拍：「又逮住了幾個南軍重要奸細，咱怕放了生，親自監斬去了。想不到就擱了這麼多時間。」

「喲！你真是小題大做！監斬奸細也用得着你自己去？」姚春蘭一面替他打扇一面說。

「這幾個奸細非比尋常，咱自己監斬就是警告南軍不要再和老子耍這一套！捉一個殺一個，誰也不饒！」王公霸說。

「別說得這麼駭人！到我這兒來了應該輕鬆輕鬆，不談公事，說點吉利話兒纔是。」

「要不是南軍逼得緊，咱真想日夜泡在妳這兒。」

「只怕你是嘴上說得好聽？」

「今兒晚上咱就不走。」

「要是一個電話打來，你不馬上離開纔怪！」姚春蘭故意走開，又回轉身來對他說：「我說在先，我可不歡喜有人中途打擾。」

「誰敢打擾？」王公霸哈哈一笑。

「什麼參謀長哪、軍師哪、梁副官哪，他們有事不會打電話來？」

「那咱就先關照他們一聲，今兒晚上有事不必找咱，由參謀長代拆代行。」他一面說一面打電話給梁副官。然後望着姚春蘭說：「這妳該稱心了吧？」

「我實在是爲妳着想，」姚春蘭向他一笑：「你日夜辛勞，鐵打的身體也會拖垮。」

「還是妳有點兒良心，」王公霸也高興地一笑：「那幾位從來沒有講過這種話。」

周媽端着洗臉水進來，王公霸粗枝大葉地洗了一下臉，姚春蘭倒了幾滴花露水在手巾上，又替他在臉上、頸上、光頭上擦擦，他樂得張開大嘴直笑。

周媽又把洗臉水端出去，姚春蘭對她說：

「把飯菜開到房裡來。」

周媽應了一聲「是」，匆匆走了出去。

她把酒菜用大托盤端了進來，擺好。王公霸看見叫化子雞，立刻誇獎周媽幾句，又湊近去聞聞。

姚春蘭看他高興，便提起酒壺替他斟酒說：

「難得你謀到周媽這樣一個好廚師，今兒個要多喝兩杯，盡盡興兒。」

「你也陪咱喝兩杯，」王公霸說：「昨兒晚上妳沒有喝，現在只有咱們兩人，妳也不妨盡興。」

「本來我滴酒不沾，」姚春蘭笑盈盈地說，隨即替自己斟了小半杯。「爲了使你高興，我陪你半杯。」

「司令儘管開懷暢飮，」周媽說：「這酒很好，我買了兩瓶。」

「妳的菜好，今天咱眞要把兩瓶酒報銷。」王公霸隨即端起杯子喝了一大口。

「承司令賞臉，以後我更要好好地弄了。」周媽說。

「這地方吃的東西實在好！」王公霸指着鱖魚說：咱在家鄉就沒有見過鱖魚，此地吃鱖魚就像吃靑菜豆腐。」

姚春蘭舉起酒杯向他敬酒，他把杯子和她的碰了一下說：

「咱們喝個交歡杯兒！」

隨即一飮而盡，用手扯下一隻鷄腿，大啃大嚼起來。

周媽悄悄出來，替老杜和馬弁在外面開飯，菜也很好。她還特地倒了一茶杯酒給馬弁喝，使馬弁眉開眼笑。

菜好、酒香，又加姚春蘭殷殷相勸，媚態橫生，王公霸豪性大發，第一壺酒不多久就已喝完。姚春蘭走到房門口喊周媽送酒來，周媽連忙把第二壺酒交給姚春蘭，兩人交換了一個眼色，姚春蘭說了聲「多謝」，捧着酒壺進來替王公霸斟了一個滿杯，又挾了一塊鷄肉塞進他的嘴裡。王公霸樂得眉開眼笑，在姚春蘭臉上親了一下說：

「咱那些女人沒有一個抵得上妳！那一萬大洋眞沒有白花！」

「你是疼那一萬大洋還是疼我？」姚春蘭笑着問他。

「一萬大洋在咱眼裡算不了什麼，像妳這樣玲瓏漂亮的妞兒，打着燈籠火把也難找到，咱自然疼妳。」王公覇笑着說，又在她臉上親了一下。

姚春蘭端起酒杯往他嘴邊送，王公覇斜着眼睛對她說：

「咱們兩人一人一半，喝個交歡杯兒。」

「我不會喝，你是海量，你一個人喝，我心領就是。」姚春蘭說。

王公覇笑着把大嘴一張，姚春蘭灌了下去。連忙挾了一塊蹄膀塞進他的嘴裡，他笑着大嚼起來，又伸手在姚春蘭胸前摸了一把。

姚春蘭倒退一步，又替他斟滿了一杯。

酒色當前，王公覇豪性與獸性俱增，一面大吃大喝，一面動手動脚。姚春蘭强捺住心頭烈火，殷殷相勸。忽然看見他的光頭上冒出豆大的汗珠，臉色蒼白，和他昨天晚上喝了酒滿臉通紅的情形不同。她心裡暗自高興。他左手抱着肚子目不轉睛地望着她，眼睛睜得很大，她有點害怕，連連倒退。他突然跳起來右手在桌上一拍，破口大罵：

「妳這個賤婊子做了什麼手脚？老子非把妳宰了不可！」

隨卽抓起一隻海盌向姚春蘭劈面打去。姚春蘭頭一偏，沒有打中。

馬弁正喝得高興，忽然聽見王公覇的吼罵，一驚而起，掏出木壳槍就往房門口跑，老杜隨手抓起一隻竹筷子向他腦後一擲，筷子像箭一樣射進他光光的腦袋，他撲通一聲栽倒，周媽連忙拾起木壳槍來。

老杜一個箭步衝到房門口，看見姚春蘭手裡握着指揮刀，王公覇脚步踉蹌地向她撲去，她把指揮刀對準他的胸口一刺，王公霸向她栽倒，她身子向右一閃，飛起一腳，踢在他的腰上，他翻身倒了下去，仰面朝天，指揮刀還揷在胸口。

老杜知道王公霸已死，連忙跑到前面來找衛兵。卻看見車夫和一個高大的年輕人把衛兵的屍體向後拖。他又回到後面來，看見姚春蘭正想把王公霸的光頭割下，連忙阻止：

「姚姑娘，留他一個全屍吧！」

姚春蘭躬着身子望着老杜，慢慢地說：

「老前輩，對這種衣冠禽獸，你還發什麼慈悲？」

「姚姑娘，大仇已報，妳就饒他這一招吧！」老杜說。

姚春蘭丟掉指揮刀，雙手蒙着臉哭了起來。

車夫和那個大個子年輕人已經把馬弁的軍服脫了下來，年輕人穿在身上十分合身，他的面貌也和馬弁相似，他戴好帽子佩好盒子砲，乍看上去眞和馬弁一模一樣。老杜也脫下衛兵的軍服穿上，佩着盒子砲，他的身材和衛兵也不相上下。車夫端詳了他們一眼說：

「可以混得過去！不過要緊跟在我的車子後面，裝出兇神惡煞的樣子，這纔像兩個馬弁。」

隨後車夫又催姚春蘭上車。姚春蘭對周媽說：

「周媽，我沒有什麼報答妳，不過這些箱子也值三幾千銀子，能弄走妳就馬上弄走，免得好了他們。」

「姚姑娘，妳的箱子我會留着妳用。」周媽說。「馬上有人來搬。」

「周媽，我用不着了。」姚春蘭含淚坐進黃包車。車夫連忙把遮布拉下。

戒嚴的時間還沒有到，車夫拉着車子飛奔，同時不停地按喇叭，老杜和那年輕人跟在車後奔跑，嘴裡還不斷吆喝。路人紛紛逃避，側目而視。

城門還沒有關，車夫直奔城門，衞兵認識車夫和王公覇的車子，看他們來勢洶洶，滿臉殺氣，其中一個衞兵喊了聲敬禮，另外三個衞兵連忙立正敬禮，他們直衝而出。

姚春蘭知道出了城，便摸出那包預藏的毒藥服下。

車子在李站長茶館旁邊停下，車夫先進去報告，姚春蘭出來和老杜也一道進去向李站長道謝。李站長不認識老杜，一經說明，他也啞然失笑，拍着老杜的肩膀說：

「老前輩，你和姚姑娘兩人的功勞抵得千軍萬馬。」

「別談功勞，請借套衣服我換換。」老杜笑着說。

「你這套軍服我們正用得着！」李站長說，隨即帶着老杜到小房間裡去換衣服。

「你們到底什麼時候攻城？」老杜換好衣服，把特別通行證交給他說。

「馬上進城！」李站長說：「敢死隊已經埋伏在城外田裡，我坐在王公覇的包車裡冒充他，我槍一響敢死隊就會蜂湧而入。」

「大軍未到，恐怕佔領不了。」老杜說。

「指揮所已經設在關帝廟，沿路都是我們的軍隊。」李站長說。

「姚姑娘的大仇已報，我的任務也完了，現在我們告辭。」老杜說。

「慢着！」李站長連忙把手一攔：「沿路都是部隊，佈滿了崗哨，我派兩個人護送你到關帝廟不然你們回去不了。」

他隨即找來兩個全副武裝，精明強悍的士兵，指着姚春蘭老杜對他們兩人說：

「這兩位就是刺殺王公霸的大功臣，你們小心護送他們兩位到關帝廟指揮所，不得有誤！」

然後他又和老杜握握手說：

「對不起，我馬上進城，後會有期。」

然後再向姚春蘭一鞠躬說：

「姚姑娘，對不起，我不能親自護送。」

「李站長，祝你馬到成功。」姚春蘭說。

李站長坐上車，車夫拉起就跑，後面也跟着兩個馬弁。

姚春蘭和老杜跟着那兩個士兵向關帝廟走，走不多遠就碰見尖兵問：

「口令！」

「長江！」兩個士兵回答。

「特別口令！」

「直搗黃龍！」士兵又答。

走近以後，彼此打了個招呼，就讓他們過去。

沿途都是部隊，悄悄地向城裡前進，槍都提在手上。

姚春蘭走了兩里多路就感到肚子痛，頭上在冒冷汗。她悄悄地對老杜說：

「老前輩，我恐怕走不到關帝廟了！」

老杜聽了一驚，連忙捉住她的手，問：

「姚姑娘，妳怎麼的？」

「我服了毒，沒有救。」姚春蘭說。

老杜連忙把他抱到路邊一棵大樹下半坐半靠着，悲痛地說：

「姚姑娘，妳怎麼這樣想不開？」

「老前輩，麻煩你把這封遺書交給二少爺，他看了以後就會明白。」

老杜接着沒有封套的信紙，攤地在上，向士兵要過手電，照着看：

二少爺：

辱承垂愛，感激不盡。蘭既以身相許，自望侍奉巾櫛。無奈福薄命乖，行險失節！今生已矣，願老天見憐，再結來生緣。

蘭之家世，向未奉告，此時不得不吐。蘭非梨園世家，先父為一維新士子，康梁門人，末朝閒吏，事敗棄市，抄家沒籍，時蘭尚懵懂無知也。蘭母亦為名門閨秀，隨父住京，性喜皮黃，本為名票，遂爾下海。課蘭之餘復命拜名師習藝，因此乞食江湖。蘭早有意擇人而事，家母亦不欲長久浪蕩江湖。蒙君垂愛，原以為良緣天賜，豈知煞星當頭，遭此巨變，能不教人痛斷肝腸耶？願君與老太太少奶奶見憐，許蘭長眠於家母墓穴之旁，免作孤魂野鬼，當永護府上大小平安，草木不驚也。

杜老前輩古道熱腸，大恩未報，死難瞑目。諒渠亦係傷心人別有懷抱，請善視之，當感同身受也。

春蘭絕筆

老杜看完這封遺書，不禁老淚縱橫，盤膝坐在地上，把姚春蘭放在腿上說：

「姚姑娘，我們同是天涯淪落人，妳這封遺書也勾起我一段往事，反正妳不會講出去了，我就告訴妳吧！」

姚春蘭頭上直冒冷汗，腹痛如絞，喘着氣說：

「老前輩，快講吧，我怕聽不完了！」

「姚姑娘，我老花子本來是個武舉人。庚子那年晉京，希望再取功名，想不到碰上義和團打着扶清滅洋的旗號，我也看不慣洋人欺壓中國人的橫行霸道，因此加入了義和團。八國聯軍攻打北京時，我出生入死，殺了十幾個洋人，但是我們血肉之軀，到底敵不過洋槍大砲。義和團失敗了，我也戴了花，結果義和團成了罪人。洋人說我們是「拳匪」，滿清政府也捉拿我們。我好不容易逃出了京城，後來輾轉逃到武當山，遇到了一個好心的道人收留了我，而且傳授了我更好的武功。我本名叫杜霞，綽號「杜無敵」，「飛燕子」。道人給我改了名字叫杜眞吾。我在道觀裡住了十幾年，民國成立後，道人說我俗緣未盡，叫我下山。可是下山後我又聽見人家說「拳匪」的故事，報紙上也登「拳匪」的故事，簡直把「義和團」當作「白蓮教」，這眞是天大的寃枉！因此我更加心灰意冷，不問世事，連家也不回去，隱姓埋名，浪蕩江湖，行乞度日。本來我還想再回到武當山去，可是到了鳳凰谷我就捨不得走，過了三、四年的安靜日子，想不到又遇上了妳！」

「老前輩，我害您淌了這趟渾水，開了殺戒！」姚春蘭抱歉地說。額上的汗珠兒涔涔而下。

「姚姑娘，早知如此，我眞不該陪妳進城！」老杜流着老淚說。「如果我沒有當過義和團，不知道洋槍大砲的厲害，我也早聽了毓少爺的話，單人匹馬去找王公霸了！」

「老前輩，您沒有錯，只怪我命薄如紙！」姚春蘭有氣無力地說。

這時正好來了一個担架隊，那兩個士兵連忙報告領隊的中尉，中尉便撥出一副担架抬姚春蘭。老杜把姚春蘭抱到担架上睡好，沒有抬到關帝廟，姚春蘭就香消玉殞了。

第十八章 奇人義士杜花子 風塵烈女姚春蘭

北軍群龍無首，南軍兵不血刃地進了城。

姚春蘭安葬在母親墳墓旁邊之後一個禮拜，李站長率領手下送了一塊「奇人義士」的橫匾和一塊「風塵烈女」的墓碑到鳳凰谷來。他現在是公安局長。

老杜和唐卓人把碑石安在姚春蘭的墓前，墓園也營建得和唐家祖墳一樣。

每當風晨月夕，這一老一少總在姚春蘭的墓前徘徊，落淚。

王大牛娶了菊花兒，在鳳凰谷落了籍。

瘦皮猴領了老太太一筆錢，又闖蕩江湖去了。

二〇〇七年三月十二日重校於紅塵寄廬

墨人博士著作書目（校正版）

書目	類別	出版者	出版時間
一、自由的火焰 與《山之禮讚》合併	詩集	自印（左營）	民國三十九年（一九五〇）
二、哀祖國 易名《墨人新詩集》	詩集	大江出版社（臺北）	民國四十一年（一九五二）
三、最後的選擇	短篇小說	百成書店（高雄）	民國四十二年（一九五三）
四、閃爍的星辰	長篇小說	大業書店（高雄）	民國四十二年（一九五三）
五、黑森林	長篇小說	香港亞洲社	民國四十四年（一九五五）
六、魔障	長篇小說	暢流半月刊（臺北）	民國四十七年（一九五八）
七、孤島長虹（全集中易名爲舊國島）	長篇小說	文壇社（臺北）	民國四十八年（一九五九）
八、古樹春藤	中篇小說	九龍東方社	民國五十一年（一九六二）
九、花嫁	短篇小說	九龍東方社	民國五十三年（一九六四）
一〇、水仙花	短篇小說	長城出版社（高雄）	民國五十三年（一九六四）
一一、白夢蘭	短篇小說	長城出版社（高雄）	民國五十三年（一九六四）
一二、颱風之夜	短篇小說	長城出版社（高雄）	民國五十三年（一九六四）

一三、白雪青山	長篇小說	長城出版社（高雄）	民國五十四年（一九六五）
一四、春梅小史	長篇小說	長城出版社（高雄）	民國五十四年（一九六五）
一五、洛陽花似錦	長篇小說	長城出版社（高雄）	民國五十四年（一九六五）
一六、東風無力百花殘	長篇小說	長城出版社（高雄）	民國五十四年（一九六五）
一七、合家歡	長篇小說	臺灣省新聞處（臺中）	民國五十四年（一九六五）
一八、紅樓夢的寫作技巧	文學理論	臺灣商務印書館（臺北）	民國五十五年（一九六六）
一九、塞外	短篇小說	臺灣商務印書館（臺北）	民國五十五年（一九六六）
二〇、碎心記	長篇小說	小說創作社（臺北）	民國五十六年（一九六七）
二一、靈姑	長篇小說	小說創作社（臺北）	民國五十七年（一九六八）
二二、鱗爪集	散文	水牛出版社（臺北）	民國五十七年（一九六八）
二三、青雲路	短篇小說	臺灣商務印書館（臺北）	民國五十八年（一九六九）
二四、變性記	短篇小說	臺灣商務印書館（臺北）	民國五十八年（一九六九）
二五、龍鳳傳	長篇小說	幼獅書店（臺北）	民國五十九年（一九七〇）
二六、火樹銀花	長篇小說	立志出版社（臺北）	民國五十九年（一九七〇）
二七、浮生集	散文	聞道出版社（臺南）	民國六十一年（一九七二）
二八、墨人詩選	詩集	臺灣中華書局（臺北）	民國六十一年（一九七二）
二九、鳳凰谷	長篇小說	臺灣中華書局（臺北）	民國六十一年（一九七二）

三〇、墨人短篇小說選	短篇小說	臺灣中華書局（臺北）	民國六十二年（一九七三）
三一、斷腸人	短篇小說	臺灣學生書局（臺北）	民國六十二年（一九七三）
三二、詩人革命家胡漢民傳	傳記小說	近代中國社（臺北）	民國六十七年（一九七八）
三三、心猿	長篇小說	學人文化公司（臺北）	民國六十八年（一九七九）
三四、山之禮讚	詩　　集	秋水詩刊（臺北）	民國六十九年（一九八〇）
三五、心在山林	散　　文	中華日報社（臺北）	民國六十九年（一九八〇）
三六、墨人散文集	散　　文	學人文化公司（臺中）	民國六十九年（一九八〇）
三七、山中人語	散　　文	臺灣商務印書館（臺北）	民國七十二年（一九八三）
三八、花市	散　　文	江山出版社（臺北）	民國七十四年（一九八五）
三九、三更燈火五更雞	散　　文	江山出版社（臺北）	民國七十四年（一九八五）
四〇、墨人絕律詩集	詩　　集	臺灣商務印書館（臺北）	民國七十六年（一九八七）
四一、全唐詩尋幽探微	文學理論	臺灣商務印書館（臺北）	民國七十六年（一九八七）
四二、第二春	短篇小說	采風出版社（臺北）	民國七十七年（一九八八）
四三、全唐宋詞尋幽探微	文學理論	臺灣商務印書館（臺北）	民國七十八年（一九八九）
四四、小園昨夜又東風	散　　文	黎明文化公司（臺北）	民國八　十年（一九九一）
四五、紅塵（上、中、下三卷）	長篇小說	臺灣新生報社（臺北）	民國八　十年（一九九一）
四六、大陸文學之旅	散　　文	文史哲出版社（臺北）	民國八十二年（一九九三）

四七、紅塵續集	長篇小說	臺灣新生報社（臺北）	民國八十二年（一九九三）
四八、墨人半世紀詩選	詩　選	文史哲出版社（臺北）	民國八十四年（一九九五）
四九、張本紅樓夢（上下兩巨冊）	修訂批註	湖南出版社（長沙）	民國八十五年（一九九六）
五〇、紅塵心語	散　文	圓明出版社（臺北）	民國八十五年（一九九六）
五一、年年作客伴寒窗	散　文	中天出版社（臺北）	民國八十六年（一九九七）
五二、全宋詩尋幽探微	文學理論	文史哲出版社（臺北）	民國八十九年（二〇〇〇）
五三、墨人詩詞詩話	詩詞・理論	詩藝文出版社（臺北）	民國八十九年（二〇〇〇）
五四、娑婆世界（定本）	長篇小說	昭明出版社（臺北）	民國八十八年（一九九九）
五五、白雪青山（定本）	長篇小說	昭明出版社（臺北）	民國八十九年（二〇〇〇）
五六、滾滾長江（定本）	長篇小說	昭明出版社（臺北）	民國八十九年（二〇〇〇）
五七、春梅小史（定本）	長篇小說	昭明出版社（臺北）	民國八十九年（二〇〇〇）
五八、紫燕（定本）	長篇小說	昭明出版社（臺北）	民國九　十年（二〇〇一）
五九、紅樓夢的寫作技巧（定本）	文學理論	昭明出版社（臺北）	民國九　十年（二〇〇一）
六〇、紅塵六卷（定本）	長篇小說	昭明出版社（臺北）	民國九　十年（二〇〇一）
六一、紅塵法文本	巴黎友豐（you fong）書局出版		二〇〇四年初版

附註：

▲北京中國文聯出版社二〇〇三年出版　大陸教授羅龍炎・王雅清合著《紅塵》論專書

▲臺北市昭明出版社出版墨人一系列代表作，長篇小說《娑婆世界》、一百九十多萬字的空前大長篇《紅塵》（中法文本共出五版）暨《白雪青山》（兩岸共出六版）、《滾滾長紅》、《春梅小史》、《紫燕》，短篇小說集、文學理論《紅樓夢的寫作技巧》（兩岸共出十四版）等書。臺灣中華書局出版的《墨人自選集》共五大冊，收入長篇小說《白雪青山》、《蠶姑》、《鳳凰谷》、《江水悠悠》（為《東風無力百花殘》易名）、《短篇小說・詩選》合集。《哀祖國》及《合家歡》皆由高雄大業書店再版。臺北詩藝文出版社出版的《墨人詩詞詩話》創作理論兼備，為「五四」以來詩人、作家所未有者。

▲臺灣商務印書館於民國七十三年七月出版先留英後留美哲學博士程石泉、宋瑞等數十人的評論專集《論墨人及其作品》上、下兩冊。

▲《白雪青山》於民國七十八年（一九八九）由臺北大地出版社第三版。

▲臺北中國詩歌藝術學會於一九九五年五月出版《十三家論文》論《墨人半世紀詩選》。

▲《紅塵》於民國七十九年（一九九〇）五月由大陸黃河文化出版社出版前五十四章（香港登記、深圳市印行）。大陸因未有書號未公開發行僅供墨人「大陸文學之旅」時與會作家座談時參考。

▲北京中國文聯出版公司於一九九二年十二月出版長篇小說《春梅小史》（易名《也無風雨也無晴》）；一九九三年四月出版《紅樓夢的寫作技巧》。

▲北京中國社會科學出版社於一九九四年出版散文集《浮生小趣》。

▲北京群眾出版社於一九九五年一月出版散文集《小園昨夜又東風》；一九九五年十月京華出版社出

版長篇小說《白雪青山》大陸版、第一版三千冊，一九九七年八月再版一萬冊。

▲長沙湖南出版社於一九九六年一月初出版墨人費時十多年精心修訂批註的《張本紅樓夢》、分上下兩大冊精裝一萬一千套。立即銷完、因未經墨人親校、難免疏失、墨人未同意再版。

Mo Jen's Works

1950 *The Flames of Freedom* (poems)《自由的火焰》

1952 *Lament for My Mother Country* (poems)《哀祖國》

1953 *Glittering Stars* (novel)《閃爍的星辰》

The Last Choice (short stories)《最後的選擇》

1955 *Black Forest* (novel)《黑森林》

The Hindrance (novel)《魔障》

The Rainbow and An Isolated Island (novel)《孤島長虹》(全集中易名爲富國島)

1963 *The spring Ivy and Old Tree* (novelette)《古樹春藤》

1964 *Narcissus* (novelette)《水仙花》

A Typhonic Night (novelette)《颱風之夜》

Ms.Pei Mong-lan（novelette）《白夢蘭》
The Joy of the Whole Family（novel）《合家歡》
Flower Marriage（novelette）《花嫁》
1965 *White Snow and Green Mountain*（novel）《白雪青山》
The Short Story of Miss Chung Mei（novel）《春梅小史》
The Powerless Spring Breeze and Faded Flowers（novel）《東風無力百花殘》(《江水悠悠》)
Flower Blossom in Loyang（novel）《洛陽花似錦》
1966 *The Writing Technique of the Dream of Red Chamber*（literature theory）《紅樓夢的寫作技巧》
Out of The Wild Frontier（novelette）《塞外》
1967 *A Heart-broken Story*（novel）《碎心記》
1968 *Miss Clever*（novel）《靈姑》
Trifle（prose）《鱗爪集》
1969 *The Road to Promotion*（novelette）《青雲路》
1970 *A Sex-change Story*（novelette）《變性記》
The Biography of the Dragon and the Phoenix（novel）《龍鳳傳》
1971 *A Brilliantly lighted Garden*（novel）《火樹銀花》
1972 *My Floating Life*（prose）《浮生記》

Selection of Mo Jen's Poems《墨人詩選》
A Heart-broken Woman（novelette）《斷腸人》
Phoenix Valley（novel）《鳳凰谷》
Mo Jen's Works（five volumes）《墨人自選集》
Selection of Mo Jen's short stores《墨人短篇小說選》
1978 *Hu Han-ming, the Poet and Revolutionist*（novel）《詩人革命家胡漢民》
1979 *The Mokey in the Heart*（i.e. The Purple Swallow renamed）《心猿》
1980 *The Hermit*（prose）《心在山林》
A Collection of Mo Jen's Prose（prose）《墨人散文集》
A Praise to Mountains（poems）《山之禮讚》
1983 *Mountaineer's Remarks*（prose）《山中人語》
1985 *My Candle Burns at Both Ends*（prose）《三更燈火五更雞》
Flower Market（prose）《花市》
1986 *A Mundane World*（novel, four volumes, over 1.9 million words）《紅塵》
1987 *Remarks on All Poems of the Tang Dynasty*（theory）《全唐詩尋幽探微》
1988 *Remarks On All Tsyr*（prose poem）*of the Tang and Sung Dynasties*（theory）《全唐宋詞尋幽探微》
1991 *The Breeze That Came From The East Last Night in My Little garden Again*（prose）《小園昨夜又東風》

1992 *Travel for Literature in Mainland China*（prose）《大陸文學之旅》

1995 *Selection of Mo Jen's Poems, 1992-1994*《墨人半世紀詩選》

1996 *I'll look upon the World*《紅塵心語》

Chang Edition of the Dream of Red Chamber《張本紅樓夢》（修訂批註）

1997 *Cherish thy guests and the Muses*《年年作伴寒窗》

1999 *Saha Shih Gai*《娑婆世界》

1999 *Remarks on All Poems of the sung Dynasties*《全宋詩尋幽探尋》

1999 *Mo Jen's Classical Poems and Prose Poems*《墨人詩詞詩話》

2004 *Poussiere Rouge*《紅塵》法文譯本

墨人博士創作年表（二〇〇五年增訂）

年度	年齡	發表出版作品及重要文學紀錄摘要
民國二十八年己卯（一九三九）	十九歲	在東南戰區《前線日報》發表〈臨川新貌〉。淪陷區著名的上海《大美晚報》隨即轉載。
民國二十九年庚辰（一九四〇）	二十歲	在《前線日報》發表〈希望〉、〈路〉等新詩作品。
民國三十年辛巳（一九四一）	二十一歲	在《前線日報》發表〈評夏伯陽〉書評等文。
民國三十一年壬午（一九四二）	二十二歲	在各大報發表〈苦難的行列〉、〈贛州禮讚〉〈長詩〉、〈老船夫〉、〈盲歌者〉、〈自己的輓歌〉、〈抹去那怯弱的眼淚吧〉、〈生命之歌〉、〈快割鳥〉、〈鷂鷹與雲雀〉等詩及散文多篇。
民國三十二年癸未（一九四三）	二十三歲	在各大報發表長詩〈鋤奸隊長〉、〈搜索連長〉、〈遙寄〉、〈寫在第七個七七〉、〈父親〉、〈受難的女神〉、〈城市的夜〉及〈火把〉、〈擊柝者〉、〈橋〉、〈古鐘〉、〈汽笛〉、〈山居〉、〈沙灘〉、〈夜行者〉、〈孤芳〉、〈蚊蟲〉、〈蒼蠅〉、〈躑躅〉、〈陽光〉、〈深秋〉、〈贈某詩人兼寫自己〉、〈哀亡命詩人〉、〈自供〉、〈自層詩抄〉、〈哀歌〉、〈生活〉、〈給偶像崇拜者〉、〈戰書〉、〈燈下獨白〉、〈夜歸〉、〈失眠之夜〉、〈悼〉、〈殘英〉、〈黃昏曲〉、〈補綴〉、〈復活的季節〉、〈擬戀歌〉、〈晨雀〉、〈春耕〉、〈天空的搏鬥〉等長短抒情詩。另發表散文及短篇小說多篇。

民國三十三年甲申（一九三九）	二十四歲	發表〈山城草〉五首及〈沒有褲子穿的女人〉、〈襤褸的孩子〉、〈駝鈴〉、〈無聲的哭泣〉、〈長夜草〉、〈春夜〉、〈擬某女演員〉、〈蛙聲〉、〈麥笛〉等詩及散文多篇。
民國三十四年乙酉（一九四五）	二十五歲	發表〈最後的勝利〉及〈煉獄裏的聲音〉、〈神女〉、〈鬥〉等長詩與散文多篇。
民國三十五年丙戌（一九四六）	二十六歲	發表〈夢〉、〈春天不在這裡〉等詩及散文多篇。
民國三十六年丁亥（一九四七）	二十七歲	發表〈冬天的歌〉、〈流浪者之歌〉、〈手杖、煙斗〉及長詩〈上海抒情〉等與散文多篇。
民國三十七年戊子（一九四八）	二十八歲	主編軍中雜誌，撰寫時論，均不署名。
民國三十八年己丑（一九四九）	二十九歲	七月渡海抵臺，發表〈星獻〉、〈滿妹〉，及長詩〈自由的火燄〉、〈人類的普言〉等及散文多篇。
民國三十九年庚寅（一九五〇）	三十歲	發表〈站起來，提死他！〉、〈滾出去，馬立克！〉、〈英國人〉、〈海洋頌〉等詩。出版《自由的火燄》詩集。
民國四十年辛卯（一九五一）	三十一歲	發表〈春晨獨步〉、〈炫與殉〉、〈悼三閭大夫屈原〉、〈詩聯隊〉、〈心鐵之歌〉、〈子夜獨唱〉、〈真理，愛情〉、〈友情的花朵〉、〈啊，西風啊！〉、〈歲暮吟〉、〈師生〉、〈往事〉、〈天書〉、〈歷程〉、〈雨天〉、〈火車飛馳在海岸線上〉、〈帶路者〉、〈送第一艦隊出征〉等詩，及〈哀祖國〉長詩。
民國四十一年壬辰（一九五二）	三十二歲	發表〈未完成的想像〉、〈鄉上吟〉、〈窗下吟〉、〈白髮吟〉、〈秋夜輕吟〉、〈秋訊〉、〈渴念、追求〉、〈寂寞、孤獨〉、〈冬眠〉、〈我想把你忘記〉、〈想念〉、〈成人的悲歌〉、〈訴〉、〈詩人〉、〈詩〉、〈貝絲〉、「春天的懷念」五首、〈和風〉、〈夜雨〉、〈臺灣海峽的霧〉等及散文、短篇小說多篇。出版《哀祖國》詩集。

民國四十二年癸巳（一九五三）	三十三歲	發表〈寄台北詩人〉等詩及散文短篇小說多篇。高雄百成書店出版短篇小說集《最後的選擇》，收入〈華玲〉、〈生死戀〉、〈梅蘭馨〉、〈敵人的故事〉、〈最後的選擇〉、〈蔣復成〉、〈姚醫生〉等七篇。大業書店出版長篇小說《閃爍的星晨》一、二兩冊。
民國四十三年甲午（一九五四）	三十四歲	發表〈蓬萊〉、〈海鷗〉、〈鳳凰木〉、〈流螢〉、〈鵝鑾鼻〉、〈海邊的城〉、〈長夏小唱〉及散文、短篇小說多篇。
民國四十四年乙未（一九五五）	三十五歲	發表〈雲〉、〈F-86〉、〈寵 GK〉等詩及散文、短篇小說多篇。香港亞洲出版社出版長篇小說《黑森林》，並獲中華文獎會國父誕辰長篇小說第二獎（第一獎從缺）。
民國四十五年丙申（一九五六）	三十六歲	發表〈四月〉等詩及散文、短篇小說多篇。
民國四十六年丁酉（一九五七）	三十七歲	發表〈月亮〉、〈九月之旅〉、〈雨利花〉等詩及長篇小說《魔障》。
民國四十七年戊戌（一九五八）	三十八歲	暢流半月刊雜誌社出版長篇連載小說《魔障》。
民國四十八年己亥（一九五九）	三十九歲	發表短篇小說、散文多篇。文壇雜誌社出版長篇小說《孤島長虹》（全集中易名為《寶島》）。
民國四十九年庚子（一九六〇）	四十歲	發表〈橫貫小唱〉等詩及散文、短篇小說多篇。
民國五十年辛丑（一九六一）	四十一歲	發表〈熱帶魚〉、〈豎琴〉、〈水仙〉等詩及短篇小說甚多。奧國維也納納富出版公司編選的《世界最佳小說選》選入短篇說〈馬腳〉，同時入選者有諾貝爾文學獎得主威廉福克納、拉革克菲斯特等世界各國名作家作品。

民國五十一年壬寅（一九六二）	四十二歲	發表〈青鳥〉、〈兩腳獸〉、〈晚會〉、〈祈禱〉等詩及短篇小說甚多。奧國維也納納齋出版公司又將短篇小說《小黃》（以江州司馬筆名撰寫者）選入《世界最佳小說選》，同時入選者有諾貝爾獎得主蕭洛霍夫、郭沫若及世界各國名作家作品。
民國五十二年癸卯（一九六三）	四十三歲	香港九龍東方文學出版社出版中篇小說《古樹春藤》。發表短篇小說、散文甚多。
民國五十三年甲辰（一九六四）	四十四歲	香港九龍東方文學社出版短篇小說集《花嫁》，收入〈教師爺〉、〈劉二爹〉、〈二媽〉、〈異鄉人〉、〈花嫁〉、〈扶桑花〉、〈南海屠鮫〉、〈高山曲〉、〈古寺心聲〉、〈誘惑〉、〈隱情〉、〈美珠〉、〈新苗〉、〈心聲淚影〉等十四篇。 高雄長城出版社出版中短篇小說集《水仙花》，收入〈水仙花〉、〈銀杏表嫂〉、〈圓房記〉、〈江湖兒女〉、〈天鵝〉、〈賭徒〉、〈搶親〉、〈黃龍〉、〈風雪歸人〉、〈花子老爺〉、〈聾聾寺的居士〉、〈人與樹〉、〈過客〉、〈阿婆〉、〈馬腳〉、〈小黃〉等十六篇。 高雄長城出版社出版中短篇小說集《白夢蘭》。收入〈情敵〉、〈空手〉、〈師生〉、〈斷夢〉、〈黃昏曲〉、〈白夢蘭〉、〈平安夜〉、〈凱瑟琳．萊蒙托夫與我〉、〈陽春白雪〉、〈亂世佳人〉、〈傷心之旅〉、〈白衣清淚〉、〈護士與病人〉、〈如夢記〉、〈除夕〉等十五篇。　高雄長城出版社出版《中華日報》連載的二十五萬字長篇小說《白雪青山》。　發表短篇小說、散文甚多。
民國五十四年乙巳（一九六五）	四十五歲	高雄長城出版社出版連載長篇小說《洛陽花似錦》、《春梅小史》、《東風無力百花殘》三部。　發表短篇小說、散文甚多。 省政府新聞處出版長篇小說《合家歡》。
民國五十五年丙午（一九六六）	四十六歲	是年五月赴馬尼拉華僑文教講習會講授「紅樓夢的寫作技巧」及新詩課程一個月。 商務印書館出版文學理論專著《紅樓夢的寫作技巧》，全書共十五萬字。 商務印書館出版中短篇小說集《塞外》。收入〈塞外〉、〈騙子〉、〈百合花〉、〈天山風雲〉、〈白金龍〉、〈白狼〉、〈秋爾紫鵑〉、〈曹萬秋的衣缽〉、〈半路夫妻〉、〈百鳥聲喧〉、〈風竹與野馬〉、〈美人計〉、〈夜襲〉、〈花燭劫〉等十四篇。

民國五十六年丁未（一九六七）	四十七歲	發表短篇小說、散文甚多。小說創作社出版連載長篇小說《碎心記》。
民國五十七年戊申（一九六八）	四十八歲	小說創作社出版《中華日報》連載長篇小說《蘿姑》。水牛出版社出版散文集《鱗爪集》，收入〈家鄉的魚〉、〈家鄉的鳥〉、〈雪天的懷念〉、〈秋山紅葉〉、〈學問與創作之間〉等散文七十六篇、舊詩三首。
民國五十八年己酉（一九六九）	四十九歲	商務印書館出版中短篇小說集《青雲路》。收入〈世家子弟〉、〈青雲路〉、〈空棺記〉、〈久香〉等四篇。
民國五十九年庚戌（一九七〇）	五十歲	商務印書館出版中短篇小說集《變性記》。收入〈變性記〉、〈嬌客〉、〈歲寒圖〉、〈泥龍〉、〈祖孫父子〉、〈秋風落葉〉、〈老夫老妻〉、〈恩愛夫妻〉、〈布販與偷雞賊〉、〈芳鄰〉、〈沙漠王子〉、〈沙漠之狼〉、〈世界通先生〉、〈寶珠的祕密〉、〈奇緣〉等十五篇。幼獅文化事業公司出版長篇小說《龍鳳傳》。臺北立志出版社出版長篇《火樹銀花》出版全集時易名《同是天涯淪落人》。
民國六十年辛亥（一九七一）	五十一歲	立志出版社出版長篇小說《火樹銀花》。發表散文多篇及在高雄《新聞報》連載長篇小說《紫燕》。
民國六十一年壬子（一九七二）	五十二歲	闢道出版社出版散文集《浮生集》。收入〈文藝的危機〉、〈貝克特高風〉、〈五十年華〉等散文十三篇、舊詩六首。學生書局出版短篇小說散文合集《斷腸人》。收入短篇小說〈斷腸人〉、〈薇薇〉、〈相見歡〉、〈滄桑記〉、〈恩怨〉、〈夜宴〉等七篇及散文〈文學系與文學創作〉、〈大學國文教學我見〉、〈作家之死〉等十五篇。　中華書局出版《墨人自選集》五大冊，包括長篇小說《白雪青山》、《蘿姑》、《鳳凰谷》、《江水悠悠》（《東風無力百花殘》易名）及《短篇小說、詩選》（精選短篇小說二十八篇、抒情詩一〇六首）、共一百五十萬字。
民國六十二年癸丑（一九七三）	五十三歲	發表散文多篇。列入英國劍橋國際傳記中心（International Biographical Centre Cambridge England）出版的《國際詩人名錄》（*International Who's Who in Poetry, 1973*）。

民國六十三年甲寅（一九七四）	五十四歲	出席第三屆世界詩人大會。 發表散文多篇。
民國六十四年乙卯（一九七五）	五十五歲	列入正中書局出版的《中華民國文藝史》（1975）。發表〈臺北的黃昏〉新詩一首及散文多篇。
民國六十五年丙辰（一九七六）	五十六歲	列入英國劍橋國際傳記中心出版的 *Men of Achievement. 1976* 發表〈歷史的會晤〉新詩及散文、短篇小說多篇。
民國六十六年丁巳（一九七七）	五十七歲	應 I.B.C 邀請於三月間赴義大利翡冷翠出席國際文藝交流大會（The 3rd I.B.C. International Congress on Arts and Communications）。會後環遊世界。發表〈羅馬之戀〉、〈羅馬之松〉、〈翡冷翠的女郎〉、〈翡冷翠之柳〉、〈塞納河〉等詩及羅馬掠影」、〈羅城記〉、〈威尼斯之旅〉、〈藝術之都翡冷翠〉、〈西雅奈與比薩斜塔〉、〈美國行〉、〈江戶、皇宮、御苑〉、〈環球心影〉等遊記。 在《中國時報》發表有關中國文化論文〈中國文化的三條根〉，在《新生報》發表〈文藝界的『洋』瘋癲〉等多篇。
民國六十七年戊午（一九七八）	五十八歲	近代中國社出版長篇傳記小說《詩人革命胡漢民傳》。 列入英國劍橋國際傳記中心出版的《國際名人辭典》（*Dictionary of International Biogaphy. 1978*）。《國際知識分子名錄》（*International Who's Who of Intellectual. 1978*、《國際人名剪影》 *International Register of Profiles*）、《國際社會名人錄》（*International Who's Who in Community Service*）、發表〈六月之荷〉詩一首。 在各報發表〈中國文化的宇宙觀〉、〈中國文化的真面目〉、〈文化、社會形態與當代文學創作（為亞洲文學會議而作）〉、〈人與宇宙自然法則〉等。 出席亞洲文學會議。 列入中華書局出版的《中華民國當代名人錄》（*Who's Who of R.O.C. 1978*） 列入行政院新聞局編印的一九七八年英文《中華民國年鑑名人錄》（*China Yearbook Who's Who*）。

民國六十八年己未（一九七九）	五十九歲	學人文化事業有限公司出版長篇小說《心猿》（《紫燕》易名）。發表短篇小說〈春〉、〈杏林之春〉，長詩〈喜吉米・卡特〉及〈山之禮讚〉五首。短篇〈客從故鄉來〉、〈人瑞〉。理論〈中國古典小說戲劇〉、〈抗戰文學的整理與再創作〉（《中央日報》）等多篇。
民國六十九年庚申（一九八〇）	六十歲	秋水詩刊社出版詩集《山之禮讚》，收集六十四年以後新詩四十四首及七言絕律詩十首。　中華日報社出版散文集《心在山林》，收集〈花甲夢中過〉、〈老當益壯〉，及抒情寫景散文數十篇。 臺中學人文化事業出版有限公司出版《墨人散文集》收集〈文化、社會形態與當代文學創作〉、〈人與宇宙自然法則〉、〈中國文化的三條根〉、〈宇宙為心人為本〉、〈文藝界的"洋"癲瘋〉等理論性散文數十篇。 在《中央日報・副刊》發表〈紅樓夢研究的正確方向〉，《中華日報・副刊》發表〈人生六十樹嵩菁〉，《青年戰士報・新文藝副刊》發表〈山中人語〉專欄文章〈山水之間〉、〈生命長短價值觀〉、〈寶刀未老〉、〈七進七出鬼門關〉、〈報人甘苦〉、〈杏壇生涯〉等。 接受《大華晚報》採訪組副主任程榕寧兩次訪問，一為談胡漢民生平，一為談《易經》、《道德經》、命學，並發表〈醫學命學與人生〉專文。
民國七十年辛酉（一九八一）	六十一歲	繼續撰寫《山中人語》專欄。 應臺中市《自由日報》特約撰寫《浮生小記》專欄。 應行政院新聞局邀請參觀本省農漁畜牧事業單位，並在《中央日報》發表〈人在福中〉散文。 接受臺灣廣播公司《成功之路》節目訪問，於四月廿七日晚八時半播出。 在高雄《新聞報》發表〈撥亂反正說紅樓〉（六月十七、十八日）論文。
民國七十一年壬戌（一九八二）	六十二歲	九月赴漢城出席第二屆中韓作家會議，並在東京參加中日作家會議，曾暢遊南韓、北海道、大阪至東京名勝地區，歸後撰寫〈韓國掠影〉、〈秋遊北海道〉，發表於《中央日報》。 列入中華民國名人傳記中心出版的《中華民國現代名人錄》。

		列入英國劍橋國際傳記中心出版的《傑出男女傳記》（*Men and Women of Distinction*）並附照片。 列入美國 MarQuis 公司出版的《世界名人錄》（*Who's Who in the World*）第六版。 接受義大利藝術大學授予的文學功績證書。
民國七十二年癸亥（一九八三）	六十三歲	商務印書館出版散文集《山中人語》、收集散文七十篇。
民國七十三年甲子（一九八四）	六十四歲	商務印書館出版《論鱷人及其作品》上、下兩冊，包括評論文章六十餘篇。 列入義大利 Accademia Itlia 出版英、法、德、義四種文字的《國際文學史》（*The History of International Literature*）及《百科全書：當代人物（*The Encyclopadeia: Contemporary Personalities*）。 端午節（六月四日）開筆撰寫已構思準備十餘年的一百餘萬字的大長篇小說《紅塵》、年底完成初稿四十餘萬字。 十月在韓國漢城舉行的第四屆中韓作家會議，事忙未能出席，但提出一萬餘字的論文（古典與現代）一篇。
民國七十四年乙丑（一九八五）	六十五歲	由江山出版社出版《三更燈火五更雞》、《花市》散文集等兩本，前者收入散文、理論二十四篇，後者收入散文遊記二十七篇。 八月一日退休，專心寫作《紅塵》，於十二月底完成九十二章，告一段落，共一百二十萬字，超出《紅樓夢》十餘萬字，內有絕律詩（聯）三十二首。
民國七十五年丙寅（一九八六）	六十六歲	年初開始研讀《全唐詩》，撰寫《全唐詩尋幽探微》，十一月完成，共十二萬餘字，一面在《新聞報・西子灣》發表，並連同歷年所作絕律詩三十七首，定名為《鱷人絕律詩集》，一併交與臺灣商務印書館簽約出版。 列入美國 A.B.I. 出版的 5000 Personalities of the World，英國 I.B.C. 出版的 *The International Authors and Writers Who's Who.*

民國七十六年丁卯（一九八七）	六十七歲	訪問考察東南亞地區，國家馬來西亞、新加坡、泰國、菲律賓、香港十七天，並出席多次座談會。 商務印書館出版《全唐詩尋幽探微》（附《墨人絕律詩集》）。 《紅塵》長篇小說於三月五日開始在《臺灣新生報》連載。 七月四、五日出席在臺北市召開的抗戰文學研討會。 八月一日出席在高雄市召開的第七屆中韓作家會議。
民國七十七年戊辰（一九八八）	六十八歲	元月二日完成《全唐宋詞尋幽探微》（附《墨人詩餘》）全書十六萬字。設於美國深受世界尊重的「國際大學基金會」（The Marquis Giuseppe Scicluna 1855-1907 International University Foundation）（Founded 1973）授予榮譽文學博士學位。
民國七十八年己巳（一九八九）	六十九歲	臺灣商務印書館出版《全唐宋詞尋幽探微》。 臺北大地出版社三版長篇小說《白雪青山》。 世界大學（World University）授予榮譽文學博士學位。
民國七十九年庚午（一九九〇）	七十歲	五月應大陸黃河文化實業公司邀請，作四十天文學之旅，與北京、上海、杭州、九江、武漢、西安、蘭州等地作家座談中華文化、文學創作，坦誠交換意見，獲得一致共識，真摯友情與尊敬，廣州電視臺並全程錄影，製作專輯播出，六月底返臺後即撰寫《大陸文學之旅》專著。 艾因斯坦國際學院基金會（Albert Einstein 1879-1955 International Academy Foundation）授予榮譽人文學博士學位。 榮列英國劍橋國際傳記中心出版的IBC Book of Dedications.占全書篇幅五頁，刊登照片五張，介紹五十年創作生涯，十分翔實，篇幅之大，爲全書冠，並禮聘爲IBC副總裁。
民國八十年辛未（一九九一）	七十一歲	二月底新生報出版《紅塵》，二十五開本，上、中、下三鉅冊。黎明文化事業公司出版《小園昨夜又東風》散文集。 應香港廣大學院禮聘爲中國文學研究所客座指導教授。 《紅塵》榮獲新聞局著作金鼎獎及嘉新優良著作獎。

民國八十一年壬申（一九九二）	七十二歲	文史哲出版社出版《大陸文學之旅》。 應聘香港廣大學院中研所客座指導教授。 一月五日開筆寫《紅塵續集》，自九十三章起至一百二十章止，共四十萬字，六月十日完稿，《紅塵》全書共一百九十萬字。續集自十二月一日開始在《臺灣新生報・副刊》連載近年，雙破長篇鉅著及連載紀錄。中國廣播公司《中廣小說選播》節目，亦於十二月一日十四時三十分，在AM657千赫第一廣播網開始播出長篇鉅著《紅塵》上、中、下三冊，由戴愛華小姐導播，集該公司播音精英，通力合作，龍老夫人一角由播音元老白銀飾演，其餘人物均爲一時之選，效果奇佳，前所未有。　北京「中國文聯出版公司」出版《也無風雨也無晴》。 墨人故鄉九江《師專學報》，於本年起開闢《墨人研究》專欄，與《陶淵明研究》、《黃山谷研究》，並稱三大專欄，甚受教育、學術界重視。
民國八十二年癸酉（一九九三）	七十三歲	十月下旬，偕《秋水》詩刊同仁涂靜怡、雪柔、麥穗、汪洋萍、鳳信子、林蔚穎等爲慶祝《秋水》創刊二十周年，訪問哈爾濱、北京、西安三大都市，與當地詩人座談交流，水乳交融，兩岸詩人因而建立深厚友誼。十一月初，隻身訪問昆明、探親，昆明作協主席曉雪，八十多歲老作家李喬、小說家張昆華、《春城晚報》副總編輯熊廷武、副刊主編原因、理論家教授余斌、作家湯世傑、李錦華等集會歡迎，其中多爲白族、彝族等少數民族作家，乃以雲南少數民族文化資源努力創作相勉，深獲共鳴。資深作家彭荊風，晚間並來下榻處暢談。 繼續應聘香港廣大學院中研所客座指導教授三年。 十二月新生報社出版《紅塵續集》，全書共四大冊，其實前後一貫，爲一整體，該報爲方便，乃以《續集》名之。一生心願心血得以完成，在輕、薄、短、小及商品文學獨占市場情況下，亦一大異數。北京「中國文聯出版公司」出版《紅樓夢的寫作技巧》。

民國八十三年甲戌（一九九四）	七十四歲	一月開始研讀自北京購回的《全宋詩》、擬續寫《全宋詩尋幽探微》。 四月十一日接受臺北復興廣播電臺《名人專訪》節目主持人裴雯小姐訪問；談一生寫作歷程及大長篇《紅塵》寫作經過。 臺北《世界論壇報》副社長兼副刊主編詩人評論家周伯乃先生，特自五月三十一日起一連三天出版特刊，慶祝七十晉五誕辰暨創作五十五周年，除刊出〈小傳〉、〈七五人生一首詩〉、〈中國新詩與傳統詩詞的整合〉、〈叩開生命之門〉三篇新作外，並刊出蒙古族女詩人作家薩仁圖婭的〈墨人：屈原風骨中華魂〉，及馬來西亞霹靂州立女子中學校長、詩詞家、散文作家彭士麟女士論《紅塵》與大陸作家作品比較的書信、墨人著作校長、詩詞家、散文作家彭士麟女士論《紅塵》與大陸作家作品比較的書信、墨人著作目錄、美國兩個榮譽文學博士、一個人文學博士照片三張、《紅塵》獲獎照片一張、及周伯乃〈無限的祝禱〉文等。 八月七日，中國時報系的《工商日報・讀書版・大書坊》刊出嵇齡的《紅塵》墨人專訪文章，並配合攝影記者何日昌拍攝的墨人及《紅塵》四冊照片。 大陸廣州暨南大學中文系教授兼臺港暨海外華文文學研究中心主任、評論家潘亞暾，費時月餘撰寫《紅塵續集》論文達一萬餘字的〈偉大史詩的歸結〉，於九月二十一至二十五日在臺北市《世界論壇報・副刊》全文刊出，見解不凡，對《續集》的成功更使他大吃一驚，因此，更肯定《紅塵》的史詩價值、地位。 八月二十八日第十五屆世界詩人大會在臺北召開，僅提出〈中國新詩與傳統詩詞的整合〉論文一篇，並未出席，論文則由《中國詩刊》主編曾美霞女士代讀。
民國八十四年乙亥（一九九五）	七十五歲	一月，臺北文史哲出版社出版《墨人半世紀詩選》（一九四二—一九九四）。 一月十日應臺北廣播電臺《藝文夜話》主持人宋英小姐訪問，許導播秀玲決定十日開播《紅塵》全書四冊，每日廣播兩次。 中國詩歌藝術學會主辦、中國文藝協會協辦，於五月二十二日在臺北市中國文藝協會舉行《墨人世半紀詩選》學術研討會，與會詩人、評論家六十餘人，討論情況熱烈，並印發海峽兩岸評論家王常新、古繼堂、古遠清、李春生、楊允達、周伯乃等十三家論文專集。各家均推崇、肯定新舊詩兩方面的成就與半個多世紀的貢獻。

		英國劍橋國際傳記中心頒贈二十世紀文學傑出成就獎。榮列一九九五年英國劍橋國際傳記中心出版的 The Definitive Book of the Deputy Directors General of the IBC，佔全書篇幅五頁，刊登照片五張，爲全書之冠。
民國八十五年丙子（一九九六）	七十六歲	臺北圓明出版社出版涵蓋儒、釋、道三家思想的散文集《紅塵心語》。卷首有珍貴的文學照片十餘張。 臺北中國詩歌藝術學會出版《十三家論文》論《墨人半世紀詩選》。
民國八十六年丁丑（一九九七）	七十七歲	臺北中天出版社出版與《紅塵心語》爲姊妹集的散文集《年年作客伴寒窗》，各篇亦均以五、七言詩作題，內中作者詩詞亦多，並附錄珍貴文學資料訪問記、特寫、著作目錄等十餘篇。出任「乾坤」詩刊顧問，並主編該刊古典詩詞。完成《墨人詩詞詩話》、《全宋詩尋幽探微》兩書全文。
民國八十七年戊寅（一九九八）	七十八歲	構思六年的以佛學精義結合修行心得化爲文學創作的長篇小說《娑婆世界》，於三月二十八日開筆，十二月脫稿。共三十八章，五十多萬字。 英國劍橋國際傳記中心（IBC）出版《二十世紀傑出人物》以照片配合文字將墨人傳記刊卷首重要位置，並頒發獎狀。大陸中國國際經濟文化交流促進會、燕京國際文化藝術研究會等七大單位編纂出版的《世界華人文學藝術界名人錄》，中國國際交流出版社出版的《世界名人錄》，均爲十六開巨型中文本。
民國八十八年己卯（一九九九）	七十九歲	本年爲來臺五十周年，創作六十周年，中國習俗八十歲，昭明出版社出版長篇小說《娑婆世界》。 美國傳記學會（ABI）出版二十世紀《五百位有影響力的領袖》，以照片配合文字將墨人傳記刊於卷首重要位置並頒發獎狀。照片及詩詞五首編入中國《當代吟壇》巨著。　美國「世界智庫」與艾因斯坦國際學會基金會」聯合頒贈墨人傑出成就榮譽獎，以紀念千禧年，並榮列中國出版的《中華精英大全》。 美國傳記學會頒贈墨人「二十世紀成就獎」。

民國八十九年庚辰（二〇〇〇）	八十歲	臺北昭明出版社陸續出版定本長篇小說《白雲青山》、《滾滾長江》、《春梅小史》；文學理論《紅樓夢的寫作技巧》、連同民國八十八年出版的長篇小說《婆娑世界》，並列為羅人一系列代表作品，以慶祝羅人八十整壽。 臺北詩藝文出版社出版《羅人詩詞詩話》。 臺北文史哲出版社出版《全宋詩尋幽探微》。
民國九十年辛巳（二〇〇一）	八十一歲	臺北昭明出版社出版長篇小說定本《紅塵》全書六冊及長篇小說《紫燕》定本。
民國九十一年壬午（二〇〇二）	八十二歲	五月三日偕長子邏翰赴上海訪友小住。 英國劍橋國際傳記中心授予「終身成就獎」。
民國九十二年癸未（二〇〇三）	八十三歲	八月底偕夫人及在臺子女四人經上海轉往故鄉九江市掃墓探親並遊廬山。
民國九十三年甲申（二〇〇四）	八十四歲	準備出版全集（經臺北榮民總醫院檢查無任何疾病。）巴黎 you-Feng 書局出版豪華典雅法文本《紅塵》。
民國九十四年乙酉（二〇〇五）	八十五歲	此後五年不遠行，以防交通意外，準備資料。計劃百歲前開筆撰寫新長篇小說。 北京「中央出版社」出版《強國丰碑》，以著名文學家張萬熙為題刊出羅人傳略，為臺灣及海外華人作家唯一入選者。並先後接到北京電話、書函邀請寄送資料編入《一代名家》、《中華文化藝術名家名作世界傳播錄》。
民國九十五年丙戌（二〇〇六）至民國一百年（二〇一一）——	八十六歲至九十二歲——	重讀重校全集，已與臺北市文史哲出版社簽訂出版《羅人博士作品全集》合約， 民國一百年年內可以出版。此為「五四」以來中國大陸與臺灣所未有者。